信息社会理论视阈下的
大学生信息素养研究

◎王琴 著

中国原子能出版社
China Atomic Energy Press

图书在版编目（CIP）数据

信息社会理论视阈下的大学生信息素养研究／王琴
著．--北京：中国原子能出版社，2019.4
ISBN 978-7-5022-9728-2

Ⅰ．①信…Ⅱ．①王…Ⅲ．①大学生－信息素养－信
息教育－研究Ⅳ．① G254.97

中国版本图书馆 CIP 数据核字（2019）第 053832 号

内容简介

本书基于信息社会的相关理论，分析了目前人类进入信息社会的历史进程的现实状况，并进行了国家及区域比较，系统地分析了信息社会对高等教育的影响，梳理了在信息时代的信息素养研究的发展过程，探讨了在现代信息环境下大学生的信息素养评价标准和信息素养教育。

信息社会理论视阈下的大学生信息素养研究

出版发行	中国原子能出版社（北京市海淀区阜成路 43 号　100048）
责任编辑	王　丹　高树超
装帧设计	河北优盛文化传播有限公司
责任校对	冯莲凤
责任印制	潘玉玲
印　　刷	定州启航印刷有限公司
开　　本	710 mm×1000 mm　1/16
印　　张	13
字　　数	256 千字
版　　次	2019 年 4 月第 1 版　　2019 年 4 月第 1 次印刷
书　　号	ISBN 978-7-5022-9728-2
定　　价	59.00 元

发行电话：010-68452845　　　　　版权所有　侵权必究

　　斗转星移，时光荏苒，转眼间笔者关注大学生的信息素养及其培养问题已二十年了。这二十年来，社会的发展和变化对大学及"校园人"的影响可以说超过了以往任何时代。随着以计算机、多媒体、通信、网络、人工智能等为代表的信息收集、处理、加工、传输等技术的飞速发展，信息技术所引发的信息革命掀起了一股巨大的信息化浪潮。信息技术不断渗透到社会生活的各个领域，在全球范围内掀起了一场改变世界面貌的信息革命，它不断改变着人们的生产方式、生活方式及思维方式，使人类跨入了一个崭新的时代——信息时代。

　　为适应信息化社会的要求，发达国家或地区高度重视信息技术对社会和教育的影响，重新调整教育的培养目标，制定教育改革方案，调整的重点在于培养学生获取、加工、处理信息的能力及创造新信息的能力，培养学生终身学习的能力，即信息时代重要的"生存能力"。换言之，发达国家或地区采取相应措施，加快推进教育信息化的建设，以全面提高公民特别是青少年的信息素养，培养适应信息化社会的人才，增强本国或本地区的综合实力和全球竞争力，迎接新世纪的挑战。

　　笔者从20世纪末开始关注信息化，切入点便是高校图书馆的服务对象——大学生。关注大学生的信息素养及其培养，关注网络信息环境下高校图书馆如何提供有效的信息服务及知识服务，以促进大学生的成长。在长期调研与思考的基础上，笔者从2005年开始进行与本书内容相关的大学生信息素养教育方面的研究，由于开始时只是结合本职工作，撰写相关论文，对高校大学生的信息素养及其培养的现实状况有更多、更深入的了解后，感觉这是一个值得深入思考的问题。2011年，笔者萌生了写一本这方面的学术著作的想法。于是拟定了以"信息社会理论视阈下的大学生信息素养研究"为题的写作提纲，并征求了一些从事信息素养教育工作同行的意见。笔者进行了工作量颇大的调研，撰写工作历时三年，到2013年底完成了20多万字的初稿。笔者希望对此问题能进行一些力所能及的研究与探索，先后申报并主持完成了有关科研课题。继2013年主持浙江省图书情报工作委员会立项课题"基于泛在知识环境的高校图书馆服务创新研究"后，笔者又申报并于2015年主持完成了浙江省教育科学规划领导小组办公室立项课题"基于大学生成长的高校图书馆知识服务研究"。在完成这一课题的过程中，笔者进一步接触了与大学生信息素养及其培养相关的资料，于是在课题评审验收后又重新修改这部稿子，将"基于大学生成长的高校图书馆知识服务研究"课题的部分研究成果纳入其中，由于在此期间还完成了另一项工作，故修改定稿已是 2018 年 9 月。

就本书的内容来讲，笔者首先梳理了信息社会的相关理论，对信息社会的发展背景、信息社会的本质与特征及信息社会的发展状况进行了探讨；接着分析了信息时代对高等教育的影响，从信息化浪潮的表象中思考信息技术推动信息化浪潮、信息化浪潮的基本特征、信息化浪潮向社会的全方位渗透以及信息化浪潮对教育的具体影响和信息化浪潮对人的信息素养提出的要求；继而深入而系统地探讨了信息素养的由来与实质，并从理论和实践相结合的层面上探讨了信息素养的构成要素；之后结合国内外高校大学生信息素养的现状以及信息素养评价的相关理论，分析了相关的高等教育信息素养标准（框架），探讨了国内大学生信息素养评价研究的思路；最后结合国内外高校的信息素养教育的情况分析了我国目前高校的信息素养教育存在的问题，并提出了相应的对策。

回顾笔者从关注大学生的信息素养及其培养、萌生写书的想法到拙著最后完成的这些年，信息技术的发展真让人感慨万千！正如 2005 年联合国教科文组织、国际图书馆协会联合会和美国国家信息素养论坛在埃及亚历山大联合召开的国际高级信息素养与终身学习研讨会所发表的《亚历山大宣言》所指出的那样：信息素养和终身学习是信息社会的灯塔，照亮了通向发展、繁荣和自由之路。信息素养是终身学习的核心，它能使人们在一生中有效地寻求、评价、利用和创造信息，以便达到个人的、社会的、职业的和教育的目标。

笔者深感在这样一个发展变化较以往时代快得多的信息社会，做与拙著内容相关的研究，本身就是一个学习的过程，在学习中探索，在探索中学习，真是学无止境！在进行拙著撰写与思考的这些年中，笔者有幸结识了不少从事大学生信息素养研究及信息素养教育的同行，在与他们的接触中获得不少教益。在此，向所有对拙著的撰写与思考给予帮助的朋友表示真诚的谢意。

目录
CONTENTS

1

信息社会已经步入我们的生活

信息社会是 20 世纪中期以来以计算机、微电子、通信和软件技术的产业化为标志，人类社会所迎来的一个新型的社会形态。信息（information）一词在信息社会中的应用越来越频繁，越来越普遍，已成为当今社会和时代的标志和特征。信息化是推动社会各方面协调发展的有机组成部分和重要力量，是当今世界区别于以往社会形态的一个重要标志。信息这一概念置于现代通信网络环境中，具有具体化、数字化和网络化等特点。

1.1 信息社会的发展背景

1.1.1 信息社会的技术基础

历史学家斯塔夫里阿诺斯（1999）在《全球通史——1500 年以后的世界》一书中指出：人类历史中的许多灾难源于这样一个事实，即社会的变化总是远远落后于技术的变化。这是不难理解的，因为人们十分自然地欢迎和采纳那些能提高生产率和生活水平的新技术。但是，人们拒绝接受新技术所必需的社会变化，因为采纳新思想、新制度和新做法总是令人不快的。斯塔夫里阿诺斯的这个观点值得我们深思。为了避免可能发生的"许多灾难"，我们在研究信息化理论与实践问题的时候，一定不能只看到技术的一面而忽略了社会的一面。事实上，只有将注意力放在信息技术所带来的经济社会变革上，才真正地抓住了构建信息化理论体系的最本质、最核心的动因（周宏仁，2009）。

20 世纪初，一系列新的科学理论的创立引起了科学界的深刻变革，相对论、量子力学、分子生物学、量子化学、现代宇宙学、系统科学等相继建立。科学领域的革命带来了技术上的迅猛发展。20 世纪中叶以来，出现了诸如电子计算机、微电子、激光、光纤等新兴技术及相应的产业，深刻地改变了人类的生产和生活方式。传真、电视、录像、卫星通信等技术的发展，与电子计算机相结合，形成通信网络，使社会日益信息化。

1946 年 2 月，世界上第一台电子计算机 ENIAC 在美国宾夕法尼亚大学开始运行，实现了从利用算盘的手工计算到利用电子设备的机器运算的突破。1947 年 12 月，晶体管在美国贝尔实验室问世，被称为"微电子革命的先声"，成为 20 世纪的一项重大发明，也成为信息化发展的物质基础。1948 年，香农《通信的数学理论》和维纳《控制论》的发表，使信息化理论有了思想基础。当第一台计算机诞生 23 年后，网络出现了，此后，计算机与网络结合的发展悄然进行。当前，信息网络技术已成为社会发展的主要资源和主要推动力，成为人们生存与发展的主要方式。所以，研究信息社会的发展背景需要了解信息基础技术的发展历程。

第一，信息技术的出现。数字计算机的发明开创了人类文明史上现代信息技术唱主角的新纪元。过去 70 多年，现代信息技术飞速发展，数字计算机在人类社会生活中扮演的角色不断演变，其作用在不断发展，在人类社会生活的各个方面引发了一系列的技术改进或革命，推动了人类社会生产力的巨大发展。20世纪 90 年代初，美国克林顿政府推出了"信息高速公路"（国家信息基础设施，National Information Infrastructure，简称 NII）计划及"全球信息基础设施"（Global Information Infrastructure，简称 GII）计划。20 世纪 80 年代，欧洲国家实施"尤里卡计划"，包括"欧洲计算机计划""欧洲通信网计划"以及"泛欧网络"计划（1995 年改名为"欧洲传输网"计划），从 1996 年开始实施了 1996—1999 年的多媒体信息（INFO2000）、多语言信息（MLIS）；2001—2004 年提出了电子内容计划（e-Content Program）；2005—2008 年提出了电子内容增强计划（e-Contentplus）。日本于 2001 年提出"e-Japan 战略"，2003 年制定"e-Japan 战略Ⅱ"；德国提出"工业 4.0"；英国、加拿大提出"信息高速公路计划"；韩国推出"网络韩国 21 世纪计划"和"U-Korea"；我国推出"金字工程"等。物联网、虚拟现实、大数据、云计算等技术快速发展以及智慧地球、移动互联网等应用兴起，"信息化"一词开始被人们普遍接受和使用，全球对信息化的研究进入一个高潮。

信息的获取和处理离不开信息技术和信息高速公路（网络）。信息技术是关于信息的挖掘、发送、传输、接收、识别和控制等应用技术的总称。信息高速公路，即"国家信息基础设施"，是一个由通信网络、计算机、数据库、日用电子产品及可穿戴设备（智能手环、智能运动鞋、谷歌眼镜等）组成的、能够给用户提供大量信息的完备网络。受技术的影响，不同社会形态和历史阶段下信息的处理有不同的方式和手段,所以信息不应该是区分不同社会形态的标志,能够为不同社会形态贴上时代标签的是信息处理方式,即信息技术(孙晓赟等,2015)。显然,信息技术是信息化的"根"(周宏仁,2009)。

第二,信息革命。如果说1946年第一台电子数字计算机的发明开启了当代的信息革命,那么1971年第一个微处理器的发明则强化和加速了这场信息革命。计算机和微处理技术成为信息时代的核心技术(周宏仁,2008)。信息技术的飞速发展和无处不在的应用使人类生产体系的组织结构和经济结构产生了一次新的飞跃,导致了信息革命的发生。这场始于美国的以电子计算机、微处理器、网络等为代表的信息革命,把我们带入了数字时代,到处是网络和相互连接的商业应用(超声波,2002)。应当看到,发端于美国的信息革命不是一个或两个部门的革命,而是一次划时代的产业革命,它可以与新石器时代的农业革命和18世纪至19世纪的工业革命相提并论。因为这场信息革命不仅导致整个生产体系的组织结构和经济结构发生质的飞跃,并且对人类社会的政治、经济、文化等各个层面产生极为深刻的影响。

第三,信息革命引发了全球性的信息化进程。正像工业革命在全球引发了一场工业化的历史进程一样,信息革命也在全球引发了一场信息化的历史进程。工业革命发生在英国,工业化将英国的工业革命推向世界(周宏仁,2008);信息革命发生在美国,信息化将信息革命推向全球。因为每个国家、每个民族都希望利用这"一系列的技术改进或技术革命",促进本国生产力的巨大发展,为本国、本民族在全球竞争中求生存、求发展创造条件。从发达国家的情况看,各国在信息化的推进中存在着激烈的竞争。一是争核心技术和产业;二是争经济结构转型;三是争应用水平。发展中国家的信息化推进与发达国家存在着战略上的重大差异。对绝大多数发展中国家而言,信息化推进只能停留在"现代信息技术的应用"这个层次上,而且许多应用仅停留在公共领域,在核心技术领域与发达国家还存在不小的差距。安德逊等(2000)将世界各国信息化推进的情况按深度和性质分为三类:第一类是活跃于信息技术的前沿、勇于创新的国家;第二类是依赖他国研发的先进信息技术,但在相关的软硬件产品的生产方面非常活跃的国家;第三类是利用他国的技术和产品,在应用方面比较活跃的国家。

第四,信息革命和信息化使人类社会进入信息社会。就像工业革命和工业化的进程使人类社会由农业社会进入工业社会一样,信息革命和信息化的进程将会使人类社会由工业社会步入信息社会。信息社会成为与时俱进的"现代化"概念的基本方向和目标。离开了信息化和信息社会,我们的现代化就有可能迷失方向。

人类面临着一次新的产业革命，通过新的产业革命实现高度信息化，人类将从工业社会过渡到信息社会（查汝强，1986）。因此，与信息化理论体系相关的基本逻辑关系是：信息技术→信息革命→信息化→信息社会（周宏仁，2009）。

信息革命使人类文明开始了信息化的进程，人类社会开始由工业社会进入信息社会。信息革命和信息化推动了信息社会的飞速发展，人类以超乎想象的速度步入了信息时代。作为信息技术产物的互联网，以其巨大的信息容量、快捷的传播速度和广阔的覆盖面等优势逐步成为当代人获取信息和知识的主要渠道和路径，互联网成了当代社会最大的信息传播工具。网络技术把计算机从孤立、封闭的设备中解放出来，使之成了自由、开放的国际网络设备，形成了全方位的高技术交互信息系统（郭玉锦等，2005）。网络社会中的设备来源于物理世界，网络技术是现实的人研发出来的，它的服务对象是作为现实存在物的人类。面对信息网络技术带来的虚拟化、渗透化、即时化和全球化等新变化，从理论上对信息社会进行深入的思考就显得十分必要了。

1.1.2 信息社会的概念沿革

（1）关于信息社会的不同概念表述

近半个多世纪以来，不同领域的学者从经济、社会、网络、技术及文化等多个维度对信息社会（Information Society）展开研究，不同的学者有不同的表述，有人称之为"信息化社会""学习型社会""知识型社会""后工业社会""后现代社会"，也有人称之为"知识社会""网络社会""虚拟社会"等，主要是用来描述人类正在或将要步入的社会阶段。从研究者使用这些概念的参照对象看，信息社会是与农业社会、工业社会等相对而言的一种技术社会形态。它是工业社会之后，以信息科技的发展和应用为核心的高科技社会，是信息、知识起主导作用的知识经济社会。尽管迄今为止关于信息社会的研究仍没有形成公认的、完整的、系统的理论体系，但这并不意味着这一领域没有研究的必要，恰恰相反，它说明关于信息社会这个人类正在或将要步入的社会阶段的许多理论问题亟待不同领域的学者进行深入而系统的研究，以科学地回答人类正在和将要面临的许多问题。

（2）关于信息社会概念的由来

从"信息社会"概念的沿革来看，其提出和产生是从美国哈佛大学教授、社会学家丹尼尔·贝尔（Daniel Bell）提出"后工业社会"开始的。他在1959年第一次以这个概念定义并研究信息社会。丹尼尔·贝尔在1959年概括出"后工业社会"一词，并在后来的研究中进行完善和发展，提出"后工业社会"理论，其成果发表于《关于后工业社会的札记》和《后工业社会：推测1985年及以后的美国》等。在此之前，人们所讨论的"后工业社会"和现在的"信息社会"的内涵是一致的（贝尔，1984）。

1959年夏，丹尼尔·贝尔在奥地利萨尔茨堡举行的学术讨论会上第一次提出了"后工业社会"一词。当时丹尼尔·贝尔提出"后工业社会"这个概念只是基于对社会产业结构变化特征的一种观察和认识，目的是要描述"从产品生产的阶段过渡到了服务型社会阶段"这种新的社会阶段。

1962年春，丹尼尔·贝尔为在波士顿召开的一次讨论会撰写了一篇题为《后工业社会：推测1985年及以后的美国》的文章，文章的主题已经转为研究"智能技术"和科学在变革中的决定性作用，并认为那是正在形成的后工业社会的主要特点。因为丹尼尔·贝尔当时认为他的"后工业社会"思想尚不完善，所以这篇文章没有发表。但是，文章的部分内容未经丹尼尔·贝尔的同意就被公共事务杂志《潮流》和商业出版物《邓氏评论》刊载，并被当时捷克斯洛伐克科学院出版的《论述正在创造一种后工业社会的科技革命内容》一书所引用。1962年至1963年冬，丹尼尔·贝尔将这篇文章修改后提交在哥伦比亚大学召开的技术与社会变革讨论会，1964年在讨论会文件中发表。《后工业社会：推测1985年及以后的美国》可以看作丹尼尔·贝尔对新的社会阶段又一特征的认识。

其后，丹尼尔·贝尔不断研究并完善他的"后工业社会"思想。1966年，他出版了《普通教育的改革》一书，并在书中阐述了对新的社会阶段又一特征的认识：后工业社会结构的中心是大学和智能结构。1973年，丹尼尔·贝尔出版了《后工业社会的来临——对社会预测的一项探索》一书，系统地阐述了"后工业社会"的思想体系。在该书的导言中，丹尼尔·贝尔对"后工业社会"的概念做了以下解释。

"后工业社会"的概念是一个广泛的概括，如果从五个方面或组成部分说明这个术语，它的意义就比较容易理解。①经济方面：从产品生产经济转变为服务型经济；②职业分布：专业与技术人员阶级处于主导地位；③中轴原理：理论知识处于中心地位，是社会革新与政策制定的源泉；④未来的方向：控制技术发展，对技术进行鉴定；⑤制定决策：创造新的"智能技术"（贝尔，1984）。

至此，丹尼尔·贝尔"后工业社会"的思想体系基本形成，《后工业社会的来临——对社会预测的一项探索》描述了信息社会的基本轮廓，构建了信息社会的基本骨架。

在这一时期，其他学者也进行了有意义的探索。费里茨·马克卢普（Fritz Machlup）、马克·优里·波拉特（Marc Uri Porat）和以梅棹忠夫（Tadao Umesao）为代表的日本学者在不同时期从不同角度对"信息产业"进行了研究，丰富了我们对信息社会的认识。

美国普林斯顿大学的经济学家费里茨·马克卢普从 20 世纪 50 年代就开始了对知识和知识产业的研究。1962 年，他在《美国的知识生产与分配》一书中正式提出了"知识产业"（Knowledge Industry）这一概念，并给出了知识产业的一般范畴和最早的分类模式，还在此基础上建立起对美国知识生产与分配的最早的测度体系，即马克卢普的信息经济测度范式。虽然这个概念与其后的"信息产业"概念在边界范围上有一定的出入，但基本上反映了"信息产业"的主要特征。

1963 年 1 月，日本社会学家梅棹忠夫在《朝日放送》杂志上发表了一篇名为《论信息产业》的论文，在世界范围内第一次使用"信息产业"的概念，就"信息"问题连续创造了"信息产业""信息社会"和"信息化"三个重要概念。文章认为产业结构变动类似于动物器官进化过程，与信息流动、知识创造相联系的信息产业在农业、工业发展到一定水平后会迅速发展成社会的感觉器官、神经系统和大脑，推动社会前进，其主要观点是信息社会环境下信息产业结构的形成如同动物器官进化一样，是产业进化的结果。农业、水产业和畜牧业构成人类社会产业结构进化的第一阶段；交通、运输、建筑、军事产业及人类的迁徙和各种制造业的发展，构成进化的第二阶段；进化的第三阶段则是以教育、邮电、通信、广播、娱乐等产业为核心发展的。梅棹忠夫预言：今后人类社会将是一个以信息产业为主体的信息化社会（北京电子，2007）。梅棹忠夫将其称为"信息社会"，而后被译成英文传播到西方。1967 年，日本科学技术和经济研究团体进一步研究了"信息化"概念，用来描述人类社会由工业社会向信息社会过渡的社会进化过程。西方社会普遍使用"信息社会"和"信息化"的概念是 20 世纪 70 年代后期才开始的。直到 1973 年，美国社会学家丹尼尔·贝尔的《后工业社会的来临——社会预测初探》的问世，进一步激发了学者们研究这一问题的热情。

在马克卢普研究的影响下，美国经济学家马克·优里·波拉特在其博士论文《美国信息经济分析》的基础上，由美国商务部资助于 1977 年以政府出版物的形式出版了《信息经济》（The Information Economy）一书。该书正式提出了"信息产业"的概念，界定了信息、信息活动、信息资本、信息劳动者与信息职业的基本概念和范畴，提出了农业、工业、服务业和信息业的"四次产业"划分方法，根据是否直接向市场提供信息商品和服务将全社会信息活动划分为一级信息部门和二级信息部门。波拉特的测度体系与国民经济核算体系之间的关系表现在以下两点：第一，利用了国民收入、生产账户的产业分类标准，进行第四产业中一级信息部门的分类工作，并进行数据整合；第二，在计算二级信息部门时，利用国民经济核算中增加值的有关计算方法，进行二级信息部门增加值的替代计算，从而突出信息活动在国民经济发展过程中的作用。波拉特的测度体系引起世界各国学者对国民经济产业结构的再认识，成为世界各国研究信息经济学和信息经济测度的典范之一。

丹尼尔·贝尔曾经解释，后工业社会就是"工业社会之后的社会"，是对工业社会之后的社会发展阶段或社会形态的一种探索和预测。尽管有一段时间他并不主张采用"信息社会"的概念，但1979年后，随着认识的不断深化和信息社会一词的广泛流行，他感到"信息社会"比"后工业社会"更为贴切，建议人们采用"信息社会"概念（刘荣，2001）。他将自己已有成果中的相关概念也修改为"信息社会"。在这之后，对信息社会的研究和分析逐渐进入学术热点范围。

（3）信息社会概念与"后工业社会"

信息社会概念的产生与丹尼尔·贝尔等学者的研究是分不开的。信息社会概念与"后工业社会"概念有什么关系呢？

对此，丹尼尔·贝尔在他的《后工业社会的来临——对社会预测的一项探索》一书的导言中做出了解释——人们一直提出这样的问题：为什么把这种推测性的概念称为"后工业"社会，而不叫作知识社会、信息社会或专业社会，因为所有这些似乎都与我所描绘的那些正在出现的明显情况有所吻合。当时，无疑是受到拉尔夫·达伦多夫在《工业社会中的阶级和阶级冲突》（1959）一书中所说的"后资本主义社会"和W. W.罗斯托在《经济增长阶段》一书中所提出的"成熟后"的经济这两种思想的影响。……这种新的社会形式究竟会像个什么样子，现在还不完全清楚。……所以，"后"这个缀语，是要说明生活于间隙时期的感觉（贝尔，1984）。

美国著名未来学家约翰·奈斯比特（John Naisbitt）在他的《大趋势——改变我们生活的十个新走向》一书中对丹尼尔·贝尔的"后工业社会"和"信息社会"两个概念的关系做了这样的评论：1956年和1957年是一个转折点，是工业时代的结束。有些人对此迷惑不解，不愿意放弃过去，即使是最杰出的思想家也不懂得怎样描绘即将来临的时代。哈佛大学的社会学家丹尼尔·贝尔把它叫做后工业化社会，然而这种名称也就叫开了。而每当我们对时代和运动不知道怎么叫好的时候，我们总是把它们叫做"后"什么或者"新"什么。"现在很清楚，后工业化社会就是信息社会，而且我在本书中一直这样称呼它。总之，丹尼尔·贝尔在这个问题上是最早的、也可能是最好的一位思想家，而且我有许多意见是出自他的作品"（奈斯比特，1984）。

（4）信息社会概念的进一步发展

对信息社会的研究最早出现在西方。西方学者关于信息社会的研究有不同的研究方向，如前期费里茨·马克卢普、马克·优里·波拉特等学者主要从经济学的角度出发进行研究；丹尼尔·贝尔等学者侧重从社会学、文化学的角度进行研究。还有一些学者从未来学的角度及其他视角进行研究。

客观地讲，让信息社会概念为世人瞩目，影响较大的学者应首推美国未来学家阿尔温·托夫勒（Alvin Toffler）。1965 年，阿尔温·托夫勒在《地平线》杂志上发表了一篇题为《作为一种生活方式的未来》的文章，初步提到了微电子工业的发展对未来生活的影响，首次使用了"未来的冲击（Future Shock）"这个概念。阿尔温·托夫勒所说的"未来的冲击"是指社会变革和技术革新的加速发展使社会上所有的个人和组织都难以应付，必须寻找办法适应变化以及变化本身的速度。在未来，变化的方向和内容姑且不论，变化速度本身就存在不确定性。他认为现代社会变化迅速，以致人们无法适应环境，因而受到未来风险的冲击。人们从某个特定的圈突然闯入了另一个陌生的圈。人们要面对这样的未来冲击，走在未来的前面，就必须具有适应未来的新的思考方法和构想能力。

1970 年，阿尔温·托夫勒出版了第二本专著《未来的冲击》。1980 年，阿尔温·托夫勒出版了第三本专著《第三次浪潮》，书中完整地阐述了他的思想体系，即以科学技术的发展为核心研究人类发展历史和现实，回顾历史、分析现实并展望未来。他在此书序言中说："《第三次浪潮》是一本规模庞大的综合之作，它记述了我们许多人生长于其中的旧文明，细致全面而又生动地描绘了一种正在闯入我们生活的新文明"（托夫勒，1984）。他以科学技术为核心，把人类历史的发展划分为三个重要阶段，也就是"三次浪潮"。他认为，迄今为止的人类社会已经经历了两次文明浪潮，第一次浪潮是人类从原始的渔猎时代进入以农业为基础的社会，这次农业革命的浪潮形成了农业社会和农业文明，延续了几千年；第二次浪潮是从工业文明的崛起到工业化社会，这是一次工业革命的浪潮，产生了工业社会和工业文明；第三次浪潮是信息革命，即当今社会正在进入的时代，它是依靠全新技术和开发全新材料冲击旧的生产方式和社会传统的信息革命浪潮，其实质是工业时代后的文明发展。20 世纪 60 年代，随着电子技术的发展，开始了"第三次浪潮"。第三次浪潮加速信息流动，深刻改变了人们行为与处世的信息结构（托夫勒，1984）。他认为，在未来几十年内，人类将由工业社会步入信息社会，产生现代文明。

美国未来学家约翰·奈斯比特是以社会趋势研究著称的，他于 1982 年出版了《大趋势——改变我们生活的十个新走向》一书，在讨论人类正在或即将进入的社会时，正式采用了"信息社会"概念。他认为，信息社会始于美国工业的鼎盛时期，其显著标志是 1956 年美国从事信息活动的人数超过从事物质生产活动的人数，从事技术、管理和事务工作的白领工人首次超过蓝领工人，且大多数人已经从事信息生产活动。他还对丹尼尔·贝尔《后工业社会的来临——对社会预测的一项探索》一书不敢大胆使用"信息社会"而采用"后工业社会"一词提出了批评，并认为后工业社会就是信息社会（奈斯比特，1984）。社会的类型取决于人们从事的工作。大部分人从事信息工作，社会中最重要的因素转变为知识，具有这样特征的社会就是信息社会。其实，贝尔和托夫勒之所以都没有讲"信息社会"，是因为他们对工业社会后的社会发展阶段做了模糊处理（谢俊贵，2016）。

随着信息技术的不断应用，"信息社会"的概念得到了进一步的发展。美国麻省理工学院教授及媒体实验室的创办人、《连线》杂志的专栏作家尼古拉斯·尼葛洛庞帝（Nicholas Negroponte）于 1995 年出版了 *Being Digital* 一书，次年这本书的中文版《数字化生存》出版。书中尼葛洛庞帝采用了"后信息社会""后信息时代"这样的概念。按照尼葛洛庞帝的解释，后信息社会又称比特时代或数字化时代，是继工业时代和信息时代之后的一个新时代。后信息时代的根本特征是实现了"真正的个人化"，一是个人选择丰富多样，二是个人与环境能恰当配合。在后信息时代里，传统 IT（信息技术，Information Technology）将向新的 IT（智能技术，Intelligence Technology）发展，是一次颠覆式的飞跃（吴伯凡，2016）。所以，在后信息时代，机器对人的了解程度不亚于人对人的了解程度；不存在时空障碍，人们可分散在多处工作和生活。后信息时代的数字化生存将使人获得最大解放；电子网络和个人电脑将分散权力或将赋予个人最大权力；信息技术使民族、国家界限模糊，人类将走向全球化。这样，"信息产业"的主要任务就不再是生产和传输信息，而是以信息为原材料，量身定制各种个性化的产品和服务。不过，尼葛洛庞帝认为，数字化时代是以合作替代竞争、追求普遍和谐的时代，可能过于理想化了，是不现实的。

《数字化生存》是 20 世纪信息技术及理念发展的经典，此书的流行和传播对 20 世纪信息时代的启蒙、发展产生了深远的影响，该书深入浅出地讲解了信息技术的基本概念、趋势、应用、价值和数字时代的宏伟蓝图，阐明了信息技术、互联网对时代和人们生活的影响。

另一位对信息社会的研究有重大贡献的学者是美国加州大学伯克利校区社会学教授曼纽尔·卡斯特（Manuel Castells）。曼纽尔·卡斯特是世界闻名的都市（城市）社会学家、信息社会学家和网络社会学家，著名的英国《经济学人》杂志称他为"虚拟世界第一位重要的哲学家"（卡斯特，2006）。基于对都市社会领域内政治、经济、社会的思考和研究以及信息技术对都市社会影响的研究，加上信息技术的发展越来越迅速，社会的信息化、网络化及其导致的全球化所引出的信息社会学课题越来越多，卡斯特超越了传统社会学意义和视角的理论解释，突破了信息社会学研究的领域，展开了网络社会理论研究。卡斯特出版了其研究集成著作《信息时代：经济、社会与文化》三部曲，即《网络社会的兴起》（卡斯特，2001）、《认同的力量》（卡斯特，2006）和《千年的终结》（卡斯特，2006），建立了颇具创意的网络社会理论体系。

他利用社会技术、经济、政治等各个层面的数据和材料，通过理论分析与综合，提炼出信息时代的网络社会理论，使人们明白了信息和网络在很大程度上渗透并影响人类的现实社会和生活。他在《网络社会的崛起》等著作中将当今时代称作"信息时代"，将当今社会称为"网络社会"。他认为"以信息技术为中心的技术革命，正在加速重造社会的物质基础"，提出了"信息主义""信息发展方式"等概念，认为"信息主义以技术发展为取向，追求知识的积累以及信息处理更高层次的复杂度"。在新的信息发展方式中，生产力的来源在于产生知识、信息处理与象征沟通的技术。在不到20年的时间里，新信息技术以闪电般的速度席卷全球，展现了这场技术革命的特性：将信息技术革命所产生的技术立即运用在技术本身的发展上，通过信息技术连接整个世界（卡斯特，2001），从而促成了网络社会的崛起。显然，他的"网络社会"是信息社会的高级阶段。

除此之外，还有很多研究人员进行了相关的分析研究。

1.2 信息社会的本质与特征

1.2.1 关于社会形态划分的标准

以上分析表明，西方学者提出"信息化社会""学习型社会""知识型社会""后工业社会""后现代社会""知识社会""网络社会""虚拟社会""新工业社会""超工业社会""第三次浪潮""信息社会"等新概念，逐渐形成了统一于"信息社会"这一概念的趋势。

但到底什么是信息社会？信息社会的本质与特征是什么？

要科学地回答这类问题，在给出答案之前，我们首先要回答的问题是应当如何恰当地定义社会形态，或者说，划分社会形态的正确标准是什么。

从许多西方学者关于社会形态未来发展的大量论著中可以发现，他们所探讨的"信息社会"是一个从生产、经济到政治的具体完整的社会形态概念，是一种企图代替资本主义和社会主义的划分的新的社会制度。我们不能同意这种意义下的信息社会概念。有的西方学者根据现在"社会主义国家强调利用市场机制而资本主义国家也要具备一定程度的计划性"这种现象提出资本主义和社会主义的"趋同论"，认为二者将合二为一，共同进入信息社会。其实，建立在不同的生产资料所有制基础上的社会制度是不可能合二为一的，但可以和平共处，最后的结果必然是资本主义的消灭，社会主义的兴起，社会主义制度代替资本主义制度（查汝强，1986）。马克思主义以生产方式、经济制度为标准划分社会发展的不同阶段，作为区别不同社会形态的主要方法。根据这个标准，人类社会的发展划分为下列几个阶段：原始社会、奴隶社会、封建社会、资本主义社会、社会主义社会、共产主义社会。即人们比较熟悉的标准是"社会生产关系标准"，由此得出了相应的社会划分结果：① 社会成员共同占有（极其简陋的）社会生产资料的原始社会；② 奴隶主占有社会生产资料的奴隶社会；③ 地主占有社会生产资料的封建社会；④ 资本家占有社会生产资料的资本主义社会；⑤ 社会成员共同占有丰富的社会生产资料的共产主义社会及其初级阶段——社会主义社会。

这是一种重要的标准和正确的划分结果。革命的目的是改变（推翻或改革）不适应社会生产力发展要求的旧的社会生产关系，建立适应社会生产力发展需要的新的社会生产关系，促进社会生产力的发展。因此，革命导师们特别重视按照社会生产关系的性质划分社会（钟义信，2004）。

但是，信息社会这一新概念有其合理的内核和科学的内容，它表示人类社会的生产力、产业结构发展到了一个全新的阶段，并因此带来了社会的一些新特征，在对这些特征加以科学考察时，才暂时舍弃掉生产资料所有制决定的生产关系，它们将是资本主义和社会主义两种不同社会制度所共有的一般特征。因为社会形态是极复杂的事物，我们可以从不同角度观察、描述它。作为上述划分社会发展阶段的主要方法的补充，辅助性方法也可以根据另外的标准划分社会发展阶段。这种辅助性方法把生产力发展导致的产业结构（生产力的社会方面）的不同作为划分社会发展阶段的标准。根据这个标准，我们可以把人类社会的发展分为下列几个阶段：采集（包括捕鱼、打猎）社会、农业社会、工业社会、信息社会。这样一种划分方法当然不能代替前一种划分方法，但是有其独立的科学意义。这种情况就和我们对当今世界国家的划分，既根据社会制度的不同划分为资本主义国家、社会主义国家、民族主义国家，又根据经济发展程度的不同划分为发达国家、中等发达国家、发展中国家的情况相类似（查汝强，1986）。

从这样的意义上讲，同样重要而且更为基本的标准是社会生产力标准，因为社会生产力的性质必然影响社会生产关系的状况，因而必将最终决定社会发展所处的阶段。社会生产力的性质与劳动者、生产工具、生产对象密切相关，社会生产力的性质取决于三个要素，即劳动力的素质、劳动工具的性质、劳动对象的自然属性。其中，劳动者是最根本的要素，称为第一要素，因为生产工具是劳动者创造的；生产工具是最具有标志意义也最容易检验的要素，因此可以用生产工具作为生产力性质的表征。

按照社会生产力的标准，更确切地说是按照生产工具的性质，人类社会可以分成下列发展阶段（钟义信，2004）：基本没有生产工具的社会——游牧社会；基本使用人力工具的社会——农业社会，人力工具是一类"死工具"，如镰刀、锄头和棍棒等，它们只适用于农业生产活动，只能支撑农业社会的文明；主要使用动力工具的社会——工业社会，动力工具是一类"活工具"，如机车、车床、起重机、拖拉机等，动力工具适用于工业和农业活动，支持工业社会的文明；普遍使用智能工具的社会——信息社会，智能工具是一类"聪明工具"，如智能机器人、智能计算机等，不仅适用于信息活动，也适用于工业和农业活动，支持信息社会的文明。

1.2.2 信息社会概念的根据

以上所定义的信息社会也可以称为知识社会或者智能社会。实际上，这三种名称之间并没有什么矛盾。如果对信息、知识和智能进行仔细的研究就会发现：知识和智能都是由信息加工出来的产物，因此信息是基础资源。一般认为信息社会是工业社会后的第一阶段，知识社会是第二阶段（更高级的阶段），智能社会是第三阶段（最高级的阶段）。从现实的情况来说，目前的世界仍旧处于从农业、工业社会向新型社会转型的过渡时期，因此把目前的社会阶段称为信息社会是比较合理的。

把当前社会称为"信息社会"的本质原因是它所使用的资源、工具和产品的性质：信息资源逐渐成为社会的表征性资源，基于信息技术的智能工具逐渐成为表征性的社会工具，信息产品逐渐成为表征性的社会产品。其中，信息资源和信息产品的概念比较直观，无须解释，然而基于信息技术的智能工具的概念则比较新颖，需要简略说明。智能工具可以用图1-1的模型表示（钟义信，2004）。

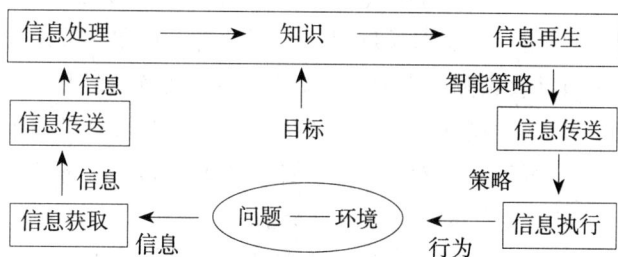

图1-1 智能工具的模型

当在给定的环境下面临实际问题的时候，智能工具首先必须能够获取这个问题和环境的信息（信息获取），然后把信息传送到需要利用信息的地方（信息传送），在这里对信息进行处理（信息处理），提炼出知识，进而针对预定目标把知识转变成求解问题的智能策略（信息再生），再把智能策略传送到执行策略的场所（信息传送），并把智能策略转换成智能行为（信息执行），作用于问题，使问题的初始状态变为目标状态，解决问题，满足环境约束，达到预定的目标。从图1-1不难发现，基于信息技术的智能工具以类似于人的行为方式工作着：信息获取是人类感觉器官的功能；信息传送是人类神经系统的功能；信息处理和信息再生是人类思维器官的功能；信息执行是人类效应器官的功能。智能工具的各种功能与人类各种信息器官功能完全对应。

其实，决定一个社会经济性质的主要不是它生产什么，而是它怎样生产。显然，信息社会既要生产衣、食、住、行各种物质产品，也要生产更为丰富多彩的信息产品。但是，在信息社会，劳动者是利用大规模信息网络这种先进的社会生产工具进行社会生产的，而不是利用农业时代的锄头、镰刀或工业时代的机车、机床进行社会生产的。因此，我们只能如实地称之为"信息社会"，而不是别的名称（钟义信，2004）。

1.2.3 信息社会的实质内涵

社会的信息化是从初步信息化到高度信息化的历史发展过程。信息化和工业化的发展过程有一段交叉时期。初步信息化是和高度工业化同时进行的，而且前者是后者的主要内容。实际上，工业化可分为初步工业化和高度工业化两个阶段。大体上，在第二次世界大战以前，在第一次和第二次产业革命中，资本主义国家完成了初步工业化；第二次世界大战以后，经过第三次产业革命的第一阶段，发达国家完成了高度工业化。

高度工业化社会的一个显著标志是第三产业中的劳动力和产值超过了第一、第二产业，劳务价值超过了制造品价值。美国学者丹尼尔·贝尔在其著作《后工业社会的来临——对社会预测的一项探索》中将这一点作为区别工业社会和"后工业社会"的主要标志。这在学术界是有不同看法的。社会劳动力继"从农业中转移到工业中"之后进行了第二次大转移，即从工业中转入服务业中。这种劳动力结构和产业结构的显著变化的确标志着社会的一大进步。与其说这是后工业社会，不如说这是高度工业化的社会，因为这次劳动力的大转移有着和前一次大转移不同的特点。这次劳动力大转移的原因是工业中劳动生产率的大提高大大节约了劳动力，而第三产业的大发展一方面是生产服务和生活服务需要的扩大，另一方面是因为这时第三产业的技术水平、劳动生产率比较低，因而可以容纳大量劳动力。第一次劳动力大转移是从技术水平较低的农业转移到技术水平较高的工业，因此它标志着农业社会向工业社会的过渡；第二次劳动力大转移虽然导致工业劳动力在社会总劳动力构成中的比例降低，但是工业在质上仍然是技术最先进的部分，是全社会的支柱。这时的第三产业的内容还比较庞杂，由于初步信息化，新兴产业中已有高技术的信息产业产生，但是所占比重还小，而许多传统的第三产业还有某些新兴产业，如旅游业，技术水平不高，还是劳动密集型产业，因此这时的第三产业还不是新生产力的代表。从这个意义上说，这时还属于高度工业化社会的范畴。只有等到高度信息化后，真正代表新生产力的第四产业从第三产业中分化出来并在社会产业结构中占有主要地位的时候，才可以说真正进入了后工业社会——信息社会（查汝强，1986）。

随着信息革命的出现和信息化的不断发展，"信息社会"这一概念越来越受到人们的关注。在信息社会的发展过程中，互联网具有举足轻重的地位，它远远超越了传播媒体的概念，互联网不仅仅是无数电脑的互联，更为关键的是它将电脑后面的"人"及其拥有的资源（包括各种人的组织、群体、共同体、企业、民族、国家等）的创造力紧密联系在一起。它还是一个动态的开放的结构，能够通过不断创新、通过更多人的互联而无限扩展。不同的民族和宗教、不同的国家和地区、不同的机构和组织、不同的企业和个人……共同生存、生活在同一张大网之内，以资源共享、开放互动的方式做自己想做的事，实现自己的价值，共建理想的社会，这在人类历史上是从未有过的盛况。因此，在很大程度上，是互联网重塑了社会，至少是为信息社会的社会结构提供了技术基础。这正如曼纽尔·卡斯特指出的：作为一种历史趋势，信息时代的支配性功能与过程日益以网络组织起来。网络建构了新的社会形态，而网络化逻辑的扩散实质地改变了生产、经验、权力与文化形成过程中的操作和结果（卡斯特，2001）。虽然社会组织的网络形式早已存在，但新的信息网络技术为其在整个社会结构中的渗透、扩张奠定了物质基础，从而深刻地改变了人类社会形态。

信息社会作为一种新的社会模式、新的社会形态仍然在高速发展。虽然我们并不认同技术决定论，不认为技术将决定和规定一切，而且深知技术的力量受制于人与社会的力量，它们之间存在一种复杂的互动关系，但也不能无视信息科技更胜以往一切技术的威力，不能无视信息科技对社会的推动、塑造和"再结构"（孙伟平，2010）。信息经济学家马丁（W. J. Martin）于1988年撰写了《信息社会》一书，对信息社会进行了系统的阐述和研究，他认为，信息社会是一个信息引领下的全新的社会，信息成为社会中最重要的财富，成为推动社会发展和人的发展的核心力量。他认为，信息社会是一个生活质量、社会变化和经济发展越来越多地依赖于信息及其开发利用的社会。在这个社会里，人类生活的标准、工作和休闲的方式、教育系统和市场都明显地被信息知识的进步所影响（马丁，1990）。20世纪90年代以来，随着社会信息化进程的加快，人们对信息社会的研究更加深入，研究视野更加广阔。尽管不同时期、不同学者对信息社会的解释有所不同，但以下几方面是相同的。首先，社会发展的决定性力量在未来将由信息、知识、智力组成；其次，信息化科学技术、产业、经济逐渐变成推动社会发展的首要因素；再次，从事信息化的脑力工作者所起的作用不断扩大；最后，社会经济生活的分散性、多样性、小规模化、非群体化、节奏加快的趋势将日益加强。可见，在信息社会的发展过程中，信息化程度越来越高，信息在社会发展中逐渐占据主导地位。当然，作为一种新型的社会形态，信息社会在经济、社会、政治、生活等各个领域表现出全新的特征，同时信息社会是一个漫长的历史进程，具有明显的阶段性特征。

目前，2003 年日内瓦信息社会世界峰会《原则宣言》中对信息社会的定义是"一个以人为本、具有包容性和面向全面发展的信息社会"。在此信息社会中，人人可以创造、获取、使用和分享信息和知识，使个人、社会和各国人民均能充分发挥各自的潜力，促进实现可持续发展并提高生活质量。作为信息社会的根基，每个人都有自由发表意见和言论的权利。交流是一种基本的社会过程，是人类的基本需要，是所有社会组织的基础，是信息社会的核心所在。每个人无论身在何处，均应有机会参与信息社会，任何人都不得被排除在信息社会所带来的福祉之外（信息社会世界峰会执行秘书处，2003）。

这个定义从个人和社会的视角对信息社会这一全新的社会形态进行界定，揭示了信息社会所特有的内涵（张新红等，2010）。

（1）以人为本、包容性、全面发展是信息社会的基本原则。信息社会必须坚持以人为本，这不仅主张人是发展的根本目的，经济社会的发展一切都要以人的发展为中心，而且主张人是发展的根本动力，离开了人的发展，信息社会的全面发展就无法实现。

信息社会必须强调包容性，要使信息化惠及普通民众，确保人人可以创造、获取、使用、分享信息和知识，从信息社会所带来的机遇中获益，特别是要照顾到社会弱势群体。包容性还表现为承认多样性及对个性化的包容。

此外，信息社会还强调全面发展。"发展是硬道理"，发展问题不解决，一切都无从谈起。信息社会的全面发展包括三个方面：一是个人的全面发展，即个人及世界各国人民的潜力均能得到充分发挥；二是社会的全面发展，包括社会、经济、政治、文化、生活等各个领域的全面发展，人们的生活质量不断提高；三是均衡发展，在全球经济和信息技术快速发展的同时，发展不平衡的问题仍然相当突出，发达国家与发展中国家之间、发展中国家内部不同地区之间的数字鸿沟依然非常明显，因此必须逐步缩小数字鸿沟，实现信息社会全面协调发展。

（2）信息社会是可持续发展的社会。信息社会是一种可持续发展的社会，是一种"既能满足当代人的需要，又不对后代人满足其生存需要构成危害"的新型社会发展模式。在信息社会中，经济发展方式从资源依赖型、投资驱动型向创新驱动型转变。经济发展方式将加速向资源节约、环境友好、人与自然和谐相处的方式转变。整个经济社会的运行不仅要求能满足当代人充分共享信息和知识、发挥各自潜力的需要，还要求不会对后代人的全面发展产生影响；既要达到发展经济的目的，又要保护好人类赖以生存的大气、淡水、海洋、土地和森林等自然资源和环境，从而实现人类的持续发展与自然环境的持续发展相协调、相适应。"低碳化""环境友好"将是信息社会可持续发展的重要体现。

（3）信息和知识是信息社会最重要的资源。从历史的观点看，每一次技术革命都使主要的生产力要素发生变化和转移。农业社会的物质、能源、信息这三个生产力要素中，作为物质的土地起着决定作用，而工业社会主要的生产力要素已向能源转移。随着信息和网络技术的普及，在信息社会的生产力结构中，信息成为比物质和能源更为重要的资源，信息将起主要作用。以开发和利用信息资源为目的的信息经济活动迅速扩大，逐渐取代工业生产活动而成为国民经济活动的主要内容。信息经济在国民经济中占据主导地位，并构成社会信息化的物质基础。信息资源不仅极其丰富，还可以同时被许多人共享，信息的作用和价值可以随接收者的不同而不同。信息可以多次使用，其在使用中不仅不会损耗，还可以产生新的信息，使用的人越多，价值越高，即信息具有共享性、再生性和倍增性。知识是经过加工的信息，是信息的高级形态，知识是社会发展的重要资源，尤其是在信息社会，知识创新成为国家竞争力的核心要素，知识生产和消费成为经济发展、社会进步乃至人的全面发展的重要方式。

1.2.4　信息社会的基本特征

信息社会作为一种新的社会形态，在世界各国、各地区的发展很不平衡，各方面的发展也没有完全成熟。人们对信息社会的本质特征，如信息社会与农业社会、工业社会的本质区别是什么，还要进行深入的研究。但立足当代社会的信息化进程，综合不同国家、不同领域学者的研究成果，可以大致归纳出信息社会的若干基本特征（孙伟平，2010）。

（1）信息社会建立在高度发达的信息技术的基础上，是信息技术广泛应用于社会各领域、信息化的产物。信息技术是建立在现代科学技术基础上的信息获取、传递、处理、存储的技术，是一个以微电子技术为基础，涵盖计算机技术、通信技术、自动化技术、光电子技术、光导技术和人工智能技术等技术的高新技术群。建立在微电子技术及软件技术基础上的电子计算机是现代社会的"大脑"；由程控交换机、大容量光纤、通信卫星及其他现代化通信装备交织而成的覆盖全球的电信网络是现代社会的"神经系统"。信息社会的产生、发展与信息科技的发展、应用密切相关，特别是与信息科技的高度发达和高度普及相关。这正如卡斯特所说：事实上，社会能否掌握技术，特别是每段历史时期里具有策略决定性的技术，相当程度地塑造了社会的命运。我们可以说，虽然技术就其本身而言，并未决定历史演变与社会变迁，技术却体现了社会自我转化的能力，以及社会在总是充满冲突的过程中决定运用其技术潜能的方式（卡斯特，2001）。

信息技术对经济、政治、文化和社会生活等方面都具有极强的渗透力，它的快速发展是经济发展和社会变革的强大推动力。信息科技已经成为社会赖以存在和发展的基本技术支撑，成为社会自我组织、自我结构、自我发展，甚至变革社会的基本动力。前卫科技产业中最权威的思想家之一、高技术行业的分析家、政府顾问和网络界最具权威的女性（美国《时代》杂志语）埃瑟·戴森（Esther Dyson）在谈到互联网的功能时指出：它是供人使用的一种强有力的工具。它不是什么值得拥有的东西，而是人们用来和他人合作、实现他们自己的目标的一根有力的杠杆。它并不仅仅是一个信息源，它是人们用来进行自我组织的一种方式（戴森，1998）。卡斯特据此提出了"再结构"社会的信息主义范式：信息技术革命引发了信息主义的浮现，并成为新社会的物质基础。在信息主义之下，财富的生产、权力的运作与文化符码的创造越来越依赖社会与个人的技术能力，而信息技术正是此能力的核心。信息技术变成有效执行社会—经济再结构过程中不可或缺的工具（卡斯特，2006）。当然，信息技术还在高速发展，它的发展没有止境。信息技术将会把人们生活的社会改造、重构成什么样子，还有待信息技术自身发展和基于人自身的选择性应用。

（2）信息社会的虚拟性极大地影响着人们现实的生活方式，导致了人类历史上最深刻的一场生存方式和活动方式的革命。信息技术最新颖、独特之处当推"数字化""虚拟化"，这导致了人们数字化、虚拟化的生产、生活方式的形成。信息技术构建的网络社会虽未脱离现实社会，但有着不同于现实社会的显著特征，即虚拟性。在现实生活中，由于地理位置、工作环境等硬性空间的存在，交往主体可以直接和真实的个体进行交流，而在网络社会中，交往主体面对的是一台计算机或者可供上网交流的手机等装备，并不是现实中那样面对面的直接交流，交流者无法真实感觉到对方的存在，通过人和机器的交往实现着人与人交往。借助信息技术、虚拟技术，通过互联网，人们可以坐在家中"进入"虚拟图书馆、博物馆、艺术馆、旅游胜地；可以建立虚拟企业组织生产，通过电子商务将产品配送到顾客手中；可以建立虚拟课堂，聚集最优秀的教师的最出色的劳动，让所有人自由地接受远程教育……人们正在感受到，许多过去人类不可能或尚无条件亲自进行实践活动的领域，现在正渐次对人类打开大门，而许多过去受到时空、物质手段以及社会经济等因素制约的活动，由于虚拟现实的出现而不再构成限制。在各种虚拟实践活动中，人们的能动性、自由度较以前大大提高，人类认识和实践活动的深度、广度得到前所未有的拓展，人类的生活实践获得了新的活动空间和表现形式。

信息社会建立在信息化的网络技术之上，依附于数字化类型的社会结构、关系和资源整合的环境，在这种数字化技术的特质下，人们的交流方式突破了现实社会中的时空界限，突破了性别、文化、地位的界限。信息社会以数据、文字、语言、影像、声音等各种丰富的数字化信息方式反映全球社会中的事物。在这个虚拟的信息社会里，作为网络主体的人的形象、身份、行为并不像现实社会中可以被真实感受到，而是被数字化、符号化了。每个人都可以根据自己的兴趣爱好和想法随意虚构一个网络角色，与别人自由交流，人的活动也并非实实在在的面对面的互动形式，而成了一种新型的符号化的活动，是符号与符号之间的互动，每个网络主体都在这个新领域中利用数字化的形式体现着自身的存在。当然，网络社会中的虚拟并不存在于精神、文化、心理层面上的虚构和想象空间，它不空洞，也没脱离现实，它的基础是现实社会，是现实社会在新的信息网络环境下的扩展。信息社会中的网络使人类存在方式和活动方式发生了重要变革，基于网络，人们正在展开一种前所未有的"数字化生存"，人们的生活方式正在被彻底改变。

（3）随着信息时代的到来，信息成为最重要的经济和社会资源，社会生产方式高度信息化、智能化。科学、技术、知识、信息等无形资本在生产中的地位和作用日益突出，逐渐成为最重要的经济资源，成为经济增长的动力，成为竞争能力的标志。一个明显的趋势是，有形资本（土地、厂房、机器、资本）日益依赖知识、信息、技术等无形资本。丹尼尔·贝尔所描述的"后工业社会"既是知识社会和服务社会，又是以信息为中心的社会。如果工业社会以机器技术为基础，后工业社会则是由知识技术形成的；如果资本与劳动是工业社会的主要结构特征，信息和知识则是后工业社会的主要结构特征（贝尔，1984）。管理学大师德鲁克甚至认为：知识是今天唯一意义深远的资源。传统的生产要素——土地（自然资源）、劳动和资本没有消失，但是它们已经变成第二位。假如有知识，能够容易地得到传统的生产要素。在这个意义上，知识是实用的知识，是作为获得社会和经济成果的工具（德鲁克，1998）。阿尔温·托夫勒等学者也指出：土地、劳动、原材料和资本是过去第二次浪潮经济的主要生产要素，而知识——广义上包括数据、信息、意象、符号、文化、意识形态以及价值观——是现在第三次浪潮经济的主要资源（阿尔温·托夫勒等，1996）。正如约翰·奈斯比特所言：在信息社会中，起决定作用的不是资本，而是信息和知识，权力的新源泉已不是掌握在少数人手中的资本，而是掌握在大多数人手中的信息。经济增长不依赖体力劳动，而主要依靠知识，知识是信息社会中提高生产力、竞争力并取得经济成就的关键（奈斯比特，2004）。

信息科技革命催生了一大批新兴产业，并促使产业结构发生重大调整，形成新的社会产业结构，逐步推动社会生产方式高度信息化、智能化。在大规模信息网络、人工智能等技术的支撑下，智能工具可以以类似于人的方式工作，对于给定环境下的问题和相应的目标，它能够获取与解决这个问题相关的信息，并把这些信息提炼成知识，进而产生解决问题的智能策略，最终解决所面对的问题。因此，让智能工具辅助人（甚至代替人）从事尽可能多的工作是合情合理的选择。按照目前智能科学技术的发展水平和未来发展前景的预测，智能工具将胜任包括工业生产、农业生产、管理、教育、贸易、国防等各种领域的体力劳动和脑力劳动。按照目前的理解，不能由机器取代的人类职能主要是创造性思维和创造性劳动。智能工具的这个特性有助于越来越多的人逐步从工作中解放出来，这是信息社会中科学和社会进步的必然要求和结果。

以信息技术为基础，社会生产方式发生了显著改变，经济过程的信息化、智能化大大提升。信息时代也形成了新的生产方式，如传统的机械化的生产方式被自动化、智能化的生产方式所取代；刚性生产方式正在变为柔性生产方式，企业可以根据市场变化及时灵活地组织生产；大规模、集中性的生产方式正在转变为规模适度的分散型生产方式，订制型、个性化生产逐渐成为主流；信息和知识的创造性生产成为社会生产的重要方式，知识产品和服务在市场上日益受到推崇。与之相适应，新的劳动与就业方式开始形成，如自动化、智能化的生产方式进一步把人类从繁重的体力劳动中解放出来，劳动力主体不再是机械的操作者，而是信息的生产者和传播者；知识型劳动者成为信息时代社会生产和管理运作的主体，人力资本或知识资本已成为改变经济系统产出的显著变量；传统的雇佣方式受到巨大挑战，全日制工作方式朝着弹性工作方式转变，在家办公、自由职业、兼职等广泛流行。人们工作的自由度加大了，但劳动强度也空前提高，结构性失业、两极分化等成为新的社会问题。

（4）网络型的分权式管理结构逐渐成为新的社会组织管理结构，参与式民主成为主流。信息时代电脑技术与现代通信技术相结合，为信息资源共享提供了条件，人们可以迅速、及时地获得所需要的知识和信息。卡斯特指出，植根于知识的生产与管理若要在全球尺度上扩展到所有经济过程，则有待社会、文化与制度的根本转型（卡斯特，2001）。在不同时代、不同技术和经济基础上，必将形成与技术、经济、社会发展相适应的社会组织结构和文化。

在信息时代，信息将成为各个部门获取效益的主要手段，每个时代化的组织都必须高度重视信息资源的管理、开发和运用。各个组织应该善于运用信息网络，把握世界范围内的新知识和新消息，充分利用人类创造的知识宝库和精神财富，加快自身的发展。信息时代对组织结构、管理方式的挑战是明显的。信息技术、电子新媒体极大地促进了文化、知识、信息的传播，普遍提高了大众的文化知识水平，为人们充分表达意愿提供了技术条件，唤醒了民众的民主意识；去中心化、超地域性、全球性的信息网络的建设在相当程度上动摇了以固定空间领域为基础的民族国家及其他组织的既有形式，对现实社会分地域管辖、集中控制的管理方式发出了挑战；由于信息的共享，传统的管理层垄断信息的局面被打破，丧失了从垄断信息到垄断决策、管理权力的优势，传统的科层制所固有的或衍生的理性化、部门分割的管理体制受到冲击，工业社会形成的代议制民主正在受到强烈挑战。

因此，在信息时代，社会的组织管理结构正在由传统的金字塔型组织管理结构向网络型的分权式管理结构演变。普通大众将在和自己有关事务的管理和决策中发挥日益重要的作用；社会组织管理中的代议制民主开始向参与式民主演变；社会信息化，尤其是互联网的出现与应用，对信息的管理和应用提出了更高的要求，组织及其成员应遵守有关道德规范，强化信息竞争观念，促进信息获取能力的提高。另外，开发信息资源还必须高度重视组织内部人员科学知识水平的提高和潜能的发挥，使之成为适应时代要求的智能型劳动者（李璇，2014）。由于技术、经济的迅速发展和信息量的急剧增长，只有不断学习、不断更新知识，才能再造组织的无限生机。

（5）信息社会的发展对政府治理提出了新的要求，现代信息技术为实现服务型政府的目标创造了条件。在突飞猛进的信息技术发展影响下，西方各国政府纷纷利用电子政务实行政府治理模式的转型。所以，正确认识当前的信息技术水平和行政改革所处的历史阶段，合理利用现有的信息技术力量促进政府服务模式的转型，实现服务型政府的目标是当前和今后相当长一段时期信息社会的一个重要特点。信息社会中的政府目标是服务型政府，即充分利用现代信息技术实现社会管理和公共服务的新型政府治理模式。在现代信息技术的支撑下，服务型政府具有科学决策、公开透明、高效治理、互动参与等方面的特征（张新红等，2010）。

①科学决策。由于信息技术的广泛应用，特别是电子政务的大力推进，政府信息沟通朝着网络化、交互化方向发展。政府获取信息更为及时、便捷和充分，基于信息技术的各种决策分析工具、模型的使用有助于决策过程和方法的科学化，

同时网络化方便了更多人参与政府的决策形成过程，使决策民主化成为可能，不仅可以提高决策的科学性，也将提升政策的实施效果。

②公开透明。网络、数字广播电视等多种信息公开渠道形成多元化的信息公开网络，公众可以突破时空的限制，随时随地获取所需的各类政府信息。同时，通过网络对政府行为进行监督，有效保证政府运行更为公开透明，从而打造信息社会下的阳光政府。

③高效治理。各种信息系统的建立实现了政府业务的信息化改造，改变了传统手工办理的方式，能有效降低行政成本，提高政府办事效率。电子政务改变了集权和等级制的金字塔政府结构，使政府组织结构更为扁平化，促使政府治理模式从管制型向着以公众为中心的服务型转变，为公众提供更好的服务。此外，人们可以随时随地在网上找到自己所需的服务种类和服务方式，使公共服务效率和质量都得到大幅提升。

④互动参与。互联网成为政府与公众之间直接沟通的重要桥梁，公众（包括社会弱势群体）可以通过网络直接向政府反映自己的利益诉求，政府也可以通过网络了解民情、汇聚民智，不断完善服务。网络使政府与民众之间的沟通渠道更加通畅和多元化，有助于政府与民众之间相互理解和达成共识，促进决策民主化与社会和谐发展。

1.3　信息社会的发展状况

1.3.1　人类已经步入信息社会

1993 年 9 月 15 日，美国宣布人类已进入"永久改变人的生活、工作和相互沟通方式"的"信息高速公路"的革命性时代。这场影响人类生产、生活和社会交往方式的革命源于将各种音频与视频信号转换为数字化信息，并通过光纤和卫星连成的网络传播到地球每个角落的技术，即信息网络技术（邵献平，2007）。信息网络技术将社会经济的增长方式由主要依靠稀有资源转变为主要依靠信息和知识，将人的现代发展迅速推向信息时代。21 世纪是信息的时代，信息网络技术的发展深刻地影响了世界的政治、经济、军事、科技、文化、教育等各个领域，我们正在感受着信息给我们的生活带来的变化。信息网络技术在改变我们获取信息的方式和方法的同时改变着人们的思维方式、行为方式和生活方式。

信息化推进的结果显然不是某一国的信息化，而是使人类进入信息社会。在科学技术的进步长久而有力的推动下，20 世纪末以来，世界许多地方相继叩响信息社会的大门。人们预料，信息社会将会为世界提供史无前例的美好生活。2001 年 12 月 21 日，联合国大会通过决议，欢迎国际电信联盟（International Telecommunication Union，简称 ITU）的倡议，决定加强向世界进行信息社会全球化的宣传，并发起举办了信息社会世界峰会（World Summit on Information Society，简称 WSIS）。峰会首次采用两阶段举行的方式，于 2003 年 12 月在瑞士日内瓦举行了第一阶段峰会，于 2005 年 11 月在突尼斯共和国首都突尼斯城举行了第二阶段峰会。联合国大会成立了无名额限制的政府间筹备委员会，起草成果文件，并就其他利益相关方参与峰会的形式制定议事规则。峰会首次采取多利益相关方共同参与的方式，吸引了众多国际组织、非政府组织、民间团体和私营部门的广泛参与。

在 2003 年 12 月 12 日举行的信息社会世界首脑会议日内瓦阶段会议上，各国领导人通过了题为"建设信息社会：新千年的全球性挑战"的信息社会世界首脑会议《原则宣言》，为孕育形成中的信息社会奠定了基础。在这个《原则宣言》中，世界各国政治家代表世界人民宣布：我们正在共同迈入一个潜力巨大的新时代，一个信息社会的新时代，一个加强人类沟通的新时代。在这个新兴社会中，信息和知识可以通过世界上所有的网络生成、交流、共享和传播。如果我们采取必要的行动，所有人都可以在不远的将来，在全球团结和各民族、各国家之间加深理解的基础上，共同建设一个崭新的知识共享的信息社会。我们相信，这些措施将开辟一条通向真正的知识社会的未来发展之路（信息社会世界峰会执行秘书处，2003）。

在 2005 年 11 月的信息社会世界峰会第二阶段会议的预备会议上，设立"世界信息社会日（World Information Society Day）"的议题被提出来。会议最终确定设立"世界信息社会日"，并定在每年 5 月 17 日举行庆祝活动。2006 年 3 月举行的第 60 届联合国大会通过了第 60/252 号决议，正式批准这个建议，确定每年的 5 月 17 日为"世界信息社会日"。我们知道，原来每年的 5 月 17 日为"世界电信日"（World Telecommunications Day）。1969 年 5 月 17 日，国际电信联盟第二十四届行政理事会正式通过决议，决定把国际电信联盟的成立日 5 月 17 日定为"世界电信日"，并要求各会员国从 1969 年起，每年 5 月 17 日都要开展纪念活动。由于第 60 届联合国大会通过的第 60/252 号决议没有说明是否从此用"世界信息社会日"取代"世界电信日"，所以国际电联决定在 2006 年的 5 月 17 日同时庆祝这两个节日。

今后是否继续同时庆祝这两个节日，将根据联合国大会的有关决议决定。2007年，国际电信联盟迈入新纪元，从一个国际电信组织转变成世界电信和信息通信技术领域的主导机构。2006年11月，国际电信联盟把世界电信日和世界信息社会日合并为世界电信和信息社会日。

2005年，"世界电信日"纪念活动的主题是"行动起来，创建公平的信息社会（Creating an equitable Information Society：Time for Action）"。

首先，构建信息社会。作为信息服务与信息技术的主要提供者，信息产业所起的作用是不言而喻的，只有将产业做大做强，才能更好地支撑与促进信息社会建设。因此，支撑信息社会建设，信息产业需要进行更多的、更有效的合作，也只有这样，信息产业才能把握住构建信息社会带来的前所未有的发展机遇。

其次，构建信息社会的目的在于使信息得到广泛运用，而要使信息得到广泛应用则需要充分的合作。构建信息社会需要合作共赢，既需要相关产业、企业、产业链各环节间的合作，又需要与用户合作。

由于"世界信息社会日"是信息社会世界峰会第二阶段大会的产物，而峰会在通过的《突尼斯承诺》和《突尼斯行动计划》两份重要文件中提出了许多下一步的任务和目标。为了完成这些任务和实现目标，也为了配合第一届世界信息社会日的庆祝活动，联合国相关组织在2006年5月17日前后举办了一系列的活动。国际电信联盟和联合国教科文组织于2006年5月9日到11日在日内瓦联合举办了"推进多语种互联网论坛"，国际电联于2006年5月15日和16日在日内瓦主办了"全球网络安全伙伴关系咨询会"，等等。此后，信息社会世界峰会每年都讨论与信息社会相关的主题，研究商讨如何驾驭信息与通信技术的数字革命，并造福于人类。

可见，尽管从全球情况看，信息社会发展很不平衡，世界上"信息富有"与"信息贫乏"之间的差距是客观存在的，存在明显的"数字鸿沟"，但各国政府及相关国际组织在对人类是否步入信息社会的判断上是有基本共识的。

1.3.2　信息社会的测度和判定标准

学术界关于信息社会本身的概念仍然存在很大的争议，这种争议主要表现在两方面：一方面，学者基本上接受信息社会的概念，虽然他们可能是从不同的角度认识和评价信息社会的特征，而且对信息社会有着不同的定义；另一方面，学者从意识形态的角度出发，基本上不接受信息社会的概念，认为信息革命、信息化及目前所讨论的信息社会的各种特征不过是工业社会已经建立起来的各种关系的延续，是历史的正常发展，并无新奇之处（周宏仁，2008）。

　　基本上接受信息社会这个概念的学者的主要争论在于信息社会的测度和判定标准。韦伯斯特（1994）曾经就此进行过比较全面的讨论，他将国际学术界关于信息社会及其测度的讨论归纳为技术、经济、社会、网络、文化五个维度。

　　从技术的维度看，阿尔温·托夫勒的观点比较有代表性，即人类文明已经经历过两次巨大的变革浪潮——农业革命和工业革命，并正在经历着由新技术革命所引起的第三次变革浪潮。但是，他认为今天的历史发展更快，第三次浪潮的变革可能只需几十年就可以完成。此外，他对信息革命的政治、经济、社会和文化影响的相关论断也有许多地方是值得借鉴的。约翰·奈斯比特虽然也认为电子计算机之于信息时代，恰如机械化之于工业革命，但他认为在20世纪50年代后期，信息社会就已经存在（奈斯比特，1984）。这样的观点欠缺说服力，没有微电子技术和计算机的普及，没有互联网，人类很难进入真正的信息社会。实际上，从技术的维度研究信息社会的形成，也就是从生产力发展的角度研究人类社会的发展，有一定的合理性，但仅就技术而言，并不能解决信息社会的测度问题。

　　从经济的维度看，比较著名的学者是马克卢普和波拉特。马克卢普（1902—1983）由于过世较早，没有看到20世纪90年代微型计算机、互联网的应用在全球普及以后的高潮时期，也没有看到信息和知识在全球化的经济、政治、社会、文化、军事和科学技术发展中发挥的巨大作用，因此他的研究有一定的时代局限性。波拉特的研究工作的重要意义在于他将经济部门分为主要信息部门（信息产品及信息服务直接用于信息的生产、分配或处理）、次要信息部门（政府及非信息单位产生的仅供内部业务流程使用的信息服务）和非信息部门三个门类，并完成了信息经济的量化，是一项具有开创性的、意义深远的工作，且获得了国际组织 OECD 的承认。德鲁克在1969年提出，知识已经成为许多经济活动的基础，我们正在由一个以物质生产为基础的经济走向一个以知识为基础的经济。（Drucker，1969）1993年，他出版了《后资本主义社会》一书，认为真正控制资源的决定性的生产要素既不是资本，也不是土地或劳动力，而是知识。在篇幅不小的以"变革"为题的序言中，他探讨了"后资本主义社会与'受雇的经营者'当家""向知识社会的转变""民族国家再见吗""第三世界的潜力""行动的时刻：社会和知识"等议题（德鲁克，2009）。

　　从社会维度看，贝尔在其出版的《后工业社会的来临》一书中的观点值得重视。贝尔在看到了20世纪中后期白领社会和知识工作的出现以及随之而来的传统产业中工人人数下降的同时，认为其产生了意义深远的变革，如以阶级为基础的政治斗争的结束、更多的公共意识以及性别平等观念的发展等（贝尔，1984）。信息社会是大多数就业者从事与信息相关的工作的社会，大多数人不再与物质和能源打交道，而与信息、信号、符号以及图像等打交道。

从网络维度看，可以直接以"网络经济"描述信息社会的基本特征。这方面，曼纽尔·卡斯特认为，网络构成了人类社会全新的社会形态，而信息社会的核心特征之一是基本结构的信息网络的内在联系，正是这种内在的逻辑结构说明了网络社会的内涵（卡斯特，2001）。

从文化维度看，很多学者认为媒体趋于饱和使我们已经进入信息社会。特茵尼（Touraine）认为，工业社会改造的是生产的方式，而后工业社会改变的是生产的最终结果，即文化（Touraine，1988）。这样的观点令人深思。他将后工业社会解释为"程序化的社会"（the programmed society），而在后工业社会的文化再生产中，信息、消费、健康、研究、教育等均被产业化。但是，他认为后工业社会具有非物质生产的性质则是令人质疑的。因为人类任何时候都离不开物质生产，信息社会也一样。也许只能说信息社会中非物质生产对物质生产的生产力水平具有决定性的影响（周宏仁，2009）。作为学术问题，信息社会相关问题的研究还有待深化，它将随着信息社会的发展而不断发展，不断发现新的问题，不断取得新的成果。

1.3.3　信息社会的发展具有阶段性

信息革命正在引领人类走向信息社会。信息社会是指以信息活动为基础的新型社会形态和新的社会发展阶段，包括与信息的生产、加工、处理、传输、服务相关的所有活动。换言之，信息社会是信息技术在经济、社会、政治、生活等领域应用到一定程度的一种社会状态，是信息技术在社会各领域不断积累而引起质变的一种必然结果。当然，信息技术的应用和信息化的推进不一定意味着信息社会的到来，只有信息化的推进引起了社会本质特征的转变，才标志着信息社会的到来。从发展进程上看，工业社会向信息社会的转型过程会有一段较长的重叠期，即从信息技术开始应用到信息社会特征充分表现之前的阶段，我们可以称之为信息社会的准备阶段或过渡阶段。而只有当信息社会的特征有比较完整的体现时，才可认定正式进入到信息社会的发展阶段。

为准确把握信息社会发展趋势、认清中国所处位置和任务，国家信息中心信息化研究部专门成立了"信息社会发展研究"课题组，从2005年开始对信息社会发展理论和实践进行持续研究。关于信息社会及其测度方面的研究，国家信息中心"信息社会发展研究"课题组曾进行过比较系统的探讨，有些研究成果是颇有启发性的，如关于信息社会发展水平评价指标体系和信息社会发展阶段划分方面的研究（表 1-1）（张新红等，2010；张新红等，2015）。

表 1-1　信息社会发展阶段划分

发展阶段	准备阶段		发展阶段		
	起步期	转型期	初级阶段	中级阶段	高级阶段
信息社会指数（ISI）	0.3 以下	0.3~0.6	0.6~0.8	0.8~0.9	0.9 以上
基本表现	信息技术初步应用	信息技术应用扩散加速，实效开始显现	信息技术的影响逐步深化	经济、社会各领域都发生了深刻的变化	基本实现了包容的社会
面临问题	基础设施跟不上需求	发展不平衡	互联互通问题、实用性问题	包容性问题	进一步的技术突破与创新应用
主要任务	加快基础设施建设，通过教育培训进一步提高认识	加快调整与改革，逐步消除不利因素。加强教育培训，提高信息素质	改进体制机制	关注弱势群体、实施普遍服务	鼓励创新

注：在测算中，信息社会指数的标准值设为 1，当指数小于 0.6 时，为信息社会的准备阶段；当指数等于或超过 0.6 时，为信息社会的发展阶段。

该课题组认为，信息社会呈现出显著的区别于工业社会的新特征，即信息经济、网络社会、在线政府和数字生活。根据四个新特征设计衡量信息社会发展水平的指标体系。其中，信息经济指数占比 30%，下分经济发展指数、人力资源指数、产业结构指数、发展方式指数四个二级指标，权重均为 1/4；网络社会指数占比 30%，下分支付能力指数和社会发展指数两个二级指标，权重均为 1/2；在线政府指数占比 10%；数字生活指数占比 30%，下分移动电话指数、电脑指数和互联网指数三个二级指标，权重均为 1/3。

根据该体系，信息社会发展水平可以用信息社会指数（ISI）度量，ISI 的取值范围在 0 与 1 之间，ISI 值越高，表明信息社会发展水平越高。以 ISI 为标准，信息社会的发展过程可划分为两大阶段，即信息社会的准备阶段（0 < ISI < 0.6）和发展阶段（0.6 ≤ ISI < 1）。其中，准备阶段是在经济、社会、生活、政治等各

领域不断应用信息技术及信息化不断推进的过程，这是一个较长时间的积累阶段。准备阶段又分为两个时期：起步期（0 < ISI < 0.3，信息技术初步应用）、转型期（0.3 ≤ ISI < 0.6，信息技术扩散加速）。在起步期，虽然信息技术开始初步应用到社会各个领域，但尚未普及和深化。随着信息技术的逐渐扩散，信息社会的准备阶段将进入转型期，在这一时期，信息技术的影响开始显现，信息化应用带来经济、社会、生活、政治等多个领域的转型与变革，为迈向信息社会奠定坚实基础。发展阶段是进入信息社会之后的历史进程，根据发展程度的不同，发展阶段又分为三个阶段：初级阶段（0.6 ≤ ISI < 0.8，信息技术的影响逐步深化）、中级阶段（0.8 ≤ ISI < 0.9，经济社会各领域都发生深刻变化）、高级阶段（0.9 ≤ ISI，基本实现了包容的社会）。

国家信息中心"信息社会发展研究"课题组发布的《全球信息社会发展报告2015》的研究结果显示，通过对全球126个国家信息社会发展水平的测评，2015年全球信息社会指数（ISI）达到0.549 4，正从工业社会向信息社会加速转型，51个国家先行进入信息社会（ISI在0.6以上），62个国家处于转型期（ISI为0.3~0.6），仍有13个国家尚处于信息社会起步期（ISI在0.3以下）。2015年，卢森堡信息社会指数为0.898 9，位居世界第一；芬兰、新加坡、瑞典、瑞士、丹麦、挪威、英国、奥地利、日本分别位居第二至第十位。

从分类指标看，2015年以色列信息经济指数达0.914 6，位居全球第一，其人力资源、研发投入、创新能力在全球处于领先地位；卢森堡网络社会指数达0.959 5，排名全球第一；韩国在线政府指数为0.964 2，位居全球第一，在电子政务、在线服务等方面表现卓越；巴林数字生活指数达0.976 7，位列全球首位，移动电话、电脑和互联网基本得到普及。

2015年，低收入国家信息社会指数为0.248 8，而高收入国家信息社会指数达到0.753 7。经济水平是信息社会发展的决定性因素，但当人均GDP达到10 000美元后，经济增长对信息社会的带动作用逐步减弱。报告认为，移动电话是发展中国家最主要的数字生活工具。2015年发展中国家电脑普及率、互联网普及率分别为31.64%、35.25%，但移动电话普及率达到105.78%。

从发展动力看，全球信息社会快速发展，创新驱动功不可没。2015年信息社会中级阶段国家的研发强度为2.53%，信息社会初级阶段国家为1.22%，信息社会转型期国家为0.40%，信息社会起步期国家为0.36%。对转型期国家而言，加大研发投入力度会对信息社会发展起到事半功倍的作用。

报告显示，2015年宽带支出占人均GDP比重在1%以下的国家互联网普及率达到 78.5%，而资费水平在 1%~5% 的国家互联网普及率为 55.2%，资费水平在 5% 以上的国家互联网普及率仅为 22.3%。目前，全球超过 3/4 国家资费水平在 1% 以上，资费水平偏高是制约当前网络普及的重要因素。

报告还显示，信息社会转型期国家面临着巨大的生态环境压力。以南非、俄罗斯为例，其能源消耗强度分别达到 230.13、226.55 千克石油当量 / 千美元 GDP，远远超过全球平均水平。另外，信息社会转型期国家 PM10 浓度值为 54.28 微克 / 立方米，是信息社会中级阶段国家的 2.6 倍，空气污染治理压力巨大。

报告研究结果还表明，全球信息社会发展极不平衡，存在巨大的数字鸿沟。发达国家主要信息技术产品与服务的扩散已经进入成熟期，大多数发展中国家仍然处于成长期，还有少数国家信息技术产品与服务的应用处于市场培育阶段。2015 年全球数字鸿沟指数为 0.92（最落后国家的主要信息技术产品应用水平比全球平均水平落后 92%）。比如，荷兰 96.7% 的家庭拥有电脑，而最低水平国家仅为 2.1%；冰岛平均每百人中约有 97 人上网，而最低水平国家只有 1.9%。

报告研究结果认为，中国信息技术创新应用取得显著成效，但信息社会发展水平仍然滞后于经济发展水平。2015 年中国信息社会指数为 0.435 1，位列全球第 88 位，与全球平均水平有一定差距。报告预计，2018 年前后全球信息社会指数将达到 0.6，开始整体上进入信息社会初级阶段。

《中国信息社会发展报告 2015》重点反映了中国大陆 31 个省、自治区、直辖市，以及 336 个地级以上城市的信息社会发展水平。报告显示，2015 年全国信息社会指数达到 0.435 1，表明中国仍处于从工业社会向信息社会的加速转型阶段。其中，信息经济、网络社会、在线政府、数字生活四个类别指数分别为 0.379 5、0.385 2、0.545 0 和 0.503 8。信息经济仍然是中国信息社会发展的短板，数字生活领域发展最快。报告显示，2015 年，北京、上海、天津三个省级行政区信息社会指数超过 0.6，率先进入信息社会初级阶段；广东、浙江、福建、江苏、辽宁、山东 6 个省份信息社会指数高于全国平均水平。深圳、北京、广州、苏州、珠海等 31 个地级以上城市信息社会指数超过 0.6，率先进入信息社会初级阶段；西安、威海、福州等 264 个城市处于信息社会转型期；还有 41 个城市的信息社会指数在 0.3 以下，尚处在信息社会起步期。东部、中部、西部地区信息社会指数分别为 0.548 9、0.388 0、0.372 9，尽管近年来中西部地区信息社会发展较快，但因起点较低，与东部地区的绝对差距仍然在扩大。从省级行政区来看，信息社会指数最高的省份达到 0.757 8，最低的省份为 0.309 2。从城市来看，信息社会指数最高的城市是深圳，达到 0.839 4，是目前国内唯一进入信息社会中级阶段的城市；最低的城市为 0.222 8。

总体而言，近年来中国信息技术创新应用取得显著成效，但是信息社会发展水平仍滞后于经济发展水平，信息社会发展总体水平依然相对落后。信息社会指数在全球排名 88 位，在中高收入国家、金砖国家中排名靠后，主要表现在以下几方面。

（1）信息经济发展水平相对落后。我国产业结构不合理，工业比例偏高，服务业比例偏低，比全球平均水平低 11 个百分点；粗放的经济增长方式带来化石能源的大量消耗。我国能源消耗强度是全球平均水平的 3.5 倍，是南非、俄罗斯的两倍。人力资源整体水平不高，我国受过高等教育的劳动力人口占比为 12.6%，仅相当于全球平均水平的一半。

（2）网络社会发展水平相对落后。我国城镇化率为 53.7%，比全球平均水平落后 8.5 个百分点；高投入、高能耗、高排放的发展方式导致空气污染严重。

（3）数字生活水平相对落后。电信资费水平相对较高、农村信息基础设施不完善等因素严重制约了我国移动电话、互联网、电脑的广泛普及。我国的移动电话普及率与全球平均水平存在较大差距；互联网普及率为 45.8%，比全球平均水平落后 5.3 个百分点；家庭电脑普及率为 43.8%，比全球平均水平落后 6.7 个百分点。

需要指出的是，近年来我国不断加大研发投入力度，研发经费支出占 GDP 比例达到 2.08%，在全球排名第 19 位，甚至超过部分发达国家；创新能力持续增强，新技术、新模式、新业态不断涌现，以百度、阿里巴巴、腾讯、京东为代表的互联网企业在全球扮演了举足轻重的角色，在全球最大市值互联网企业前十名中，我国取得四席。

我国互联网产业正奔驰在引领全球的快车道上。未来，随着"互联网+"行动计划的深入推进，我国将加速实现从工业社会向信息社会的转型跨越。预计到 2020 年前后，全国信息社会指数将达到 0.6，整体上进入信息社会初级阶段。

2

信息社会对教育发展的影响

    自 20 世纪中叶以来，随着以计算机为标志的微电子技术的发展，人类步入了以信息技术为核心的高科技蓬勃发展的新的历史时期。由于高新技术尤其是信息技术、通信技术及软件技术等的重大突破，现代信息技术得到迅猛发展和广泛运用，并直接引发了一场以信息技术为主导的全球性信息革命，使知识和技术在经济发展与社会进步中的作用与价值更加明显。科技进步与知识创新积累已成为某一国家或某一区域竞争力的重要源泉，成为人类文明发展的主要动力，这标志着人类即将进入一个崭新的时代——信息社会，即以互联网为标志的信息时代，亦即知识经济时代。尤其是 20 世纪 90 年代以来，互联网的发展彻底改变了人类生产与生活方式，拓展了人类的生存空间。人们在很大程度上突破了传统的时空界限，创造了一个全新的世界——虚拟的网络世界。正如英国学者约翰·诺顿（John Naughton）在 *A Brief History of the Future：The Origins of the Internet* 一书中所言：互联网就像迎面而来的卡亚克斯飓风，以 20 英尺高的浪潮袭击我们。这场暴风雨经过太平洋数千英里的能量积蓄，足以使你腾空而起，再将你重重摔下。计算机相互连接的时代近在咫尺……互联网影响着我们每个人的生活（诺顿，2001）。

    互联网的发明对人类生活的最大改变是它创造了一个网络空间（虚拟空间）和虚拟生存方式，使人类可以在信息化、数字化、网络化的虚拟现实中体验人生、创造自我、沟通未来。网络空间是由无数电脑通过局域网，并以互联形式使分散在不同地域的人们连接起来所形成的既独立又互联、既接收信息又传输信息的网际网络系统与网际网络存在形式。

    在这样的时代，人们是否意识到汹涌的信息化浪潮已扑面而来？信息化浪潮对教育有什么样的具体影响？我们应该如何应对？这是笔者拟探讨的问题。

2.1　汹涌的信息化浪潮已扑面而来

人类正在迈入充满梦幻的新时代、新社会，这个新时代、新社会将以独一无二的信息技术为基础，实现全球网络化，人们已经看到了这样的事实：地球上每个人可以随时随地同另一个人自由地联系。正是这个简单的事实，犹如工业革命把中世纪的农业文明改造成过去的工业文明一样，将使整个社会发生翻天覆地的变革（萧琛，1998）。到 20 世纪 80 年代，尤其是 90 年代以后，人类信息化达到一个新的水平，信息化发展呈现出五大特征。第一，信息、知识的总量急剧增加。第二，信息资源成为人类生存的首要资源，在"知识价值社会"里，"知识与智慧的价值"在物质的价值构成中普遍占有很大的比例，因而"知识与智慧的价值"的创造成为生产价值的主要内容（堺屋太一，1986）。产品中的物质含量与信息含量的比例发生了明显的变化，体现在物质财富中的商品的式样、高超的技术、特定的功能及良好的格调等因素，在物品的价格构成中占很大的比例。第三，信息的价值成为物质价值构成中的独立组成部分。第四，信息传递迅速化，信息更新快，信息价值的寿命越来越短。第五，信息覆盖全球化。正如美国著名系统哲学家、罗马俱乐部重要成员拉兹洛（Ervin Laszlo）在 20 世纪末所指出的，在 20 世纪的最后 10 年里，世界上那些先进的社会都已彻底地"信息化"了，它们不再仅仅是社会系统、社会政治系统、社会经济系统和社会文化系统，还是信息加工系统（拉兹洛，1997）。人类生存的环境已经信息化。如果说 20 世纪 80 年代初美国未来学家托夫勒的"第三次浪潮"曾给国人呈现了一个"虚幻"的技术世界，那么，在 21 世纪第二个十年即将过去之时，人们已毫不怀疑那场由信息技术推动的信息化浪潮对人类正在或将要产生的深刻影响。

2.1.1　信息技术推动信息化浪潮

信息技术的发展带来了由工业社会向信息社会过渡的转型革命，这个转型过程即为信息化，人类由此进入信息时代。信息化作为信息技术发展创新的直接产物，在社会层面上更是社会历史文化的产物，即社会建构的产物，是社会其他要素"合力"发展形成的结果。信息化作为伟大的历史进程，正在越来越多地被人们认识。世界各国围绕信息化这个战略制高点，正在全球掀起一浪更比一浪高的信息化创新的浪潮。信息化正在带来新一轮的重大经济社会变革，以及国家乃至全球治理秩序的重构（周宏仁，2016）。

　　准确地说，信息社会必须建立在高度发达的信息技术基础之上。信息技术处理的"原料"是信息（知识），它通过信息的创新、共享、传播和创造性使用，大幅度地提高知识生产率和生产力水平。卡斯特指出，在新的信息发展方式中，生产力的来源是产生知识、信息处理与象征沟通的技术。知识与信息无疑是一切发展方式的关键因素，因为生产过程总是基于某个水准的知识及信息的处理过程。然而，信息发展方式的特殊之处在于针对知识本身的知识行动就是生产力的主要来源。信息处理集中于提高信息处理的技术水平，以之作为生产力的来源，达到技术的知识根源，并应用技术以促进知识生产和信息处理这两方彼此互动的良性循环（卡斯特，2001）。从信息生产力的构成要素来看，脑力劳动者、智能工具和数字化信息是信息社会区别于其他社会形态的本质特征。

　　而在信息社会，无形的信息成为比物质和能源更为重要的资源。知识经济以知识和技术发展为导向，以开发和利用信息资源为目的，追求知识的创新、积累以及信息处理更高层次的复杂度。在信息技术快速发展的推动下，信息资源通过与物质、能量资源相结合，创造出各种智能化、信息化、网络化的生产工具，促使信息经济活动迅速扩大，逐渐取代工业生产活动而成为国民经济活动的主要内容。如果说工业社会是有形的物质和能源创造价值的社会，是以物质生产和物质消费为主的社会，那么，信息社会则是无形的信息和知识创造价值的社会，是以精神生产和精神消费为主的知识社会（孙伟平，2010）。

　　如何理解"信息化"？国内很多人认为，信息化就是信息技术在各行各业中的应用。不仅国内这样，国际上很多人也是这样认为的。这样的理解有一定道理，但也不全面。仔细地推敲就会发现，这句话可以衍生出一系列需要探讨的重大问题。这句话涉及三个重要的关键词：一是"信息技术"，人们不禁要问什么是信息技术，它从哪里来，到哪里去，核心技术是什么，它是怎样发展的，哪些技术导致了哪些重要的技术革新或技术革命，等等；二是"应用"，信息技术有哪些重要的应用，应用又怎样随着技术的发展而发展，对国家或地区而言，战略重点在哪里，优先级如何选择？什么情况下应用成功，什么情况下应用失败，而关键的成功因子是什么，应用又涉及哪些战略、政策、标准、法规、管理问题，等等；三是"各行各业"，既然涉及全社会，那么经济、政治、文化、军事、科技等各个方面会受到什么样的影响和冲击，哪些行业受到的影响和冲击最大，这种影响和冲击的实质是什么，导致了什么样的经济社会变革，它是一场技术革命还是一场产业革命，这种经济社会变革对全球、对国家或地区意味着什么，又将使人类走向何处，等等。

显然，围绕这三个关键词完全可以提出数以百计需要回答但很难回答的问题。把这些问题放在一起就不难发现，"信息化"并不是一个新技术的应用问题，而是大量需要研究的理论和实践问题。而且，这些问题几乎涉及了国际和国家政治、经济、社会、文化生活的所有重要的领域（周宏仁，2009）。所以我们说，信息技术推动的是信息化浪潮。

如今，这股汹涌的信息化浪潮在经历信息交流、信息传播两个阶段之后，正进入以信息处理、应用为主要目的，以大数据、宽带、物联网、3D打印、云计算等信息技术为重要标志的信息生产力阶段。在这个阶段，信息技术给经济社会带来了翻天覆地的变化：信息资本、互联网经济、互联网文化、智慧城市、信息化农业等席卷了社会生活的方方面面，成为推动社会转型的关键。因此，世界各国，无论是发达国家还是发展中国家都在加快信息化的建设步伐，试图获取发展主动权，抢占经济发展制高点。信息化对于任何一个国家或地区而言，都已成为衡量现代化水平及综合实力的重要标志。

2.1.2　信息化及其基本特征

2.1.2.1　信息化的基本内涵

关于信息化的内涵，目前学术界没有形成统一的定义。一些专家学者如俄国信息专家格莉米扎认为，信息化的主要内容实质是改造社会生活的所有信息环境，其目的是优化任何有社会意义的活动结果。信息化不是单纯的技术过程，而是以计算机革命为基础的社会—技术过程。在全世界组建全球性信息网络，并将它们联成统一的信息空间，简要地说，建设将世界上所有贮存的信息变成每个人的财富的人类共同体就是信息化（何明升，1998）。乌家培（1999）认为，信息化是从工业经济向信息经济、从工业社会向信息社会演进的过程。汪向东（2002）提出，信息化是指人们凭借信息技术等手段，通过提高自身开发和利用信息资源的智能，推动经济发展、社会进步乃至人们自身生活方式变革的过程。姜锡山（2005）综述权威专家的意见认为，信息化是利用现代信息技术对人类社会生产体系的组织结构和经济结构进行全面的改造，使人类社会的政治、经济、社会、军事、文化等各个方面适应信息社会的发展，从而推动人类社会的进步。所以，信息化实际上是推动整个社会转型，从工业社会转向信息社会的过程。信息化不是目的，而是产业革命的过程。纵观各学者的观点，信息化内涵大致涉及信息资源、信息技术、经济发展、社会转型等方面，是一个涵盖范围广泛的社会形态转变的过程。比如，我国《2006～2020年国家信息化发展战略》指出，信息化是充分利用信息技术，开发利用信息资源，促进信息交流和知识共享，提高经济增长质量，推动经济社会发展转型的历史过程（中共中央办公厅，国务院办公厅，2006）。可见，关于信息化的内涵，虽然提法各不相同，但总体来说，信息化离不开对现代信息技术的应用。信息化以信息技术为主导，以对信息资源的开发为内容，在社会化的过程中改变经济模式和产业结构，同时渗透到生活的各个方面，最终实现从工业社会向信息社会转型的目的。

从以上关于信息化的描述中不难看出，对于信息化的认识和理解，尽管定义可能不完全相同，但有几个不可忽视的要点。首先，信息化并不仅仅是技术的过程或简单的现代信息技术的应用问题，而更重要的，信息化是社会的过程，即社会发展和演变的过程。其次，信息化不仅仅具有生产力发展的内涵，同时，信息化意味着生产关系的变革（周宏仁，2008）。换言之，信息化是技术过程，人们对其认识有一个从片面到全面、从认识到实践的过程。信息化也是社会历史过程，其内容庞杂，涉及要素众多，包括生产关系的变革，加之发展的渗透性、不确定性等，都会影响人们对信息化的认识。基于这种认识上的丰富性，可以认为信息化是以信息技术为主导，以开发利用信息资源为核心内容，对信息和知识进行全面改造，对国民经济进行高度提升，力图打造数字化生活、重构网络化社会，继而实现人类步入信息社会的目的。

2.1.2.2 信息化的基本特征

（1）信息化的技术特性。现代信息技术的核心内容是计算机技术和通信技术。何明升（1998）把信息化的技术特性归纳为以下四点。第一，数字化——计算机使用二进制代码系统对所有信息进行编译、存储。时至今日，这些被称为"比特"（bit）的"1"或"0"不仅可以表示开或关、上或下、黑或白、出或入，而且几乎可以表示所有的人类信息。在过去的几十年中，我们极大地扩展了二进制的语汇，使它包含了大量数字以外的信息。越来越多的信息如声音和影像都被数字化了，被简化为同样的"1"或"0"。因此，数字化已经成为信息技术首要的技术特性，被人们比作"信息DNA"。第二，网络化——互联网的发展使这种网络化技术可以成为相对独立的整体，并采用一种标准的计算机网络语言（技术上称为协议）使所有的计算机得以相互交流。目前人们所熟悉的国际互联网（Internet）实际上是全球性的各种计算机"网络的网络"，是"信息高速公路"的干线。第三，大容量——现代信息技术的这种大容量技术特性，使计算机具备强大的信息存储能力和极快的信息处理速度。而当其在网络中运作时，计算机成为一种革命性的工具。随着技术的发展，人类将生产出容量越来越大的芯片，这种呈几何级数增长速度的现象被信息技术专家称为"摩尔定律"。第四，高带宽——把一切信息都转换成数字信息固然方便，但比特数也极高，为此，除利用数据压缩技术外，还要求信息通道具有很高的带宽。所谓带宽，是指特定信道每秒钟传输的比特数，也叫比特率。光纤通信技术是解决信息通道带宽问题的有效手段，因此光纤及其高带宽技术特性是信息世界的快车道。

周宏仁（2016）认为，从过去70年的演进来看，信息化经历了数字化、网络化和智能化这三个侧重点不同的发展阶段，三者之间彼此并不排斥，也并非"你方唱罢我登场"。从技术层面来看，信息化的发展环境已经发生了非常大的变化。泛在化，即计算无处不在、数据无处不在、网络无处不在、软件无处不在，已经在全球信息化比较发达的国家和地区基本形成。信息化发展到今天，至少在产品创新、系统创新、产业创新三个方面带来了创新发展的重大机遇。

现代信息技术的这些技术特性在社会过程中的普遍使用导致了经济、政治、文化以及人类自身生存状态的变革，并由此引发了与之相应的社会行为模式、社会结构形态和社会规范体系的变化。我们有理由相信，信息技术将与18世纪的蒸汽技术、19世纪的电气技术一样，对人类社会的发展具有划时代的意义（康宁，2000）。这一意义的本质可以归纳为三点：革命性——语言和文字的出现是人类文明史上的一大飞跃，而信息技术产生的信息沟通方式的变革，将如同牛顿、爱因斯坦的概念框架一样具有革命性，它会引发科技的飞速发展和社会的巨大变革；不可逆转性——由于现代信息技术所特有的革命性的技术特性，它将迅速扩散为一场全球性的巨变，将改变所有称为传统的东西或将传统改造为一种新形态框架之下的东西，"回到过去"或躲避这种影响并不现实；无法抗拒的魅力——现代信息技术对人类产生的影响像潘多拉盒中的魔力，是一种不可抗拒的力量，它引诱人们不断地追寻并探求这一技术的无限性，网络成了吞噬一切的"黑洞"。网络世界对社会生活和人们生存方式的冲击力及其自身所具有的本质特征，都表明它必将对教育尤其是大学教育产生巨大的影响。我们身处在教育的所有场景中，正在深切感受这一冲击的结果，同时充满着对未知影响的憧憬。

（2）信息化的基本特征。信息化的基本特征是信息化的内涵及本质决定的。如上所述，信息化不仅是技术过程，也是社会历史过程，它是由现代信息技术革命引发的一次新的产业结构、社会结构和文化的变革。从这样的认识出发，我们可以解析信息化的如下总体特征。笔者在这里称之为基本特征。

第一，信息化是推动社会战略资源由物质资源向信息、知识资源转换的过程。传统的工业化模式是以大规模工业发展为核心，单纯以追求经济增长为社会发展目标，以无限制的能源、原材料消耗为代价的经济增长模式。它带来了资源耗竭、环境污染、粮食短缺等诸多社会问题，这些问题从根本上宣告了传统的工业化道路的危机。而以现代信息技术为代表的一大批高新技术的发展和应用，促进了新的产业群的崛起，使经济增长模式向知识密集型转化，其特点是以更少的物质资源消耗和更多的知识或智力投入，获得有更少负面影响的、健康的、持续的、高效的经济增长。

信息化以信息产业为主导，信息产业在信息化过程中具有基础性和先导性。大量事实表明，信息产业是一个产业链长、产业感应度和带动度高的产业。随着信息技术的创新、扩散、发展和融合，信息产业的出现往往能够带动一系列相关联产业的发展。信息产业内部会带动微电子、计算机、软件、网络、半导体等产业的发展；信息产业外部会带动新材料、新能源、机器制造、仪器仪表、生物、航空航天等产业的发展。信息产业这种强劲的带动性恰好表明它与传统产业之间存在着相容性。以信息产业带动传统产业，尽快实现产业结构调整和升级，是推进信息化的重要选择。

从这个意义上讲，信息是人类社会发展的三大资源基础（物质、能量、信息）之一，科技进步使信息资源成为最重要的资源，信息成为社会运转的轴心。因为人们可以通过对信息资源的开发、管理和运用支配物质和能量的流转，从而可以更有效地利用物质和能量，减少浪费。信息化过程就是促进以物质资源利用为主的工业社会向以信息、知识资源利用为主的信息社会转变的过程，就是人类开发和运用自身的智能，提高信息资源能力的过程。信息的生产、传播、分配和消费，知识的创新和应用，都是信息化过程的显著特征。

第二，信息化是一个具有综合性、整体性的社会及社会文化变革的过程。现代信息技术的发展与应用是推动信息化发展的动力；新兴的信息产业是信息社会的产业支柱。当然，信息并不能取代社会及社会文化的各个方面，信息产业成为支柱型产业，只是表明信息的管理和运用对社会实践各个领域的顺利运行发挥着不可或缺的作用，并从根本上改变了社会的就业结构。不过，信息化这一概念绝不仅仅局限于信息技术的进步、信息企业的发展、信息市场环境培育、相关政策和法律法规的制定、信息技术人才的培养等信息基础设施建设和产业结构演进的层面。

信息还具有溢出效应，这主要基于信息具有向外部扩展、传递的性质和开放性、共享性的特点。信息的外溢效应在不同主体（个体与个体、个体与群体、企业内或企业间、国家内或国家间等）之间都有体现，其本质是知识价值的外溢。以国家间的信息外溢效应为例，发达国家的信息向不发达国家扩散和转移，如从美国传到中国，其表现形式有技术专利公开、技术许可、专家学习、专业会议等，这一信息知识外溢过程使中国吸收了较为先进的技术知识和理念，获得了"后发优势"，从而有机会加快自身发展步伐。

信息化过程不仅优化了产业结构，而且改变了人们的生产方式、交换方式、消费方式、工作和就业方式，甚至在一定程度上改变了人们对生产资料占有的方式及其内涵，使信息、知识的占有和使用成为影响生产要素、社会财富和权力分配的重要因素；不仅加快了信息技术的发展、信息基础设施的构建和完善，而且深刻地改变了人们的信息传播方式、交往方式，造就了人们新的数字化、网络化的"虚拟生存"空间和生存方式；不仅改变了经济增长方式，而且引起了家庭及其他社会群体、社会组织、政府管理形态的变化；不仅推动了物质文明建设，而且促进社会规范的重建，改变了人们的学习、娱乐方式乃至人的个性。现代信息技术以其广泛渗透性急剧扩张，迅速而深刻地重塑了社会生活的基本领域和方方面面，对社会结构和文化产生了不容忽视的综合性、整体性影响。对个人而言，对信息的选择、利用、处理以至创造能力就成了最为重要的实力，是个人在信息社会立足和生存发展的必备条件。

第三，信息化是继承性和创新性、阶段性和连续性辩证统一的发展过程。工业化的高度发展是信息化浪潮兴起的经济基础。信息化过程所需要的硬件设施、巨额资金、专业人才及产品或服务市场的拓展，都要以工业化的高度发展为基础。另外，现代信息技术以信息、知识的创新和应用为特征，信息和知识具有不断创新、永不枯竭等特性和显著的传递、增殖效应。

在信息化过程中，信息技术的广泛应用不仅促进了新的产业群的产生，而且加速了传统产业的国民经济信息化、网络化的进程，增强传统产业、劳动者、产品的信息知识含量，推动产业结构的高级化演进，使经济发展由粗放型向集约型转化。信息化的过程不是一蹴而就的，而是一个动态发展过程。在其不同发展阶段有不同的重心，如信息产业化、产业信息化、经济信息化和社会信息化，但由于现代信息技术本身特性的影响，从总体上看，信息化的发展趋势和目标必然是社会信息化的过程。

信息化过程促进了人们生存空间的网络化。这不仅包括技术方面的网络之间的互相联通，更强调基于这种物质载体之上的网络化社会、政治、经济及生活形态的网络化互动关系。信息化试图让整个社会构成一张无缝之"网",通过网络连接,使一切物质、能量都处于这个网络中。物联网、大数据、云计算、电子商务、电子政务等都是很好的体现。信息化正是借助信息及信息技术的这些特性深入到社会生活的方方面面,继而形成自身的特征(曾维伦等,2008)。

2.1.3 信息化浪潮的全方位渗透

人类对信息化浪潮的认识较早就从信息技术的全方位渗透的角度进行理解。2003 年,世界信息社会峰会(WSIS)召开之前,在网站上公布的会议预定讨论的问题实际涉及社会的很多领域,其应用部分主要有两大方面(王成然等,2002)。其一,服务与应用,包括政府、授权、民主的信息与通信技术;电子医疗卫生;信息社会经济、社会和文化发展的含意。其二,信息通信技术与教育,包括作为教育变革层的信息与通信技术;教师、学生与教学内容的信息通信技术;用户培训。而于2003 年 12 月 10 日至 12 日召开的第一会期会议通过了一系列旨在引导信息通信技术未来发展的原则及展示如何将这些原则付诸实践的"路线图"。来自超过 175 个国家的与会代表签署的《原则声明》中明确指出:"构建信息社会的诸多单元是由于对研究成果的分享而使其成为可能的科技进步的产物。"在会议通过的第二份文件《行动方案》中写入了出席日内瓦会议的国家做出的承诺,包括为所有的高校和研究机构提供在其支付能力范围之内的、稳定和高速的互联网连接;促进以分享科学知识为目的的对对等网络技术(Peer-to-peer Technology)的利用;促进对数字化的基本科学数据的长期收集、传播和保存;坚持"推动对所收集的科学信息与数据的有效利用"的原则和元数据标准。与会的 1 万名政治家、企业代表、发展工作者和技术顾问一致认为,会议为新的合作与研究项目的出现及人们的互动提供了有价值的机遇。大家承认,《原则声明》和《行动方案》为未来两年的互联网发展水平提供了衡量的标准。在某些情况中,文件提出的目标是明确的。例如,《行动方案》中就提出,到2015 年,全世界 50% 的人口要接入互联网(出尘,2004)。

信息技术具有传统技术所不及的全方位渗透性和催化力,能使生产方式和生活方式都发生革命性的变化,从而影响社会经济的各个方面。具体来说,这种全方位渗透性体现在三个方面。一是与传统物质技术相融合。信息技术脱胎于传统物质技术,又使传统物质技术智能化,它与传统物质技术相融合,不仅能实现传统物质技术转型,而且能创造出新的智能技术。信息技术与传统打印技术相结合形成 3D 打印技术;信息技术与生物技术相结合产生生物信息技术。二是与管理方法相结合。信息技术能直接用于管理方法中,信息技术运用于政府的政务处理流程中，改变了政府的活动方式和决策方式，产生了电子政务；运用于企业管理过程中出现了分散管理技术；运用于城市管理中形成高效率和高水平的城市管理信息系统、数字城市等。三是直接用于产品。将信息技术直接用于产品是信息技术渗透性的直接体现，如今众多电子产品的出现及更新换代的加速便是最好的证明。

信息网络技术的广泛应用首先变革的是人们获取信息的方式和方法，进而改变人们的思维方式、行为方式、生活方式和发展方式。

理论研究和实践考察都表明，信息社会是人类社会历史发展必然发生的结果。这可以通过图 2-1 所示的社会动力学演进原理解释（钟义信，2003）。

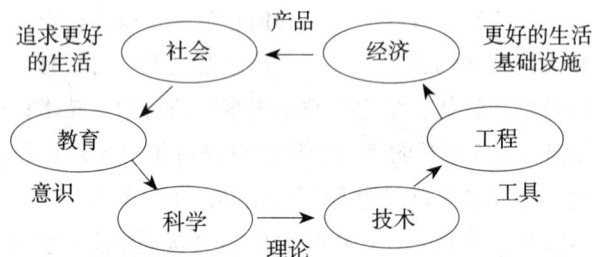

图 2-1　社会动力学演进原理

社会动力学演进的出发点是人类社会，它最重要、最基本的特性是不断产生追求更加美好的生存发展条件的需求，这是社会进步的永恒动力。教育作为反映上述社会需求的第一要素使人们能够敏锐地察觉社会的需求；科学作为反映社会需求的第二要素为人们提供满足社会需求的理论，虽然理论本身并不能实际解决问题；反映社会需求的第三要素是技术，它为人们提供有用的工具满足社会需求；反映社会需求的第四要素是公共工程，它为社会提供公共基础设施；反映社会需求的第五要素是经济，它生产各种各样的产品满足社会的需求；社会反过来制定生产规律并把产品分配给社会成员，促使社会的演进不断改进和持续更新，并产生对更好生活的新的需求。

研究信息技术对社会的影响具有革命性意义，信息技术变革与影响可以有不同的研究视角（康宁，2000）。这里不妨通过人们的经济生活、政治生活、文化生活、生存方式等方面进行一些具体的探讨。

（1）**对经济生活的影响**

第一，经济增长理念的改变。新的经济增长理论认为，知识的传播和创新将是经济增长的关键，技术进步和进入信息时代将使经济增长保持持续发展的趋势，使人们奢望的"收益递增"成为可能，由此导致经济发展模式面临重新选择的过程，社会将进入以知识生产、创新为主导的知识经济时代。

第二，经济生产方式的根本变革。产业结构将发生重大调整，信息技术与计算机产业将成为改变世界经济格局的龙头产业，无所不在的网络将从全新角度重新考查企业与其客户、合作企业、竞争企业和其他利益相关者之间的关系，从而使企业重新选择经营方式、竞争形式和生产途径。

第三，经济组织形式的全面改组。企业外部如供销关系、用户关系、合作关系等，企业内部如组织结构、管理模式等，都将发生质的改变。诞生的虚拟企业诞和多变的动态组织结构将把人、技术和管理等资源优化配置为最理想状态，以适应全球市场环境的突变和富有个性需求的竞争挑战。全球网络将使新型跨国企业和"超国界经济"的企业战略联盟组织成全球经济的垄断，使虚拟经济和虚拟经济组织充塞世界市场，使国际贸易、国际金融和国际投资的运行机制网络化。

第四，消费方式和财富分配方式的改变。以实体资源、人力资源和技术资源参与财富分配的格局已经形成，而技术资源参与的比重将增大。网络使企业供货商、制造商、经销商和零售商及传播媒体间的界限日趋模糊，消费者有可能直接参与产品的策划、生产与销售；产品的多样化和个性化将成为未来企业经营战略的主导思想。

（2）对政治生活的影响

第一，政府运作方式由于信息的流动、传递与交换方式的变革而发生变化。双向信息传递使公众意愿的表达更直接、准确、广泛；缩短了管理者与被管理者的距离，扩大了公众的知情权和参与权；公众的自主性和团体的自治性增强，决策过程更加多元化；政府机构的设置在层级上更为简化，综合性增强；公众对政府行为和政治家的监督检查更具体、透明。

第二，原有的权力结构和权威模式正在受到挑战。一国政治制度在全球化信息的牵涉和互动下将发生根本性变革。权力的组织结构、管理范式将发生质的改变，政治家将日趋平民化，社会分权化趋势将日趋明显，并逐步向社会的分层化发展，引起社会结构和阶级关系的新的变化。

第三，政治生活的开放性和民主化程度提高。人们通过无所不在的网络可以看到世界任何地方正在发生的事情，既是目击者，又是监控者。

（3）对文化生活的影响

第一，现代信息技术将促使具有新的行为特征、互动规则和思想意识的网络文化诞生。这种网络文化将成为信息化社会的主导产业。它从被少数人欣赏到走进千家万户，成为百姓文化餐桌上的一道精神大餐。其中，一种需要人类共同研究的"虚拟文化学"正在诞生，人们既要对传统人文学科进行再造，又要对人类新的生存状态和生活方式进行理论阐释。新的文化价值观念体系正在改变人的生活，可以预言，人类思想文化进程将出现突破性变革。

第二，由文化团体和主办者支配观众或读者的时代已成为过去。在网络时代，文化团体和主办者将以观众或读者的喜好与口味决定产品的内容、生产的周期和形式。读者自主选择，自由欣赏文化内容并支配文化产业发展方向和发展形式的格局正在形成。

第三，文化部门和文化产业组织形式和角色界限日益融合。过去的文化部门和单位，如文艺团体和出版业，彼此间的概念和界限很清楚，当他们的关系和产品都变成了数字的单元，其各自角色就显得不再重要了。文化产业的组织结构和组织形式由于产品内容、形式的变化而发生融合和变通。

第四，世界各民族的文化交往、各国的文化整体性交流正在成为现实。网络正在消除种族隔阂、民族成见，但也对民族文化形成了冲击和挑战。保存、传播、继承和弘扬最优秀的、民族的、传统的精品文化的任务日趋紧迫，大众文化与个性文化、民族文化与世界文化的冲突将成为世界文化交流和发展的兴奋点。

（4）对生存方式的影响

第一，由于沟通方式的革命性变革，人们的时空概念淡化，交往、工作、学习、娱乐将不再受时空"异步"障碍的影响，人们可以同步共享信息，自由选择交流方式，自主决定行为模式。人们沟通方式的变化使多民族、多地域、多文化之间的交流和理解更加容易。

第二，由于人们用于物质资料生产的时间减少，自主支配的时间增多，人们在对精神生活的追求和对生活方式的选择上需求日益增长，网络自身所显示出的个性化和多样化使这种追求和选择得以实现，人们的生活质量由于多样化和丰富性而不断提高。

第三，人们将不自觉地受"虚拟时空"存在形式的强制性影响和被动性控制。作为信息技术的创造者，人再次转化为信息技术的异化物，成为"人机"对话中的情感迫害者和生存孤独者；人作为征服自然的胜利者的同时可能成为虚拟技术的奴隶。

2.2 信息化浪潮对教育的具体影响

2.2.1 各国高度重视信息化浪潮对教育的影响

有人认为，在 20 世纪最后的 20 年里，现代信息技术对教育的影响除因深刻变革的全球经济和对人才资源的重新认识而引发的人才争夺战外，还包括现代教育技术观念的根本变革，它使全球所有的国家政府和首脑都把超常规发展计算机信息技术，特别是现代教育技术作为战略目标。各国政府划拨巨额预算以支持各级各类教育和培训人员，并将此计划作为参与 21 世纪全球竞争的重要筹码。政府部门敏锐捕捉到对于一个国家在未来全球竞争中制胜的关键法宝——优秀人才，并迅速积极地作出反应，成为率先变革者（康宁，2000）。

信息化浪潮的全方位渗透，当然不会抛下教育这个领域。尤其是自 20 世纪 90 年代全球信息网形成以后，信息化极大地推动了人类社会生活方式、生产结构及劳动关系的变革，可以说信息化是人类的第二次进化（祝智庭，2018）。在教育领域，信息技术对课堂教学的深层次变革作用日益凸显，信息化的重要意义已经得到了世界各国的普遍认同。

在互联网的影响下，教育教学正在发生着巨大的变革。西方社会在 1991 年实现了计算机的普及，满足了计算机辅助教学的条件。在对计算机辅助教学的尝试过程中，哈佛大学教授埃里克·马祖尔（Eric Mazur）曾提出他对计算机辅助教学的观点，他认为计算机不会完全取代教师，但将会在改进教学方面起到重要作用（Mazur，1991）。在计算机和教学的发展过程中，人们开始使用计算机保存、展示学习资源，用网络传播学习资源，在网络上进行学习讨论。现实的发展证明，计算机和网络技术的发展对学习资源的存在形式、教学方式和人们的学习观念等都有重要的影响。

教育与信息技术的结合产生了新的产物——教育信息化。如今，汹涌而至的信息化浪潮对教育改革提出了鲜明的时代要求，对教育发展产生了革命性的影响，深度影响了我们的教育思维（张筠等，2014）。回顾信息化对教育的影响，不难发现，信息化不但对人类的生产、生活产生了深远的影响，而且对教育产生了巨大的影响。计算机和计算机网络从它们诞生的那天起就对教育产生了影响。各国政府对此认识深刻，而且非常重视教育的信息化，并制定了相应的教育信息化发展计划。从各国政府对信息化所推动的全球网络化的反应看，以下几点是比较清晰的。

一是作为时代转折。许多国家政府对信息革命可能带来的广阔发展前景和生存空间的共同认识是：这是有别于人类已有社会形态的一种崭新的社会形态，是一种有别于人类传统生活方式的一种新型生活方式，即这是人类生活在 21 世纪的一种具有时代象征的转折。为此，从自然资源和资金大战转到以人才资源为创新驱动的新的起跑点上来，是各国政府顺应时代潮流发展，在社会生活转折的重要时刻做出的明智的战略抉择。

二是作为战略重点。人才争夺将成为 21 世纪的首要竞争焦点，但高新技术领域的人才竞争则有其特殊性，即这是创新的、顶尖的国际化人才的竞争，谁拥有了一批顶尖的创新型人才，谁就占领了新一轮全球竞争的制高点。对此，各国把经济战略定位为一种新的教育领先与顶尖创新型人才领先的战略，这不能不说是一种前瞻性的共识。

三是作为国家投资。各国政府纷纷提出发展学校信息化教育的宏大计划的同时，不惜余力拨出巨额预算，投资建立信息高速公路。各国把这一投资作为国家超常规的对未来战略发展的投资，其根本出发点就是基于综合国力的竞争。

从各国政府重视现代信息技术对教育的影响这一事实可以得出两点重要启示（康宁，2000）。第一，现代信息技术引发的这股信息化浪潮不是区域性的，而是全球性的，任何国家、任何地区都不可小视。各国政府争先恐后筹谋投资建设信息化的基础设施，并首先重视教育信息化问题，这充分表明了 21 世纪各国发展、竞争的焦点不再是能源、资金等，而是高素质的高科技人才。第二，计算机通信网络技术是 20 世纪人类思维能力得以飞跃和升华的最重要的发明，它启动的将是全新的世界经济与社会的变革运动。无论是发达国家还是发展中国家，都争取在起跑线上领先一步，就是为了在新一轮竞争中取得主动，失去这一历史性机遇，就意味着失去了在 21 世纪参与全球竞争的资格。

2.2.2 信息技术对教育发展具有革命性影响

（1）信息化已带来第三次教育革命

教育是人类社会发展的动力和基础。人类社会的每一次跨越式发展都伴随着相应的教育大革命。与原始社会相适应的是落后的、群居式"原始的集体教育"，与农业文明相适应的是个别化的、个性化的、分散的农耕教育，与工业文明相适应是规模化的、标准化的、集中化的、班级授课式的集体教育。因此，从人类自身发展和社会发展的视角看，人类经历过两次重大的教育革命。如今，由信息化浪潮所推动的第三次教育革命正扑面而来（周洪宇等，2014）。《国家中长期教育改革和发展规划纲要》（2010 ～ 2020）对此的认识比较客观、科学、权威。其具体表述是：信息技术对教育发展具有革命性影响，必须予以高度重视；把教育信息化纳入国家信息化发展整体战略，超前部署教育信息网络；到 2020 年，基本建成覆盖城乡各级各类学校的教育信息化体系，促进教育内容、教学手段和教学方法现代化（国家中长期教育改革和发展规划纲要工作小组办公室，2010）。

2015 年 12 月 27 日，以中华人民共和国主席令（第三十九号）的形式发布的《全国人大常委会关于修改〈中华人民共和国教育法〉的决定》，首次将教育信息化纳入《中华人民共和国教育法》，明确将第六十六条修改为："国家推进教育信息化，加快教育信息基础设施建设，利用信息技术促进优质教育资源普及共享，提高教育教学水平和教育管理水平。"2016 年 6 月，教育部印发的《教育信息化"十三五"规划》也明确指出：云计算、大数据、物联网、移动计算等新技术逐步广泛应用，经济社会各行业信息化步伐不断加快，社会整体信息化程度不断加深，信息技术对教育的革命性影响日趋明显（教育部，2016）。

教育信息化是衡量一个国家和地区教育现代化水平的重要标志，它重点关注如何全面深入地利用现代化信息技术促进教育变革和可持续发展。

计算机和计算机网络为教育提供了先进的教学技术，拓宽了教育信息传输的渠道。以计算机多媒体与网络通信为基础的技术在教育领域的推广和应用影响了教学内容、教学方式方法、教育结构以及整个教育体制（傅荣校等，2001）。虽然目前对这种推广和应用的对象、范围、途径、形式、目标等尚未形成定论，但从世界各国教育信息化发展的趋势看，主要体现在教学辅助、科研服务和虚拟教育等方面。按照祝智庭（1999）关于信息技术对教育理论与实践的影响阶段的划分，随着 PC 机、计算机网络（局域网）、Internet 及未来的无线联网（泛在网：Ubiquitous Network）依次进入教学领域，相应的教学形式将发生重大调整，会依次经历众体教学、个别化指导、小组学习、虚拟教育和学习型社会五个阶段。20世纪末教育信息化还只是处于不完全的初级阶段，教育领域中许多信息技术的应用只是停留在课堂教学或课外教育上，包括从视听广播教育到计算机化教育，从群体教学到个别化教学和小组合作学习，从在校学习到网上虚拟空间中的学习。

进入 21 世纪，经过十几年的发展，互联网信息技术的应用使人类社会传递信息的方式发生根本性转变，人们获取信息的方式更加多样化、内容更加丰富、速度更快。在大数据和"互联网＋"的时代背景下，教育领域发生了巨大的变化。当前，人类历史又面临着一场前所未有的机遇与挑战，在被喻为"人类第二次进化"的信息化引领下，以数字制造技术、互联网技术和再生性能源技术的交互融合为标志的第三次工业革命扑面而来。这次工业革命的实质就是新能源、新材料、新技术与互联网的创新、融合与运用，从而导致社会生产方式、消费方式等方面的变革，使人类进入生态和谐、绿色低碳、可持续发展的新社会。

时下，互联网改变了人类社会的信息传递方式，使人们获取知识的渠道变得更加广阔，教育已经突破了空间限制，迎来了新的教育革命——第三次教育革命。第三次教育革命是从第三次工业革命开始的，在校学习和在家自学、教师教学和自学、教授式和网上学的混合学习模式以及小班化、个性化、协作化的学习模式的出现，将对人类第二次教育革命带来的以班级授课制为核心的规模化教育产生革命性影响。第三次教育革命将与以信息技术和互联网为基础的信息社会相适应，如周洪宇和鲍成中（2014）所指出的，在教育目的、教育组织、教育内容、教育方式及教学规模等方面均表现出新的特征。

教育目的：培养适应第三次工业革命需要的各种人才，特别是大量基础性的数字化的劳动者、创造性的研发者、生物圈的管理者和优秀的服务者。

教育组织：从以班级授课制为核心的规模化的学校教育走向分散式、数字化、网络化、远程化、家庭化、个性化的学校教育、家庭教育与社会教育三者相结合的组织形式，打破学校教育组织的单一形式。

教育内容：教育内容已不再是简单的知识传授，特别是面对 3D 数字制造技术、能源互联网等新能源、新材料、新技术及各种交互式网络平台，人才培养的课程体系包括前沿信息、纳米技术、生物科技、地球科学、生态学、系统理论及各种职业技能，从注重学历转向注重学力、能力的培养。

教育方式：网络教育、游戏化教育、虚拟社区与现实课堂有机结合的新型教育模式不断涌现，消解了传统教育中时间和空间的概念，实现了超时空的学习和超时空的互动。未来，数字化学校、数字化教师、网络课堂、远程学习、在线教育、云教育、云计算、大数据等虚拟化、扁平化的交互式学习平台，游戏化学习、因材施教、翻转式课堂、远程视频教学等将成为教育和学习的新途径。

教学规模：在第二次教育革命带来的大规模教学的基础上，第三次教育革命又将使教学规模适度缩小，走向分散式、翻转式的个性化教育。班级授课制将被打破，教师与学生将是平等的互助者、学习伙伴。

总之，第三次教育革命将使教育不仅仅局限于学校教育，还应拓展到家庭教育、企业教育、社区教育；也不再局限于正规教育，还有非正规教育；有现实的课堂，也有网上课堂、在线学习；有学校学习，也有终身学习，而且终身学习将更加重要。第三次教育革命在注重学科基础知识的培养、专业素质的培养和专业实践能力的培养的同时，注重创新品质的培养和社会情绪管理能力的培养，唤醒同理心（empathy），亦即设身处地地理解或换位思考。第三次教育革命打破学校人才培养的一元化格局，构建起互联网平台上的学校、家庭、企业、社会一体的交互式人才培养体系，形成终身学习体系和学习型社会。

（2）高等教育必须变革与创新

随着新一轮信息化浪潮的到来，教育面临着更大的机遇和挑战，新一轮信息技术带来的便捷促使高等教育必须变革与创新。以信息化的产物——"Massive Open Online Course"为例，直译即"大规模开放的在线课程"，简称"MOOC"，音译"慕课"。"慕课（MOOC）"，顾名思义，第一个字母"M"代表 Massive（大规模），与传统课程只有几十个或几百个学生不同，一门"慕课"动辄上万人，最多十几万人参与；第二个字母"O"代表 Open（开放），以兴趣为导向，凡是想学习的都可以进来学，不分国籍，只需一个邮箱，就可注册参与；第三个字母"O"代表 Online（在线），学习在网上完成，不受时空限制；第四个字母"C"代表 Course，就是课程的意思。

目前，世界上已经有一批优秀的平台，比较著名的有：Udacity——成立时间最早，以计算机类课程为主，课程数量不多，却极为精致，许多细节专为在线授课而设计；edX——哈佛大学与麻省理工学院于 2012 年 4 月共同出资组建的大规模开放在线课堂平台，是一个非营利性组织，与全球顶级高校结盟，系统源代码开放，课程形式设计更自由灵活；Coursera——目前最大的 MOOC 平台，拥有将近 500 门来自世界各地大学的课程，门类丰富。

其他有影响的平台还有，Stanford Online：斯坦福大学官方的在线课程平台，与"学堂在线"相同，也是基于 Open edX 开发，课程制作可圈可点。NovoED：由斯坦福大学教师发起，以经济管理及创业类课程为主，重视实践环节；FutureLearn：由英国 12 所高校联合发起，集合了全英国许多优秀大学，课程将会陆续大批量上线；Open2Study：澳洲最大的 MOOC 平台，课程丰富，在设计和制作上颇有特色；Ewant：由两岸五大交通大学（上海交大、西安交大、西南交大、北京交大、台湾国立交大）共同组建的 MOOC 平台。另外，还有一些慕课学习社区。

慕课充分运用现代信息技术，将分布于世界各地的授课者和学习者通过某一个共同的话题或主题联系起来。尽管这些课程通常对学习者并没有特别的要求，但所有的课程会以每周研讨话题的形式，提供一个大致的时间表，其余的课程结构也是最小的，通常包括每周一次的讲授、研讨问题、阅读建议等。慕课以联通主义理论和网络化的开放教学为基础。这些课程跟传统的大学课程一样，循序渐进地让学生从初学者成长为高级人才。课程的范围不仅覆盖了广泛的理工类专业与学科，如数学、统计学、计算机科学、自然科学和工程学，也包括了社会科学和人文学科。慕课并不提供学分，也不算在本科或研究生学位里，绝大多数课程是免费的。

慕课的运作特点也比较鲜明，与传统的课堂教学相比，主要有这几个方面。① 大规模：只有大规模的网络开放课程，才是典型的 MOOC。② 开放课程：尊崇知识共享（CC）协议，只有开放的课程，才可以称为 MOOC。③ 网络课程：不是面对面的课程，这些课程材料散布于互联网上，人们上课地点不受局限，无论学习者身在何处，都可以花最少的钱享受知名高校的一流课程，只需要一台电脑和网络连接即可。斯坦福大学校长约翰·L·汉尼希（John L.Hennessy）在最近的一篇评论文章中解释说：由学界大师在堂授课的小班课程依然保持了较高水准。但与此同时，网络课程也被证明是一种高效的学习方式。如果和大课相比，更是如此。

美国《国家利益杂志》（*The National Interest*）曾预言，高等教育将迎来不一样的未来，在线教育必将取代上学模式，未来 50 年内，美国 4 500 所大学将会消失一半（罗欢欢，2014）。

从 20 世纪 90 年代开始，高等教育开始涌现信息化浪潮，近两年更出现了颠覆性的革命。2011 年，斯坦福大学人工智能教授、谷歌 X 实验室创立者、谷歌眼镜和自动驾驶汽车研发负责人塞巴斯蒂安·特龙（Sebastian Thrun）在网上开设了名为"人工智能"的公开课，吸引了全世界近 16 万学生参与。《基督教箴言报》报道过，两位亚洲少年因为在 edX 课程中获得高分而被麻省理工学院录取。edX 首席科学家彼得·斯密特罗斯称，世界上有 50 亿人无法接受优质的高等教育，又有数以百万计的人聪明绝顶，却没有机会一展所长。20 年前我们没有办法教育和挖掘这样的学生，如今我们已经掌握了不错的工具。从贫民窟到顶级名校，距离似乎被缩减为一根网线（罗欢欢，2014）。

2.2.3　高等教育变革与创新的趋势

第三次教育革命的到来在很大程度上将改变并重组传统高等教育教学的各个

方面，未来教育将与网络等新兴信息技术实现深度融合，创新发展，形成一系列新型教育形态。在互联网信息技术的影响下，高等教育人才培养从一元化模式开始走向多元化，以互联网为平台，家庭、学校和社会三方面互动，形成交互式人才培养模式，使教育的发展趋势走向终身学习。高等教育变革与创新催生了新的学习模式，并明显地呈现出数字化、网络化、智能化、个性化、分散化、虚拟化、互动化等特征。

（1）数字化：知识呈现方式的变革与创新

信息化的发展使作为学习资源的知识的存储和使用呈现数字化的特点。学习资源的数字化是计算机和互联网带来的学习资源形式的变革。学习资源是知识的载体，教育教学是围绕知识传播开展的一系列活动，但知识本身是一种无实质状态的意识。为了知识的延续，人们曾使用一系列媒介作为载体记录知识。在人类发展的历史中，人们在不断对知识的存储做出尝试。纵观知识媒介的变迁历史，学习资源的形式由最原始的口头语言，到出现文字后的书面文字记录，再到得到技术支持的文字、图像、音频、视频等电子记录，知识媒介经历了口传时代、手工书写时代、印刷时代、电子传播时代和数字时代（郭文革，2011）。同时，人们获取知识的方式也发生了变化，现在人们利用移动互联网技术可以查阅、浏览、分享和学习知识。

知识数字化主要体现在学校图书馆的建设上。自 1994 年美国国家自然科学基金会（National Science Foundation，NSF）启动数字图书馆先导（DLI）计划以来，国内外的数字图书馆研究与实践取得了举世瞩目的成就。20 世纪 90 年代以来，各种媒体大力宣传"数字图书馆""多媒体阅览室"等概念。然而，随着数字化及网络信息技术的快速发展，高校图书馆用户的信息环境发生了很大变化，数字图书馆赖以生存和发展的基础结构正面临着重要的转折。2003 年 6 月，NSF 召开了主题为"后数字图书馆的未来"的研讨会，提出把数字图书馆的普及所创造的信息环境称为"信息以太（Information Enter）"，后数字图书馆的发展目标是创建"泛在知识环境（Ubiquitous Knowledge Environments，UKEs）"，即要建立一个多语言的、多媒体的、移动的、社区的数字图书馆知识网以便检索知识，服务范围从信息服务转向知识服务，并以前所未有的规模和速度推动知识进步（张文秀等，2006）。这次会议详尽地论述了泛在图书馆的构想，泛在图书馆强调图书馆是无处不在的，是一种可以随时随地获取信息服务的图书馆。

在"泛在知识环境"理念和互联网、云计算等先进技术的推动下，未来图书馆必将是网络化、智能化、泛在化的图书馆。如今，泛在图书馆建设已成为图书馆界既定的发展战略，国内外也掀起了泛在图书馆研究和建设的热潮。现在，高等院校普遍利用云计算、大数据等新兴技术手段改变了知识的存储方式和获取方式，即将呈现知识的方式从纸质化逐渐转为数字化。数字化图书馆将收藏的图像、文本、影像等资料利用数字化信息处理技术实现知识的存储和使用，具有得天独厚的优势。其一，存储方式更加便捷、高效；其二，收集资料的过程便捷化，学生可以更加便利地接触和获得知识，学生学习所需要的准备资料可以通过联机上网、轻点键盘、轻松下载等步骤完成；其三，能够跨库检索海量数字化信息资源库；其四，集收藏数字化、操作电脑化、传递网络化、信息贮藏自由化、资源共享化和结构连接化等特点于一身（蔡曙光，2000）。

知识数字化改变了传统高等教育领域师生（包括管理人员及教辅人员）获得知识的方式。在信息时代，大数据有能力将数据的生成与处理、利用分隔开来，在信息上给教育松绑，同时将学校和课本转化为数据平台（维克托·迈尔－舍恩伯格等，2015），实现知识传播方式的创新。知识数字化通过利用云存储和大数据等新兴技术手段，为高校构建知识资源数据库提供重要支撑，这样高校就可以充分挖掘并整合各种知识资源，加快知识传播的速度，提高知识资源的使用效率。当然，这一目标的实现以知识资源数据库推动信息基础建设为前提。以互联网为依托，推动知识创新发展，能让高校更加积极地面对信息化浪潮带来的挑战与机遇，从而有利于实施高校创新发展战略。

（2）网络化：课堂教学及管理方式的变革与创新

21 世纪是网络化信息技术时代，利用现代数字化信息技术变革课堂教学结构，将数字化信息技术科学有效地运用到学校课堂教学实践中，成为当今学校教育面临的重要课题。美国心理学家霍华德·加德纳（Howard Gardner）将当今信息时代的年轻人称为"APP 一代"（柯林斯等，2013）。美国学者西蒙·埃勒根特（Simon Elegant）甚至称中国的年轻一代为"中国的自我一代（China's me generation）"（西蒙·埃勒根特，2007）。这一代人是倾向自我的一代，是跟着互联网和电子游戏长大的一代。这一代人的学习方式正在发生巨大的变化，他们习惯于从网络、电视、动画中学习，对依赖课本和辅助资料获得信息的学习与授课方式越来越没有耐心。与传统教育中成长的一代人相比，网络一代人更习惯于不教的学习方式（谭维智，2016）。网络改变了高等教育以教师教为主的教学模式，让学生接触到更加丰富多彩的教学内容，学生的学习方式转向以自主学习、网络学习、合作学习为主，强调学生的学习主体性，调动了学生主动探索知识的积极性。

在信息化的影响下，虚拟现实等技术的开发有利于教师营造仿真的教学环境，学生在这一过程中也获得了真实的教学体验（陈春梅，2017）。传统的教师教、学生学这一单向的交流局面正逐渐发生改变，教师和学生通过互联网进行双向互动交流甚至多向互动交流，课堂不再局限于以往教师一言堂的形式，更多的是通过互联网技术，如微视频、在线教育、远程教育等，让课堂更加丰富多彩。互联网作为教育信息资源，具有跨越时空限制、多媒体信息传递以及多向交流的特点，更能适应课堂教学和管理的要求（郭琴，2000）。在新一轮信息技术的影响下，课堂教学不再局限于固定的场所，教育正在进入第三个时代——"学在网络"，开始突破空间限制，以学生的发展需求为中心，强调学生的"学"，相应地，学生学习的方式也发生转变，谋求更多新的学习技能的获得。

得益于计算机和网络的普及，学习方式趋于网络化和共享化。自 2002 年美国麻省理工学院推出开放式课件计划（Open Course Ware，OCW），致力于通过互联网向全世界系统、免费地发布其全部课程的教学资料以来，全世界开放教育资源运动风起云涌，开放、免费、易获得的优质网络教育资源成为 21 世纪教育的一大景观。网易等门户网站在国内率先推出的世界名校公开课好评如潮。不少大学发生了逃课潮（逃离课堂教学）与淘课潮（看网络名校公开课程）并存的现象。中国开放式教育资源共享协会（China Open Resources for Education，CORE）和中国台湾的开放式课程计划（Opensource Opencourseware Prototype System，OOPS）也已开始进行相关的课件开发工作，努力与国际教育接轨。现在的学习资源不仅形式多样、便于携带，而且已经广泛分布于互联网，只需设备和软件的支持，就能随时随地进行免费的学习资源浏览，参与各种在线学习活动。

（3）智慧化：高校管理方式的变革与创新

在信息化高速发展的时代，新兴技术的发展为高校的信息化建设提供了坚实的基础。随着云计算、大数据、移动互联网、人工智能等现代科技的发展与应用，信息化与教育的融合渗透不断深入，信息化教育在内涵、深度和质量上也不断发展。教育教学系统的结构和形态正在发生变革与转型，逐步向智慧教育方向发展，形成新的教育理念与模式。智慧教育是信息化教育发展的高级阶段，是以全体学生的学习与发展为中心，利用"互联网+"的思维和技术，打造富有智慧的学习环境，为学习者提供智慧、高效的教育服务，促进传统教学结构性变革，促进学生的智慧发展。

从数字化教育向智慧教育转型是一种变革，目前国内外对智慧教育的内涵有多种不同的理解，有的从教育的视角理解，有的从信息化的视角理解，"互联网+"背景下，从信息化视角研究与构建智慧教育新模式是时代发展的客观要求。

一方面，智慧教育是信息化教育深化发展的必然结果。信息化教育的早期发展阶段为数字化教育，20世纪末"数字地球"的提出及其在教育领域的应用催生了数字化教育、数字化校园、数字化学习等概念。随着信息技术从数字化向智能化方向发展，IBM在2008年提出"智慧地球（Smart Planet）"概念并将其应用于教育领域，最早提出了智慧教育的概念，并认为智慧教育具有五个方面的内涵：以学生为中心进行教学活动设计，关注个性化学习与发展；对教学资源集中管理、实时监测、科学分配，并进行实时统计分析；对教学过程和管理过程进行智能化的决策与管理；多样化的互动式、体验式教学；随时随地方便地共享优质资源。在"互联网+"背景下，我国许多地区和学校积极探索智慧教育、智慧课堂教学模式，教育部在2016年教育信息化工作要点中首次正式提出智慧校园建设与应用，智慧教育成为信息化教育发展的高级阶段和新的形态。

另一方面，智慧教育是利用新一代信息技术更好地实现"为全体学生服务"的目标的新教育模式，为学习者提供智慧、高效的教育服务。实施智慧教育的关键是以全体学生的学习与发展为中心，围绕学习者个性化成长和发展的需要，运用云计算、大数据、移动互联网、人工智能等新的信息技术手段对传统教育信息系统进行重构，汇聚、整合教育数据资源，形成具有智能感知能力、能增进交流互动、有利于协作探究的理想学习环境，以支持智慧的教和智慧的学，使每个学习者都能沿着符合个性化特征的路径得到充分、有效的发展。

（4）个性化：人才培养方式的变革与创新

《国家中长期教育改革和发展规划纲要》（2010～2020年）明确提出，关心每个学生，促进每个学生主动地、生动活泼地发展，尊重教育规律和学生身心发展规律，为每个学生提供适合的教育。树立人人成才观念，面向全体学生，促进学生成长成才。树立多样化人才观念，尊重个人选择，鼓励个性发展，不拘一格培养人才（国家中长期教育改革和发展规划纲要工作小组办公室，2010）。在信息化的影响下，高等教育培养人才的方式将趋向个性化，注重学生个体的个性化发展。只有将个性化教育融入现行的教育体系，为学生个性的释放与完善提供指导和帮助，才符合高等教育改革的主旋律，适应社会对多元化人才的需求（祝洪章，2015）。

高校承担着人才培养的重任，人才培养质量与规格的个性化（定制化）是高校在信息化浪潮背景下人才培养模式发展的必然趋势。多年来，我国高等教育一直在探索如何培养更多适应经济社会发展现实急需和未来发展的人才。20世纪90年代末，随着我国高等教育的大规模扩招，大学新校区开始扩建，大学生数量急剧增加，在实现高等教育大众化目标的同时，高校人才的培养模式却逐渐呈现趋同化，行业特色型院校的行业、领域特色被抹杀，"千校一面"的现象越来越明显（潘懋元等，2016）。在这种模式下，整齐划一、标准化的人才培养模式忽视了不同个体之间的发展需求差异，学生的兴趣、特长被忽略。实践证明，单一趋同的人才培养不能满足高等教育大众化阶段社会对人才多样化和个性化的需求。

联合国教科文组织2015年发布了题为《反思教育：向"全球共同利益"的理念转变》的报告，对"学习"做了进一步解读，指出学习是由环境决定的多方面的现实存在。获取何种知识以及在何时、何地、如何使用这些知识，是个人成长和社会发展的基本问题（联合国教科文组织，2017）。智慧教育旨在将学习者所需的物理环境与网络环境有机结合，更好地适应学习者个性化特征，满足学习者的学习需求，实现学习者自主、轻松、高效和持续学习。

个性化学习是学习者根据个人学习的兴趣、需求及意愿自主决定学习策略和进度的一种学习方式。个性化教学并不等同于个别施教，它不一定个别地进行教学活动。个性化教学大体包含三项内容：学习能力的个性化诊断，即根据客观测验，个性化地评估学生的学习能力，并推断其困难所在；教材的个性化设计，即根据学生的学习能力设计适用的教材；个性化的成绩评定，即以学生在各种学习领域的进步情形作为成绩考核的根据。

实施个性化学习要在教学内容、方法、手段和组织形式等各方面进行深刻的变革，改变统一化和单一化的传统教学模式，倡导学习的个性化、多样化。一是学习内容个性化，基于学生学习档案库历史数据记录制订相应的教学内容和教学进度安排，以适应学生个性化的学习需求。二是学习方法个性化，基于学习行为和学习过程的数据分析，分析每个学生在学业成绩、学习习惯、学习态度方面的个体差异，采取不同的教学策略和方法，做到因材施教。三是学习情境个性化，利用现代化教学技术，对学习情境进行个性化设计，运用各种新媒体、新技术组织个性化的学习活动。四是学习组织形式个性化，学生可以自主选择学习内容，自主安排学习进度，能够与教师和合作伙伴进行个别的、平等的交流，每个人都将享受到真正的个性化教育。

尽管个性化学习理念备受推崇，但基于互联网的个性化学习要求教育者在设计和提供个性化的学习场景之前，必须准确把握学习者的既有水平和个性特征，以保障学习的灵活与高效。显然，这需要教师投入更多的时间和精力。不仅如此，目前针对大学生个性化学习的评估标准和模式亦尚未建立，个性化学习质量如何保障，个性化教学的实际效果如何殊难定论（潘懋元等，2016），这也是教育发展在信息化浪潮中面临的新问题。

（5）分散化：教学组织形式的变革与创新

传统的课堂教学把学习者、学习时间和教学过程作为不变的常量，但是实际上这三者均是变量。信息技术带来的便捷使教学组织形式发生根本性变革，新时代的教学更能显示出这些变量因素的差异，学生有知识基础、学习能力、学习动机等方面的显著差异，他们的学习时间各不相同也不相等，教师的教学过程特别是教师针对不同的学习对象所采取的教学策略、施加的影响也会相应有别。因此，为了达到规定的教学目标，教学过程必须切合学生实际，采取灵活的教育策略，实施多样化的教学方式，形成学校教育、家庭教育和社会教育相结合的教学组织形式，打破了学校教学组织的单一形式（周洪宇等，2014）。

分散化的教学组织形式更能体现因材施教的教学原则，也符合信息时代学生的学习需求。互联网背景下的学习者在知识基础、学习能力、学习态度、学习动机、学习方法、学习习惯、学习时间、学习环境等方面存在很大差异，因此教师在组织教学过程中要把分散化的教学组织形式作为重要的教学方式。学生本身的差异性决定了分散化的教学组织形式的必要性；如果是开放教育，其地域、行业的分散性也对小组教学的分散化提出了客观要求。

未来的高等教育由于大数据和云计算的介入，教师和学生之间通过网络互动更加便利，通过微课堂、微视频、网络课堂等多种形式突破时空的限制。随着互联网技术的创新发展和颠覆性突破，更为多样的教育形态产生，将会进一步促进教学组织形式的多元化和分散化，学生和教师的角色将不断发生改变。由于教学组织趋向分散化，传统班级授课制的教学组织形式不断受到挑战。学生获取知识的渠道越来越多，获取知识的速度大大提高，班级授课制中教师仅仅依靠书本知识教育学生的形式已经远远不能满足学习者的需求，教师在课堂中的主导者角色转变为引导者，学生将在更大程度上通过网络在线学习的方式达到学习的目标（储常连等，2017）。

教育信息化的进程大大增加了学生获取知识的多样化。学生的学习不再是简单的重复课本，知识跨越学校的围墙，实现了学校教育、家庭教育和社会教育的三方联动。学生通过移动互联技术实现随时随地学习的模式，学习更具灵动性。

MOOC 本质上是在教育信息化背景下教学组织走向分散化的表现。MOOC 凭借互联网无边际、低成本、易介入等特点及世界著名大学的影响，引发了高等教育变革（张少刚，2013）。MOOC 将课程、学生学习进程、学习体验等系统地在线实现，打破了时间和空间的限制，有利于终身学习社会的构建。可以说，MOOC 就是一种教育信息化的新型教学形态，这种教学形态是一个秉持开放理念的新模式（潘懋元等，2016）。

（6）虚拟化：学习空间的改革和创新

"虚拟"生存在信息时代的网络社会得到了充分体现，"虚拟"即符号化，"虚拟"生存即作为人的文化生命的意义存在。信息时代网络社会里的"虚拟"生存是对现实社会生存的重大突破，具有变革意义。网络社会的形成对人类现实生存构成巨大的冲击，标志着人类的一种新型生存方式——数字化生存或"虚拟"生存已成为现实。

人们一般将"虚拟现实"中的"虚拟"理解为通过技术手段对自然和人类生活进行人工仿制和再造，与计算机自动的符号处理相联系，将电脑网络的"虚拟"理解为数字化，即以 0 和 1 组合的数据对人类现实社会中的信息转换和计算机符号处理过程。因此，虚拟性一般从信息的存在状态和外在表现的无形性定义，被理解为比特的非原子特性，例如没有体积、重量等物理性质及其超越自然时空的特点等，它以知识、信息、消息、图像、文字作为自己的形式，以场的状态弥漫在空间（胡心智，1998）。我们对这些理解进行哲学概括，就可以看到，"虚拟"即是符号化，符号化是人创造意义生存的活动，与之相联系，"虚拟"生存就是作为人的文化生命存在的意义符号生存。"虚拟"的实践特性并不单指对现实的技术复制或数字化，也不是虚无或虚构，而是指在人类特有的意识的虚构基础上，人类感性实践活动固有的创造性。这无疑对传统的学校教育教学模式提出了挑战。

自独立的教育活动产生以后，教育活动在学校或类似学校的真实空间中进行。随着社会的发展，学校化教育越来越复杂，占据的空间也越来越大。现代学校设计、布局也越来越复杂，不仅提供多样化的教室，还增设了图书馆、实验室及其他专业化设施。现代学校的所有学习活动都在相对确定的空间中进行，否则就无法完成特定内容的信息交流。比如，教学必须在教室中进行，学习资料需要到图书馆或到资料室查阅，实验活动则必须到实验室操作。传统学校的各种场所由于墙壁的阻隔，其功能受到空间的物理特性和设施条件的限制和约束，传统的学习空间是一种"刚性的空间结构"。这种学习空间的组成形式对师生的思想、情感、社会交往具有至关重要的影响。因此，人们曾设计出许多不同的学习空间组织模式，力求把学习空间对教学效果的限制和约束降到最少（宋喆，2009）。

随着虚拟空间的出现，计算机网络为学生提供了全新的学习空间，为减少物理空间对教学效果的限制和制约提供了便利。虚拟空间是由计算机和计算机网络构建，模拟真实物理环境而构成的空间。这一空间并不存在于现实中，却能提供如真实事物般逼真的事物。在虚拟空间中人们不仅能像现实中一样交往，而且可以超越现实的时空限制，从而构成更为开放的交往空间。虚拟的交往空间能为教育所用，为学习者提供开放的学习空间，打破了传统学习空间的封闭性，实现了全方位的直接信息交流，成为一种真正的个性自由空间（马和民等，2002）。

人在虚拟空间中的活动是在人类文明的基础上创造崭新的文化生存活动，人们在电脑网络中的活动主要有收发电子邮件、浏览查询信息等，人们可以进行网上交谈、通信、购物、举办网络大学、开设网络图书馆、组织虚拟企业等活动，几乎可以渗透到人类生活的各个领域。人们在网络里进行信息的生产、分配、交换和消费，这种活动方式的特点是计算机自动完成的 bit 虚拟过程属信息活动；迅速高效；更人性化，空前激发了主体力量。

（7）互动化：师生关系的改革和创新

计算机网络改变了师生之间的交往方式。师生交往关系是指教师和学生在教育教学过程中形成的关系，包括彼此所处的地位、作用和相互对待的态度。自学校产生以来，教育活动都是在一定的师生关系维系下进行。传统教育多半以教师为中心，而不是学生。因为教师的特殊兴趣与专业背景均影响着上课内容，所以课堂内的活动主要是教师在说，学生在听（泰普斯科特，1999）。网络时代的到来使师生从封闭的小圈子走向无班级、年级，甚至无国家、种族界限的更广阔空间。网络化时代的教育也一改传统教育中的教师中心，逐步走向学生中心。在师生交往中，教师和学生享有各自的权利，之所以权利中心发生了改变，是因为在网络教育中，学生享有的权利更有决定性。网络将学生视为独立的个体，学生能够基于个人背景、天赋、认知模式及兴趣等条件形成个人化的学习经验。教育活动中，师生之间的交往将趋向多重性和间接性，除了传统的面对面的直接交往，还有非面对面的间接接触。同时，网络时代的教师也将有多种类型，如真实世界中的教师、网络上虚拟的教师等，这就使师生之间的交往表现了一些新特点，如间接性、选择性、平等性和虚拟性（宋喆，2009），从而导致了网络环境下师生交往的变化与新的特点（潘娟等，2008）。

第一，交往主体的个性化和多元化。网络环境下，教师不仅是学校中真实的教师，也是互联网上虚拟的教师。学生作为交往主体与教师进行平等交往，师生个体间进行交往的可能性增加，传统的师生交往主体的单一性发生了变化，呈现出多元化取向。同时，每个学生个性不一，因此它还呈现出个性化发展的趋势。

第二，交往关系趋于平等。交往本身就是一种主体间的关系，是一个相互对话、相互沟通和相互理解的过程，它意味着交往双方的相互承认及在交往机会、权利和道德上的平等。在传统的师生交往中，教师往往占据主导地位，师生之间几乎没有平等的沟通和交往。网络出现后，信息可以实现最大范围的共享，发布信息比较自由，教师也不再是课堂的唯一控制者，主体的交往控制权可依据学习的需要进行调整、设计与安排，既可以在不同主体间均衡分配，也可以高度集中。通过网络交往，学生可以畅所欲言，增强自信，以平等的心态面对教师。师生之间主客体关系得到一定改善，师生交往也逐渐呈现出平等性。曾有研究者做过抽样调查，在该调查中，90％的学生认为网络中师生双方是平等的。同时，90％的学生认为在现实社会中师生双方是不平等的（施丽红，2002）。

第三，交往场景的异时空性。网络突破了时空限制，为师生交往扩大了空间，提供了更多的机会。师生可进行两两交流，也可进行多主体的大众化交流。学生可以与教师进行非面对面或非即时的交流，从而减轻了人际交往的压力，教师也可从无法与所有学生同时进行即时交流的难题中解脱出来。采用网络的多种交流方式进行异步交流，师生之间的交往主题也能得以延续。有学者按照时间和空间的维度把网络环境下的师生交往分为同步同地式、同步异地式、异步同地式、异步异地式等四种。

第四，交往内容的多样性。师生在原来面对面的人际交往方式上增加了"教师—网络—学生"的人机交往，交往通过网络媒介进行，间接性的交往方式使交往内容变得多样。为了更好地完成自己的角色任务，师生会积极地在网络中寻找资源，并将其作为交往的内容之一；师生之间的交往内容除教学信息外，还包含情感、兴趣爱好等，由此体现出交往内容的多样性。

第五，交往手段与方式的多样性。随着网络和多媒体技术的发展，师生交往不再以语言作为唯一媒体，而可以采用图、文、声、像等多种形式。交往方式逐渐多样化，如 E-mail、QQ、微信、论坛、讨论组等。丰富多样的交往媒体与方式能提供更多的交往机会，激发学生的学习兴趣；图、文、声、像同时作用于人的多种感官，有助于学生的全面发展。

2.3 信息化浪潮呼唤人的信息素养

2.3.1 信息化对学习者的学习提出了新的要求

传统教学中，我们比较关注学生对数据资料、信息、知识的掌握，但在信息化时代，单单掌握这些是远远不够的。如果我们用一个阶梯作比喻，数据资料、信息、知识是学习者阶梯的底座，继续向上攀登的是理解、洞察力和智慧（图2-2）（唐晓杰，2002）。学校应该培养富于理解、具有敏锐的洞察力和富有智慧的人才，而不是只有知识的人才。

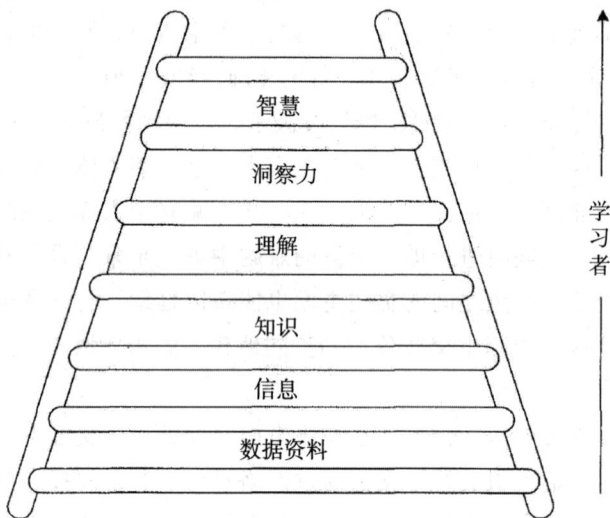

图 2-2　学习者阶梯

信息通信技术为学生提供了学习活动的支架或脚手架，使学习者能够进行比较复杂的学习活动，投入到高级的思维和问题解决活动中。现在已经有许多项目运用了认知的支架促进复杂的思考、设计、科学、数学学习以及写作学习。专家正在用新的技术和方式表现数据。例如，运用三维虚拟模型表示分子的结构；地理信息系统用不同的色谱在地图上形象化标示温度或降雨量。利用这些工具，科学家能够更快地辨别出模式，找出过去没有注意到的关系。一些学者认为模拟和基于计算机技术的模型是发展数学和科学及应用这些学科的最有力的资源。有了可视化的分析工具，数学和科学模型从静态的图表发展到用交互的媒体制作的动态的模型，根本改变了数学和科学探究的性质。学生在理解不同的数学观点时就可以利用建构电子化模型的方法，模型可以有不同的旋转方式，不同的旋转方式代表了对问题的不同观点，学生在建构这些模型时可以直观地看出不同的解释。科学家用基于计算机的可视化处理和分析工具找出模式和理解数据，这种工具现在也可以用于学生学习了。例如，利用与计算机连接的探测器，学生可以实时地画出加速度、光和声等变量。因为人类的思维能快速地处理和记忆视觉信息，所以用形象的方式将信息表示出来有助于人们的学习。

国外已经有不少研究表明，以计算机和通信技术为基础的硬件和软件的技术能对学生的学习产生积极的影响，这种影响主要表现在以下几方面（Cizek，1999）。

（1）对学业成绩有显著的积极影响。这种积极的影响不仅表现在所有主要学科，而且表现在学前到高等教育，表现在正规教育和有特殊需要的学生的学业成绩上。

（2）积极地影响了学生对学习的态度和学生的自我概念。学生感到在学校更加成功，更有学习的动力，自信心和自尊也提高了。

（3）信息通信技术教育成效的大小受到学生人口特征、软件设计、教师角色、学生分组情况及学生接触技术的情况等因素的影响。

（4）学习环境的具体特征有助于最大限度地提高信息通信技术在教育中运用的成效，这些特征表现为教师在受过技术与课程整合方面的培训后教学更有成效；教师应当仔细地计划、主动地参与使用工具软件的学习活动；教师应当向学生提供自我指导的学习经验和活动以鼓励学生的自我表现；学生受益于班级同学之间的交往。

（5）信息通信技术进入学习环境之中将以学生为中心、鼓励合作学习并激发师生之间进行更多的互动。

（6）信息通信技术引起的学习环境的积极变化更多的是改良性的而不是革命性的，也就是说，技术不可能一夜之间就产生变化，其真正的成效短期内是不可能测量到的，这些变化要持续数年。

（7）运用信息通信技术的学程增加了学生之间、师生之间的互动（尤其是针对低成绩学生的互动），但并没有减少使用传统的交流形式。

众多研究结果表明，信息通信技术在教育中的运用不仅对学生的认知和情感产生了积极的影响，而且促进了合作学习。另外，100多项研究学习成效证据以及教育软件学习潜力研究项目的研究结果表明：

（1）使用互联网产生了深远的影响。互联网不仅促进了交流，而且发展了搜寻、解释和组织信息的技能（信息素养或网络素养）。电子邮件的交流提高了学生的写作技能，他们更加关注语法、拼读、标点并把意思传达给并非其教师的听众。

（2）信息通信技术能使有阅读困难的学生找到不同的方式学习课程，并把视听文化的现状提高到通过文本的文化获得层次。

（3）信息通信技术使看不见的东西看得见，把一些难以理解的概念变为可视的形象的内容，如显示学校实验室不可能做的化学实验。动态的图像或动画有助于理解抽象的概念，能把现实生活中太小或太快的过程直观化。

（4）信息通信技术支持因材施教，为优秀的学生提供提高自己、扩充知识的机会，为后进的学生提供支持和动力。另外，信息通信技术允许学习者按照各自的速度进行独立学习，有助于重复学习，并能改进师生互动和更好的"学生接触"。

（5）信息通信技术支持用新颖的方式描述抽象的观点。

（6）当使用信息通信技术时，思维技能和问题解决策略得到提高，挑战性的任务和响应性环境提高了学生的成就感（Selinger，2000）。

2.3.2　信息化给教育带来的挑战

计算机网络作为技术，是一把双刃剑，它既带给人类以方便、快捷、机遇、乐趣和希望，也给人类带来了忧虑、挑战、痛苦和危机。计算机网络上信息的无限扩展导致了信息泛滥、信息超载、信息迷航等问题，这在很大程度上降低了用户获取信息的效率。此外，由于互联网信息监控的困难和网络信息审查机制的不完善，大量虚假、色情、暴力、封建迷信等有害信息会迷惑、诱导一些分辨力不强、意志力薄弱的用户。科技进步的同时，犯罪手段也更加先进，许多利用计算机网络的犯罪行为也变得屡见不鲜，甚至给办案人员提出了严峻挑战。具体说，计算机网络给教育带来的挑战主要表现在以下几个方面。

（1）计算机网络引发学生沉溺网络

学生网民年轻、有朝气、好奇心强、好玩、容易接受新事物、有更多的自由时间、更有热情、更愿意在网上抒发或记录自己的心情，因此他们在聊天、交友等方面异常活跃。学生网民正处于身心发展阶段，自控能力不强，网络使用不当容易导致学生沉溺网络。上网使学生处于无限自由的遐想空间，在网上，他们可以摆脱学习的烦恼、缓解高度紧张的精神压力，尽情地释放和宣泄感情，从中体验到在学校难以寻觅的乐趣。一方面，在学生网民中，那些自控能力不强的学生往往成为"上网"瘾君子，为上网不吃、不喝、不睡甚至不上学，严重干扰了学校正常的教学秩序和学生的学习和生活（黄晓斌，2003）。另一方面，信息爆炸使人们被信息包围着、覆盖着、刺激着、消耗着、折磨着，工作学习效率下降，甚至影响身体健康，心理学家也越来越关注一种新的奇怪的征候，即信息疲乏综合征（Silva，1997）。目前，有不少在校学生由于沉溺网络上课时无精打采、萎靡不振。学生沉溺网络甚至引发严重的社会问题和青少年犯罪。

（2）使学生的人际关系淡漠并引发情感危机

作为通信工具的计算机网络改变了人际交往的方式，使人与人之间的交流既可以面对面地进行，也可以借助网络进行，这无疑给那些不善言辞的学生提供了一种很好的人际交往方式。当这些学生遇到问题时，他们可以网上交友，也可以借助网络向"网上教师"请教，但这也可能成为他们继续躲避现实人际交往的帮凶，使他们失去直面他人的机会，从而加重他们自身原有的缺点。这与教育的目的背道而驰，因为教育的一个特定目标就是培养学生感情方面的品质，特别是和人的关系中的感情训练（联合国教科文组织国际教育发展委员会，1996）。计算机网络介入师生之间的交往，并使师生之间的交往间接化、数字化，从而使师生之间真正的感情交流越来越少，甚至完全丧失，致使有的学生遁入"虚拟时空"，到网上寻求感情寄托，不愿直面现实，从而迷失了自我。

（3）引发学生的认知和人格障碍

现在的计算机网络已经高度发达，能提供几乎所有类型的信息，其中的一些信息对青少年极具诱惑力，处于身心发展关键阶段的青少年自控能力较弱，并极富好奇心和冒险精神。一些青少年因信息选择不当，不仅枉费时间，浪费精力，而且荒废学业。长期沉溺于五光十色的数字化虚拟世界容易形成心理错位和行为失调，导致认知障碍和人格障碍。沉溺网络的学生长期处于疲劳状态，不注意科学用脑，没有科学地掌握记忆规律，逻辑思维能力得不到锻炼，容易导致认知过程障碍。计算机网络所引发的认知障碍主要有感知觉障碍、注意障碍、记忆障碍和思维障碍。研究表明，网络依赖行为与年龄、受教育程度密切相关，青少年是网络成瘾的高发人群。

（4）冲击学生的人生观和价值观

计算机网络中有用的信息很多，但垃圾信息也不少。在信息社会，信息是财富之源，这使一些人对网络动了歪脑筋，利用计算机网络发不义之财。目前，计算机网络中的部分聊天室较为混乱，对青少年身心的健康发展带来了极大的危害。受到计算机网络中不良信息影响的学生往往把"黑客"和计算机病毒制造者视为英雄人物。同时，由于网络文化始于发达的西方国家，西方国家在输出网络技术设备时，也在积极输出西方的意识形态和价值观念（宋喆，2009）。网络文化的这一特点影响着非西方国家和地区的网民，使他们在不自觉中认同、接受西方价值观、人生观及生活方式，这对本国的传统文化构成挑战和冲击，会动摇人们的既有信仰追求和行为准则，造成精神困惑和价值标准混乱。

（5）可能带来人们在智力方面的"不劳而获"

信息充斥的信息社会潜存着一种特殊竞争，尤其在大数据时代的信息汪洋中，大量智力成果已难分其主，给不法分子剽窃信息成果提供了可乘之机。在信息充斥的大数据时代，人们的信息意识强于学习意识和创新意识，智力上的"不劳而获"表现日盛。比如，论文剽窃、专利套用等。像工业社会城市导致居民体力退化那样，信息社会有可能会导致人的智力退化（谢俊贵，2016）。

（6）对人们的信息加工能力和创造力提出了挑战

信息社会中，信息具有完全的开放性。从理论上讲，人们只要借助信息社会所提供的信息技术，就能够自由地获取所需的任何信息。因为网络已经提供了经过某种程度加工的信息，能够满足一部分人的需求，因此很多人不再进行更多的信息加工和创造。但是，在信息爆炸的时代，当信息过载及污染严重使人们难以选择和判断，超过了人们的消化能力时，就会产生信息焦虑现象。一方面，信息需求浮于表面，并没有更深层次的诉求，人们对信息的选择和辨识存在一定的不足。这就导致信息难以发挥出应有的作用，而且会影响信息创新，给人的创造力造成不良影响。另一方面，信息滋扰问题给人们增添了很多的烦恼，对人们的创造性造成约束。随着信息传播便捷性的提升，人们追求更多的是信息传播这个过程的体验，而对于信息的选择和吸收，以及对于信息的思索和研究的欲望就变得很低。对信息的焦虑感往往产生于我们能够真正理解的信息与我们认为应该理解的信息之间存在着持续增大的鸿沟。信息焦虑是数据和知识之间的一个黑洞，在信息不能告知人们需要了解的东西时，它就会出现（Wurman，2001）。

（7）引发人际交往的信任危机

人际关系的维持需要建立在一定的条件和基础之上，信任是人和人建立关系的最根本的重要力量，信任是交往的基础，是维持人际关系的核心，是推动社会稳定发展的前提。现实中，人们彼此比较熟悉，因此往往会体现出比较好的信任关系，即便是老朋友，也需要在长期的面对面的沟通和交流过程中不断加深了解、建立信任，从而不断加深人际关系。但是，信息社会中互联网发展所带来的是一个虚拟社会，人与人之间的交往常常是以不信任为开端的，伴随着不信任，人与人之间的交往也就很难深入发展。之所以出现这种情形，是因为人们对陌生人的抵触情绪较少，认为即便陌生人知道了自己的隐私和秘密，也不会对自己造成实质性的影响，即便不信任对方，仍然会进行这样的交往。可见，信息社会带来的交往方式上的变革在一定程度上引发了人际交往的社会危机，人们开始将人际交往的重心转移到虚拟的信息世界，这会造成现实世界人际交往的矛盾，使人对别人的信任感不断降低。如果将这种心态带入实际社会的人际交往，那么人们之间建立的人际关系也就失去了牢固的基础，从而带来现实社会中的信任危机，不利于人通过交往更好地发展自己。

（8）带来了人的自我认同危机

在信息社会中，随着信息技术的科技终端的普及和发展，人们的认识能力和实践能力也在不断提升。然而，网络中个体身份的符号化和虚拟性使人与人在交往的过程中缺少了真实性，连同网络社会关系都显得虚无缥缈、遥不可及，它无法替代现实生活中人与人面对面交流建立起来的真实性。由于人们沉溺于数字化的环境，脱离"在场"的社会关系太久，将自己视为纯粹意义的"符号"……步入纯粹的数字化过程，从而使自己成为片面的人（李伦，2002）。这使人们在信息化世界中的自我认同存在一定的问题，与现实生活中人们基于现实世界的自我认同存在一定的差别。通过信息世界创作出的"虚拟的我"，可以称为"虚拟我"。"虚拟我"和"现实我"在信息世界中分化出来，并且可能形成一定的冲突和对立，这也使现实世界中的"虚拟我"和"现实我"的关系有着一定的差别。这种信息世界中的"虚拟我"和"现实我"的冲突会给主体造成一定的思想混乱，让主体对自我认同产生一定的动摇，对"我是谁"的问题产生一定的疑问，从而引发自我认同感危机。信息世界和现实世界的矛盾冲突对主体的自我认知和自我认同产生了巨大的冲击，这加剧了自我认同危机感。在现实世界中，个体依不同社会要求有其特定的社会角色和地位。然而，在网络上，真实姓名、性别、年龄、身份等的掩蔽，角色责任的缺乏致使使用者混淆了网上角色与现实角色，忘记了"虚拟我"与"现实我"，出现了认知不协调和心理错位的现象，出现双重或多重人格，导致人格不再完整和谐。因此，我们应该有着理性的认知，这样才能够更好地做好自我认同，更好地实现自我发展。

（9）可能引发社会道德危机

信息社会提供了前所未有的丰富的信息，为人的发展带来了极大的帮助。信息本身并不会对人产生直接的影响，关键看人怎么取舍和利用。从侧面来说，人们对信息的取舍表现了人的物质和精神需要以及人的社会道德理念。信息量巨大，人们会根据自己的需求进行选择，但是很多负面信息也夹杂其中，无论传统信息媒介，还是现代化的新的信息传播载体，都构成了一个无穷无尽的信息的综合体，其中包含着一些色情信息和暴力信息等，如果人们的自制能力不强，就会被这些信息吸引，选择关注这些信息，从而给人带来负面影响。信息社会充斥着各种不良信息，很多人不仅会关注这些信息，还会传播这些信息，这也体现出信息社会道德的约束力偏弱。在网络社会中，现实中的传统道德规范形同虚设，很难对网络中的人的行为活动产生约束，网络社会打破了人们在现实社会中传统交往的时间、空间、文化、制度的限制（曾王智，2016）。在这里，不同国家、民族、文化背景下的人都可以一起交流，价值观念、道德理念也在交流中悄无声息地融入了人的发展中，以致这个大的集体中包含了诸多独特的道德习俗，展现在人类面前的是一个充满各国、各族人民的各种伦理文化融合的道德世界。因虚拟网络中的主体在交流时都习惯伪装自己，所以无法感知对方的真实信息，使网络中的道德主体变得复杂和不确定。

信息化对学习者的学习提出的新要求以及信息化给教育带来的诸多挑战深刻地揭示了信息时代对人的素质的要求。以上诸问题的解决都离不开人的必要的信息素养，因此有必要对此进行深入、系统的探讨。

3

信息素养的由来与实质

3.1　信息素养概念的演进过程

信息素养这一概念来源于图书馆素养。传统的图书馆素养主要指图书检索技能、利用图书馆的相关技能与知识的能力，并以此解决问题和做出决策的能力（孙建军等，2000）。

随着信息社会的到来，信息已成为社会生产力、竞争力和经济发展的关键因素之一。数字资源和电脑、网络、智能手机的普及对纸质资源造成了较大冲击。信息化时代，图书馆正在向数字化、信息化、网络化快速发展，数字环境下，图书馆的管理更为合理、科学、高效，图书馆的服务流程不断简化，服务质量和服务标准也不断提升，图书信息资源也更为丰富，理论上能够满足各类读者的阅读需求。

在这种情况下，一方面，信息服务的提供不再仅仅局限于图书馆，随着信息产业的蓬勃兴起，各种商业性质的信息机构如雨后春笋般成长起来，都在提供诸如联机数据库服务、电子邮件服务、电信服务、数据分析服务等各种类型的信息服务。另一方面，图书馆的服务手段也发生了巨大的变化。传统的目录卡片等手工服务逐渐被各种基于计算机技术和网络技术的信息服务方式替代。这就需要图书馆管理人员不仅要有传统的图书管理经验，还要不断拓宽自己的知识面，掌握现代信息的搜集、分类、处理、网络传播等知识。

为了适应数字化阅读环境的需求，图书馆需要不断进行技术和管理理念的改革创新，这对图书馆服务的传统模式带来一定的挑战。虽然传统的纸质图书仍是重要的知识承载方式，尤其是各类大学图书馆，更多的学生学习和研究还要依靠传统的图书，但一个明显的发展趋势是电子阅览，人们希望在图书馆之外也能够更加灵活自由地阅读和学习。网络为读者提供了更多的阅读资源和渠道，图书馆面临更加严峻的挑战，只有积极推动数字化服务，提供更多更便捷的方式，才能更好地发挥图书馆的价值和作用。

在上述情况下，传统的图书馆素养一词已经无法满足信息社会的要求。因此，学术界一直在努力寻找一个新的概念以更好地反映信息社会对人的要求。于是，"信息素养"一词应运而生，并且不断发展变化。

3.1.1 信息素养概念的由来

随着社会信息化进程的加快，信息服务的提供已不再局限于图书馆，图书馆信息服务的手段也发生了很大变化。20 世纪 70 年代以后，以美国为首的一些发达国家的信息技术起步较早，信息业已成为一种增值型产业，它已超越对传统产业的依附状态，既具独立性，又与其他产业密不可分。信息与材料、能源并列为社会的三大支柱，改变着人们的思想观念、生活方式以及整个社会的政治、经济结构，信息化成了社会发展的总趋势，信息已成为影响人们生活的重要因素。于是，信息产业领域的探索者敏锐地关注到了人们的信息需求，在这种情况下，信息素养便是社会政治、经济与科技、教育发展的客观需要。

信息素养最早是由美国信息产业协会主席保罗·泽考斯基于 1974 年在提交美国国家图书馆与情报科学委员会的报告中提出来的。保罗·泽考斯基原是一名律师，出生于美国威斯康星州的密尔沃基。1962—1963 年，保罗·泽考斯基担任加利福尼亚州欧文堡的法律总顾问，1964 年任美国陆军战争学院的法律总顾问。1965—1969 年，保罗·泽考斯基担任美国众议院议员罗伯特·卡斯滕迈耶的法律助理，当时美国国会正在更新 1909 年的《美国版权法》，而罗伯特·卡斯滕迈耶是众议院司法委员会版权委员会分会的主席，他主持的众议院司法委员会版权委员会分会此时正在考虑对 1909 的《美国版权法》进行半个世纪以来的首次重大修订。1969 年，一个新兴产业的诞生催生了人们对信息素养的需求。美国信息产业协会于 1968 年 11 月在费城召开的信息产业执行官会议中诞生，由于此时担任罗伯特·卡斯滕迈耶的法律助理，保罗·泽考斯基有机会见到协会创始董事会的一些重要成员，这成为他进入这一领域的契机。当时，了解信息产品或信息产业的人少之又少，而这一新兴的信息产业通过其行动及创建的新的信息服务环境阐释了信息的内涵。

美国信息产业协会成立后一个月，即 1968 年 12 月，保罗·泽考斯基被聘为协会主席。作为美国信息产业协会的创始人，当时其首要任务是发展协会的会员。他在 1969—1989 年长达二十年的时间里，一直担任该协会主席。该协会促进了这一新兴产业在全球范围内的发展。截至1989年，协会已发展到近1 000名成员，不仅有（信息）内容公司，还有与信息时代各个方面相关的公司。美国信息产业协会的运作更像是一个社区发展公司，而不仅仅是一个贸易集团。

1974年是保罗·泽考斯基加入美国信息产业协会的第五个年头，一些协会成员在他们的利基（细分）市场上发现存在经过培训的工人却没有能力使用他们的新产品的现象。这些工人知道如何使用油墨印刷材料，对需要使用计算机搜索技巧的数据库却难以理解，而两者需要的信息量其实是相当的。

基于上述情况，1974年保罗·泽考斯基给美国国家图书馆与情报科学委员会提交了一份题为《信息服务环境的关系和优先事项》的报告（Zurkowski，1974）。此时离笔记本电脑的诞生还有十年，IBM的台式计算机在20世纪80年代初现身市场；苹果的Macintosh出现在20世纪80年代中期；万维网及随之而来的互联网的普及是在20世纪80年代末；至于智能手机、平板电脑、iPhone、谷歌和亚马逊等的出现就更晚了。

在这份报告中，保罗·泽考斯基描述了美国社会信息服务环境的运作情况，并描述了由私有部门（非政府、非图书馆为基础的商业行业）提供的几种信息产品及服务，包括信息银行、信息银行卖主、出版商、信息副产品及信息评估活动，然后概述了这些信息活动与图书馆之间的传统关联。保罗·泽考斯基还分析了图书馆的传统角色与私有部门信息活动处在一种怎样的变换之中，他还提出为努力达到全民拥有信息素养，并解决限制这个环境得以最大限度发展的政策问题。

保罗·泽考斯基提出了通过促进产业发展提升服务质量，从而提高人民的生活品质、企业的盈利能力，完善慈善团体计划，优化政府运行。保罗·泽考斯基提出，新兴的信息服务环境催生了信息服务，这项服务要求针对大型计算机（信息）搜索进行用户培训。他将用户需要的信息技能称为信息素养，并建议开展广泛的信息素养培训（泽考斯基，2015）。同时描述了当时正在形成的信息服务环境，建议通过推行广泛的信息素养教育提高商界的生产力，增加国内生产总值，进而提高人均收入水平。这种广泛的信息素养教育也将促进思想的自由和开放，加速行业中心指导政策的形成（Zurkowski & Kelly，2016）。

保罗·泽考斯基首次提出了"information literacy"的概念。不过，美国国家图书馆与情报科学委员会没有理会保罗·泽考斯基的提案，他们认为保罗·泽考斯基的理念过于超前。只有少量的早期采纳者不得不了解如何实现这一理念，他们中的大部分分散在各行各业，只能靠公司提供的新型媒介信息服务获取职业技能，而这种信息服务的实现只能依托大型计算机。显然，随着互联网的发展，催生早期信息素养运动的需求和培养人们大型计算机搜索技能（信息）的需求已被互联网浪潮解决殆尽。由此看来，第一代信息素养解决的问题在当今已不再凸显（泽考斯基，2015）。目前，整个社会仍缺乏对信息素养的相关教育，信息素养的概念对于很多人来说仍然非常陌生，在各个领域里还算是新兴事物。今天，信息素养已成为人类能力的核心要素，终身学习的主要内容。使用图书馆及相关信息资源的能力是人们掌握其他能力与素养的基础。推广信息素养就是要让每个人都掌握这种能力，逐步增长知识与智慧。信息素养如涅槃重生，且历久弥新（Zurkowski & Kelly，2016）。

3.1.2　信息素养定义的发展

信息素养这一概念最早出现于 20 世纪 70 年代，不过，从信息素养的本质上分析，早期图书馆开展的文献检索技能教育、用户教育都可以视为信息素养观念的早期形态，而且这些早期形态培养的能力最终都演化为信息素养。随着科学技术的发展，社会的文献量呈指数级增长，读者的文献信息需求也日益多样化，具备较强的文献检索与利用能力成为人们的基本素质要求。为了提高用户这些方面的能力，图书馆开展了广泛的用户教育，如书目分类法教育、文献检索教育等。与此同时，信息技术的飞速发展使图书馆开始广泛运用计算机进行管理。这无疑对用户检索能力提出了更高的要求，不具备检索技能，没有计算机知识很难实现信息的获取与利用。实质上，这种能力素养要求已经远远超出图书馆素养涵盖的范围。当人类步入信息时代后，这种能力素养自然也是信息素养的重要组成部分。

（1）20 世纪 70 年代以前：信息素养概念的萌芽阶段

考察以上关于信息素养概念提出的历史过程不难发现，从保罗·泽考斯基 1974 年提出信息素养概念至今，事实证明，基于目前的互联网经验，人们关于信息素养的培养需要与时俱进。因此，如果说保罗·泽考斯基提出信息素养概念时这一领域的研究和实践探索尚处于萌芽阶段，那么以后的发展则经历了成长阶段和成熟阶段。

如上所述，信息素养这一概念脱胎于图书馆素养，始于美国图书检索技能的演变，其本质是在信息产业发展推动下全球信息化需要人们具备的一种基本素养。保罗·泽考斯基提出的信息素养概念的内涵是指所有经过训练在工作中善于运用信息资源的人称为具有信息素养的人，他们知道利用多种信息工具及主要信息资源使问题得到解答的技术和技能（泽考斯基，1974）。在这一定义中，保罗·泽考斯基提出了三个要点：将信息资源应用于工作环境；运用信息工具及主要信息资源的技术和技能；信息运用于解决问题。这个关于信息素养的定义为以后的信息素养研究提供了基础，认为信息素养是一种技术、技能，把解决问题作为信息素养的关键特征。虽然信息素养的概念目前仍处在变化和发展中，但其主要内容包含诸多方面：传统文化素质的延续和拓展；使受教育者能独立自学、终身学习；对信息源及信息工具的了解及运用；必须拥有各种信息技能，包括对需求的了解及确认，对所需文献或信息的确定、检索，对检索到的信息进行评估、组织及处理并做出决策（Behrens，1994）。

20 世纪 70 年代，由于信息技术的发展及其在图书馆等领域的应用还处在初步阶段，虽说保罗·泽考斯基 1974 年提出了信息素养概念，还进一步提出要在未来十年内在全美实现普及信息素养教育的目标。但正如四十年后他自己所评价的，因为美国国家图书馆与情报科学委员会认为他"理念过于超前"，没有理会他当年的提案（泽考斯基，2015），所以这一时期信息素养定义的研究尚处在萌芽阶段，虽然"信息素养"一词被首次提出，但还没有具有代表性的实践活动。

继美国信息产业协会主席保罗·泽考斯基提出"信息素养"一词后，1976 年，在田纳西 A & M 大学图书馆关于"未来知识组织"的专题研讨会上，Lee Burchinal 提交的论文中又提出信息素养的概念：要想具有信息素养必须具有一种新的技巧，包括知道如何确定和利用所需信息解决问题，并有效做出决策（龙凤姣，2009）。Lee Burchinal 的定义把信息素养与以下几点相联系：确定及利用信息的技巧，信息用于解决问题和做出决策，有效地确定并利用信息。同年，美国的罗伯特·泰勒（Robert Taylor）在一篇论述图书馆事业的文章——《图书馆工作的未来》中将图书馆工作与信息素养联系在一起，提出了信息素养的概念，认为信息素养的准确定义应包括通过获得合适的事实及信息，以有助于多数（并非全部）问题的解答；对多种可利用的信息资源（是什么，在哪里）的知识是必需的；连续的信息增进过程与偶然的间断信息过程同样重要；必须有信息获取的策略（何时及如何获得）。（金国庆，1996）。

1979 年，美国信息产业协会对信息素养提供了官方的解释，认为信息素养是"人们在解决问题时利用信息的技术和技能"（吕庆阳等，2008）。美国信息产业协会提出的信息素养的定义与保罗·泽考斯基的定义的相异之处是它并没有把信息素养限定于在工作环境中运用信息。

Burchinal、Taylor 及美国信息产业协会关于信息素养的定义，虽说在表述上有一些差异，各自有不同的角度和特色，但在实质上与保罗·泽考斯基的观点相似，或受到保罗·泽考斯基关于信息素养的观点的影响，也将信息素养分解为三个方面：确定实际问题所需的信息；检索与利用所需信息；在具体问题和决策中应用信息。

分析 20 世纪 70 年代提出的关于信息素养的概念不难发现，信息对社会是不可缺少的，由于信息数量呈指数型增长，信息在社会中的重要作用逐渐被认识，处理信息的方法变得日益复杂，人们对信息素养概念的理解也更加丰富，信息素养的概念也由此产生。20 世纪 70 年代的信息素养定义主要针对的问题是图书馆素养已经不能完全胜任当时社会经济的发展以及最新信息技术的要求。多数定义不但强调信息的应用，而且强调信息对解决问题的运用，这种运用不仅是信息的运用，还是对信息工具的运用。与图书馆素养相比较，信息素养表现出以下特征：强调信息要服务于特定的具体问题和任务，即以用户为中心而不是以图书馆为中心；突出用户对信息源的了解；用户掌握获取信息的方法和策略。虽然当时对信息素养含义的理解还不够全面和深入，多数定义产生于对图书馆及馆员的未来角色处境的讨论，指出图书馆情报工作和信息素养的联系以及对信息供给所采取的态度的改变，但上述各种定义多数强调需要获得信息的技巧，必须有效定位和利用信息，等等。虽然人们还没有从广度和深度上对信息素养的概念加以深入剖析，但从这些分析中可以看出，随着人们对信息需求的逐年增加，对信息素养概念的理解必然会更加丰富与深入。

（2）20 世纪 80 年代：信息素养概念的成长阶段

进入 20 世纪 80 年代后，以计算机网络技术为核心的信息技术得到了普遍的应用。就本质而言，人类在信息的各个方面的一系列技术革新是关于人类信息和知识的生产和传播的一场革命，极大地提升了人类的信息能力，包括信息采集、存储、处理、传播和利用的能力。这一点与工业革命对人类的影响有很大的不同。工业革命对人类社会的影响大多是有形的、物质的、硬性的；而信息革命对人类的影响更多的是看似无形的、非物质的、软性的。前者使人更"强壮"，因为有形而容易受到重视；后者虽然使人更"聪明"，但是因为看似无形而不易受到重视。

日本学者梅棹忠夫在其 1963 年发表的论文《信息产业论》中提出"信息产业"，同时他将以信息为中心的社会定义为"信息社会"，并预言：今后人类的社会将是一个以信息产业为主体的信息社会。如果说 20 世纪 60 年代提出这样的观点颇具学术敏锐性或具有一定的超前意识，那么到了 20 世纪 80 年代，经过二十年的发展，信息化这个概念已在全球得到了广泛的认同和使用。1982 年，美国未来学家约翰·奈斯比特在《大趋势——改变我们生活的十个新方向》中就有这样的描述：

我们的社会正处于最为微妙、最具有爆炸性的转化——从工业社会向信息社会的转变，我们被信息淹没，但渴求知识，采用目前的手段显然无法处理如此大量的信息，失去控制和无组织的信息在信息社会里不再构成资源，相反它会成为信息工作者的敌人。

其实，到了 20 世纪 80 年代，人类从工业社会向信息社会的转变的问题已不仅是学者们作为学术探讨的问题，还成为现实的社会问题，并出现在联合国的正式文件中。1988 年，联合国教科文组织在代表联合国出版的《知识社会》一书中指出：信息化既是一个技术的进程，又是一个社会的进程，它要求在产品或服务的生产过程中实现管理流程、组织机构、生产技能及生产工具的变革（周宏仁，2009）。信息社会的产生源于查找、获取、分析、利用信息和知识的能力，并能将这种能力与人的职业生涯相结合，这种能力就是信息素养。信息素养成为图书馆学界的热门话题，研究信息素养的论文开始较多地出现，其含义也随之发生了比较大的变化。

20 世纪 80 年代初，新的信息技术开始普及全社会，计算机及其相关技术日益成为信息检索和信息处理的有效工具。如何充分利用信息技术革命成果提高自身素养越来越受到图书馆界的重视。1980 年 Watt 对信息素养的定义如下：信息素养是计算机技能、知识、理解、价值及关系的集合，它使人们在计算机导向的社会中能舒适地展现计算机功能，进而成为一位有生产力的公民（张美雀等，2018）。1982 年，美国《时代》杂志选择计算机作为机器年。受此启发，同年，Forest Horton 把计算机具有的潜在作用看作信息时代的一大资源，把《时代》杂志对计算机处理能力的重视意识称为计算机素养。计算机素养包括两个主要部分，即硬件知识和软件知识。Forest Horton 认为，信息素养已超脱于计算机素养，因此他把计算机信息处理引入信息素质概念中，从计算机信息处理的角度拓展了信息素质的时代内涵。虽然 Forest Horton 对计算机素养只进行了简要解释，但他随之对信息素养所下的定义值得注意，这一定义将人们引入了计算机辅助信息利用的王国。他认为，信息素养与计算机素养相对，其含义是提高个体及团体对知识爆炸的意识以及计算机辅助处理系统在接近并获得数据、文件及文献时是如何帮助人们解决问题、进行决策的（金国庆，1996）。他认为信息素养反映了整个社会对知识爆炸的认识水平，是指人们在问题的处理和决策过程中，利用计算机信息处理系统对所需信息进行标识、存取等技术支持的水平。同年，美国信息产业协会发表了信息基础设施调查报告，该报告认为新技术特别是计算机技术即将成为信息素质的重要特征之一。

1983 年，Eisele 关于信息素养的定义也充分考虑了计算机应用，他认为信息素养包括用计算机解决实际生活的技能、应用计算机于家庭及职业工作的技能、对计算机应用服务方面的伦理态度、使用计算机的伦理观、对计算机于社会中扮演角色所持的正向态度（吕庆阳等，2008）。1987 年 Simonson 关于信息素养的定义也颇为关注计算机应用，他认为信息素养是对计算机特性、能力、应用性的理解，能把计算机知识转化为熟练的、有生产性的应用能力，使个体能快乐、舒适地扮演其在新社会中的角色（吕庆阳等，2008）。

1987 年，美国关于"图书馆及学术优势调查"的全国性专题研讨会主要讨论了大学图书馆在教育改革中的作用。帕特里夏·布赖维克引出了大学图书馆正面临的时代及方向这一议题，并指出研讨会达成的一致意见是为了提高大学生的教育水平，图书馆应该全面参与到学习过程中。布赖维克认为为了使目标得以实现，学生应该拥有信息素养，因此他们应该了解获取信息的过程，包括信息确定及传递的方式；能评价各种信息通道（包括图书馆）对各种信息需求的有效性；掌握获取及存贮信息的基本技能，即数据库技能、电子数据表及文字处理技能以及图书、期刊和报告文献等；在涉及与信息有关的公共利益准则，如版权、隐私、政府信息的所有权等的问题时，做个负责的公民（金国庆，1996）。会议的总结报告认为，为了更好地完成终身学习的任务，大学生必须具备很强的信息素质。

研究信息素养概念的发展有两个时间是不得不提到的，即 1974 年和 1989 年。1974 年是信息素养概念的起源时间，其重要意义不言而喻。在这一年，美国信息产业协会主席保罗·泽考斯基向美国国家图书情报学委员会提交的一份报告中最早使用了"信息素养"这一概念。1989 年，美国图书馆协会在关于信息素养的总结报告中提出了具有一定权威性且被广大研究者经常引用的信息素养定义，即信息素养是指要成为一个具有信息素养的人，他必须能够确定何时需要信息，并且具有检索、评价和有效使用所需信息的能力。关于信息素养的综合报告可以作为信息素养发展的里程碑，从此信息素养的内涵已经比较明确。这个定义被美国及其他国家一致认同，至今仍被广泛使用，在其以后出现的概念基本上都是对它的继承。美国图书馆协会提出的概念是对信息素养的准确表述，它标志着人们对信息素养本质的把握提高到了一个新的高度。因此，可以将 1989 年发生的这一标志性事件作为信息素养概念发展期与成熟期的分界线，分阶段地考察信息素养概念的历史演化及各阶段的特点（吕庆阳等，2008）。

纵观 20 世纪 80 年代信息素养的定义发展，其有以下特点：① 不仅重视检索技能的培养，还积极引入先进的信息技术设备，尤其是计算机开始在信息获取处理过程中被普遍运用，明确地将计算机信息处理能力作为信息素养的一个重要组成部分；② 获得终身学习能力是信息素养教育的目标，学生应该做好准备，高校开始关注用户教育、信息素养及终身学习之间的关系；③ 信息素养不再仅仅是人的一种技能或能力，还涉及了个体对待信息的态度、对信息价值的评价与判断、对信息合理准确地利用、对信息的接受与评估等；④ 开始关注与信息有关的公共利益准则，如版权、隐私、政府信息的所有权等问题；⑤ 信息素养教育需要图书馆界和教育界的通力合作，图书馆馆员与教学人员的共同参与正越来越受到关注，越来越多的高等院校开始探讨本校信息素养教育的目标，开始考虑如何将信息素养教育融入课程建设中。

（3）20世纪90年代至今：信息素养概念的成熟阶段

联合国大会把1990年定为"国际扫盲年"，预示着以后10年扫盲的开始。由于人们对文盲问题的关注，研究者也开始对人的整体素养做如下探讨：难道人的整体素养仅仅是会读会写吗？仅凭这一点是否能在当今社会立足？如果说20世纪90年代初关于"文盲"的论断是正确的，那么当今的"非文盲"应是能够自主学习期望学到知识的人，即"会学习"的人。信息素养实际上对学习的方式、方法、效率提出了新的要求。"学习"在某种意义上是对信息的发掘和吸纳，在当今信息资源极其丰富的环境下，有效率、有效果地学习要求个人具备何种能力，即信息素养要求个人具备何种能力是有待讨论的话题（徐晓蕾等，2005）。

经过10多年的研究和探讨，到20世纪80年代末，信息素养的概念已基本清晰，也逐渐趋于一致。进入20世纪90年代，随着信息环境的变化，互联网的出现和迅速发展与普及，一些研究者在信息素养发展研究过程中对其概念又有了一些新的发现。

在这方面，具有代表性的重要观点有1990年美国信息素养论坛的定义：信息素养是敏锐察觉信息需求，然后识别、发现、评价、有效利用信息以解决当前存在问题的能力（徐晓蕾等，2005）。次年，Guthrie等学者发表了一篇论文，提出了两种素养，即图表素养和文字素养（Guthrie and Schafer，1991）。前者是指理解和利用从表格、图表、图片、日程表中获取的信息的能力；后者指理解和利用从报纸、杂志、小说、小册子、手册、传单中获得的信息的能力。该文还揭示了这两种素养与年轻人的职业地位和社会参与度的关联。结果发现在20世纪90年代，美国黑人职业地位相对较低要归因于他们相对较低的信息素养水平。文章强调了文献信息素养的重要性，即信息素养可以决定年轻人的职业与社会特征。

1992 年，美国的多伊尔利用 Delphi 法，综合全美 136 位受访专家的意见，在《国家信息素养论坛的终结报告》中将信息素养定义为一个具有信息素养的人能够认识到信息需要；认识到正确的、完整的信息是做出决策的根本；形成基于信息需求的问题；确定可能的信息资源；制订成功的检索策略；访问信息，包括基于计算机和其他技术的信息；评价信息；为实际应用组织信息；将新的信息综合到现有的知识体系中；利用信息进行批判性思维和解决问题（孙素华，2007）。同年，Brownell 认为信息素养定义包括用计算机学习、从计算机中学习、借由计算机学习三方面，其界定计算机包括计算机应用、计算机程序设计、一般的计算机知能及计算机的社会意义（吕庆阳等，2008）。

1995 年，加利福尼亚州立大学对信息素养的定义是能够检索、评价、使用和交流各种形式信息的能力，是图书馆素养、计算机素养、媒体素养、信息技术素养、判断性思维、传播机能的交融和整合（符礼平，2003）。Shapiro 和 Hughes 指出，信息素养是知道如何利用计算机和如何获取信息，以便对信息自身的性质、技术基础结构、社会文化及科学内涵和影响做出理性反应的一种新的求知技能。从狭义上看，信息素养包括各种有效使用信息技术和信息资源的技能；从广义上看，信息素养包括了社会、文化和科学等内容（Shapiro & Hughes，1996）。世纪之交，英国谢菲尔德大学信息研究中心教授 Webber 等学者发表了一篇被引频次颇高的关于信息素养的论文，在探讨信息素养的内涵时，他们在以往美国图书馆协会强调的信息意识、信息能力的基础上特别增加了信息道德维度，强调了在社会中合法使用信息的重要性。该文还提出了要对大学生的信息素养教育进行课程设计，重点探讨了信息素养的合适教育方法以及将信息素养本身作为一个学科（Webber & Johnston，2000）。

通过上述信息素养概念可以看出，20 世纪 90 年代以来，国外的信息素养研究更多的是将信息素养放在信息社会的大背景下，从社会、经济、文化等大环境中思考，其显著特点包括：第一，信息素养的人文属性得到彰显，要求合理合法地利用信息；第二，批判、评价信息的能力被充分重视，认为批判性的获取和利用信息是信息素养的关键；第三，信息素养不仅是能力的集合，还是信息时代人的素养的组成要素；第四，将信息素养看作终身学习者必备的基本特征，是终身学习的必然要求。

3.2　与信息素养相关概念的考察

3.2.1　关于 Literacy 一词的科学含义

"信息素养"最早是由美国信息产业协会主席保罗·泽考斯基（1974）提出的，literacy 原来的单词是 literate，即西方的"literacy"一词从 literate（识字）派生出来，而后者又来源于拉丁语 litteratus，即有文化的意思。传统的 literacy 定义只应用于印刷物，关于文辞的知识以后又延伸为受过教育、有学问的含义。据《牛津英语词典》，"literacy"一词率先出现在 1883 年马萨诸塞州教育委员会发行的《新英格兰教育杂志》中。在《牛津英语字典》中，"literacy"一词有三个含义：① 读与写的状况和品质；② 有关教育状况，尤其是指读与写的能力；③ 文学知识。从其演变的历史看，"素养（literacy）"是伴随着对文字的认识及其后续解读如期而至的（霍恩比，1997）。英国《剑桥国际英语词典》关于 literacy 最简单的一个定义也是具有读与写的能力。美国《韦氏英语词典》对它的解释是读写能力的质量状况。国内权威的《英汉大词典》对此的解释也比较明确：识字、有文化；读写能力（陆谷孙，2004）。可见，literacy 的基本含义是指阅读、书写、计算等传统的基本能力，从纸质可见的书面文字中获取含义的能力。

人们对人际沟通与交流的担心大多数已经由苏格拉底讲清楚了：强烈渴望接触无法接触的其他人，也是教育试图达到的目标。书面语言和文献技术在创造和保存人类知识方面扮演着越来越重要的角色，但其本身在长时间的历史演化过程中被当作赠予统治精英的神圣礼物，精英主义由此产生。人们相信手段的扩展会促进思想的扩展，学校教育成为第一课堂，目的是建构素养。精英主义由此开始走下文化的圣坛，社会上每个人都应该识字的观点开始流行起来，那些能写会读的人可以拥有特殊的社会地位。因此，正式的教育就扮演了越来越重要的社会角色，传统的"素养"内涵建构完成。过去人们认为"素养"就是与书面文本打交道的一套技能以及以此为基础建构起来的认知能力。长期以来，这种想法都是极为恰当合理的，在文字和印刷传播时代，它是文化人的基本素质，也是学校教育的主要内容（张宏树，2010）。

从教育的视角考察 literacy 的历史发展不难发现，西方"literacy"的概念伴随着公立学校的整顿而产生，意指学校教育传授的通用知识和技能代表了参与社会公共领域的一种必备的基础性"共同教养"（佐藤学，1999）。新英格兰早期的教育认为知道"3R"（读、写、算）、古典文学和圣经的人就是有文化的人。但是历史证明学校单纯的抽象化的素养教育并没有发挥显著的功效，素养最初的核心能力是"识字"，即"读写技能"，大众的识字率却和大众刊物的普及率相关，并非只是学校教育的结果。所以，从历史的经验教训来看，素养应该是与社会语境紧密关联的，应该是深深扎根于社会语脉和共同体之中的，而不是由非情景化的知识技能构建的"学校化素养"。基于这样的认识基础，西方形成了 20 世纪前半叶以中等教育大众化为背景的"通识教育"概念，在这个层面意义上，"素养"的内涵既指大众社会的知识水准，又指共同知识构成的学校教育的人际协同模式。因此，学校承担着现实社会所需要的知识创造与教育的使命，造就有助于解决社会问题的民主型市民，同时素养教育并不对立于专家含义上的多面手的教育，素养教育也不是规定若干学科知识的累加的教育，而是整合的知识，而且这种整合的知识是以具有社会价值和含义的广泛知识、多样的主题与问题为核心的（佐藤学，1999）。

可见，英语语境中使用的 literacy 概念在一定程度上与学校为学生提供哪些公共知识紧密相连。当然，literacy 的概念也会随着社会经济的发展，尤其是技术的变革而发生变化，如 20 世纪 90 年代以来出现了对 literacy 的新认识。对于成人而言，素养是人们将各种印刷信息运用于社会，以实现个人目标，开发个人的知识和潜能（Kirsch，1993），这一观点被学界广泛接受与运用。对于中小学生来说，美国教育部认为素养是指读、写、说、听的重要技能（Department for Education and Employment，1998）。经济合作与发展组织在国际学生评价项目中进一步指出，素养是学生运用所学知识和技能有效进行分析、推理、交流，在各种情境中解释和解决问题的能力（OECD，2004）。可见，literacy 是一个相对的概念，它具有强烈的时代特征，它已不限于"读""写"能力，只要是对一个事物具有解读、省思与应用的能力，且有助于自身适应社会，都可称作素养。但有一点是不曾改变的，即素养与教育密切相关，主要是通过后天习得的，而非天生就有的，也就是说不管素养的概念发生怎样的变化，要成为有素养的人只有通过教育、训练等手段才能实现。素养是可教育与培养的，这可能是素养最重要、最显著的特征。

当然，在英语的社会语境中关于 literacy 的概念在教育以外的发展也有许多值得关注的成果。谢徐萍等（2007）回顾和分析了关于 literacy 的几个隐喻，讨论了 literacy 研究的源起，认为 literacy 在一百年前还是个不起眼的词，然而当今"literacy"的研究领域正面临着概念被重新定义、内涵不断深化、外延不断拓宽、需要对其重新认识的局面。因为有种种新的含义，所以需要创造出新的术语并做出检验和验证。20 世纪后期，不同领域的专家运用不同的哲学理论、研究方法提出了不同的问题，对 literacy 这个共同的主题进行了不同学科、不同领域、不同方向、不同层面的研究。

尽管大多数研究者认为阅读和书写是 literacy 的两个基本方面，关于 literacy 的讨论却是杂乱无章的。Graff（1995）概述了以下几个方面的原因：第一，"有读写能力的人"或"有文化的人"含义模糊，什么样的能力和知识才称得上 literacy，又如何定义和衡量其中的层次水平呢？第二，我们还缺乏对 literacy 种种益处的了解，只停留在假定及其合理性上；第三，literacy 以及各种学习被赋予中性的主要价值，事实上恰恰相反，没有一种学习模式或手段是中性的；第四，literacy 含沙射影 illiteracy（一般译作"文盲"）这个现实生活中被认为有问题的词。

对于定义和实施 literacy，并为所有人满意，学者 Levine 认为是不切实际的。相反，我们所面临的似乎是无止境的争执、争议，这反映一个事实，即我们正在对付一个心理学、语言学、社会学过程层层叠加，丰富而难以消化的奶油蛋糕似的复杂混合物（Levine，1986）。

Lytle 和 Wolf（2018）曾用以下四种隐喻对 literacy 进行分类。① 作为技能：指阅读、写作和数学，这些是可通过标准成就测试检验并与学校教育年限相匹配的技能。学会阅读成为一种技术问题，一个成功读者就是一个熟练的读者。这种学校教育与学习类型的 literacy 定义是很强大的，影响了整个社会。② 作为任务：依赖人的生活背景或生存的"功能范围"，如工作、家庭、健康、公民资格和经济状况。literacy 由此可定义为在这些生活环境中运用 literacy 技能高效完成各种实际任务的能力。作为任务的 literacy 影响和促进参与现代化进程的个体和社区的发展。以上两种隐喻反映了传统的 literacy 教育观。③ 作为实践：就是对使用 literacy 社会文化语境的理解。按照这种观点，literacy 依赖使用它的人们的语言学、社会文化背景知识，而非某一种特定环境。literacy 不仅包括个人的技能习得，还包括各种规范知识以及如何、何时使用这些礼仪、礼节技能，而且 literacy 也没有固定不变的结果。④ 作为批判性反思：即把 literacy 看作解释世界和发展社会文化建构的共同价值、行为规范及信仰意识的过程。那么，如果延伸到政治层面，无论"解放"还是"压迫"，literacy 都成为一种政治行为，对 literacy 的关注点从个人品质转为一种集体意识，能培养人的世界意识并渴望用集体行为进行社会变革。

这种分类也可以看作对 Street（1984）自主 literacy 的拓展。后来，Crandall（1991）进一步扩展了 Lytle 和 Wolfe 的框架，以确定这四个隐喻中的每一个都归因于扫盲的后果，重点关注了发展中国家的成年人。

另一种方法是从获取知识和信息机会的角度看待 literacy，"有文化"就是有机会获得各种书籍材料。Barton（1994）认为，生态学可以将以上不同方向上的研究编织在一起。这里或许可以将 literacy 粗略地理解为"对某一领域知识的掌握"。literacy 应该同一些阳光、向上的褒义词类似，体现不同文化应该具备的优秀品质。谢徐萍等（2007）也认为生态学观点最能反映 literacy 的心理学、语言学、社会学等多学科意义及其对社会经济、政治文化、教育的作用。生态学视角的 literacy 就是以动态的发展方式审视人类活动中社会和精神的嵌入，不是孤立地研究以读写为基础的各种技能，而是研究 literacy 一套涉及具体符号系统和相应技术的社会实践。

3.2.2 关于 Information Literacy 的争议

因为信息素养是对信息社会中人的信息行为能力的整体描述，所以许多国外学者避开了对信息素养定义方面的纠缠，而更加重视对信息素养人这一概念的描述。

20 世纪 90 年代，澳大利亚哥里菲斯大学信息服务处的布鲁斯（Bruce）总结出了信息素养人的七个关键特征：具有独立学习的能力；具有完成信息过程的能力；能利用不同信息技术和系统；具有促进信息利用的内在化价值；拥有关于信息世界的充分知识；能批判性地处理信息；具有个人信息风格（Bruce，1997）。美国南方院校联盟委员会在 1996 年 12 月对信息素养人的理解是具有确定、评价和利用信息的能力，成为独立的终身学习的人（符礼平，2003）。

从国外研究者对信息素养的描述来看，也有学者从信息素养与其他相关素养间的关系角度界定信息素养。其方式之一是一种组合式，认为信息素养是一系列相关素养的集成，其代表是美国佛罗里达州立大学的信息学教授 McClure，McClure 用图示的方式形象地描述了信息素养和其他概念之间的关系。McClure（1994）就使用传统素养、计算机素养、媒体素养、网络素养等单元概念的交集表述信息素养的概念，如图 3-1 所示。

其中，传统素养是指具备阅读、书写、计算的能力，就图书馆的利用而言，要能够认识图书馆功能、图书馆资源类型、排架目录与运用文献撰写研究报告；计算机素养是指在本专业范围内，智能地、有效地利用计算机获得知识和经验的能力，即使用计算机软硬件处理信息资料的能力；媒体素养是指对各种媒体信息的解读和批判能力以及使用媒体信息为个人生活、社会发展所用的能力；网络素养是指了解网络功能、应用网络资源、检索处理利用和评估网络资源的能力，即从网络中确定、存取、使用信息的能力。

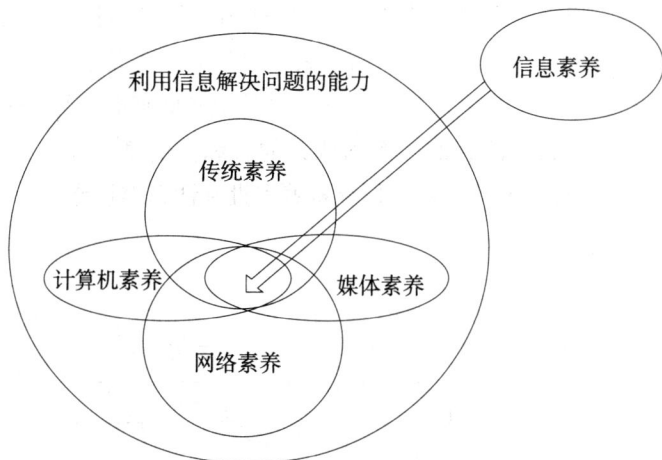

图 3-1　信息素养和其他概念间的关系

Shapior 和 Hughes（1996）认为，信息素养是一个经常利用但充满危险而应该慎用的模糊概念，为此他们勾画了一个更为宽泛的更具人文批判精神的信息素养构成模型，将信息素养分为七个单元。① 工具素养是指理解及应用与工作、职业活动教育相关的现有信息技术的实践与理论工具，包括计算机基础、网络应用、算法、数据结构、网络拓扑及协议的基本概念，能使用印刷和电子信息资源的有关工具，如计算机、软件等。② 资源素养是指理解信息资源尤其是与日俱增的网络信息资源的种类、形式、格式、所处位置及查找、检索方法等。③ 社会结构素养是指知道和了解信息的社会地位、作用、影响以及它们是如何生产的。④ 研究素养是指理解及利用目前研究人员及学者基于信息技术的相关研究工具。对于研究生教育而言，研究素养包括定量分析、定性分析、模拟仿真用的学科相关计算机软件，理解其概念并分析该类软件存在的局限，掌握利用信息进行有关学科研究的技能。⑤ 出版素养是指在文本和多媒体格式中规范、出版研究内容和思想，并将其引入电子公共领域与电子社区学者群中。⑥ 科技素养是指持续适应、理解、评估并应用所需新科技的能力，利用新兴信息技术的能力，从而决定是否采用新工具或新资源。⑦ 批判素养是指了解信息科技应用于人类、社会的长处和弱点，知道信息科技本身的潜力、限制、利润、成本，从而具有批判性地评价的能力，其结构如图 3-2 所示。

Tyner（1998）将计算机素养、网络素养与技术素养归入工具素养，而将信息素养、媒体素养与视觉素养归入表达素养。2002年1月7日，美国路易斯维尔大学图书馆馆长Rader教授在中国"全国高校信息素质教育学术研讨会"上做了《全球信息素养教员：图书馆管理员在21世纪的作用》的专题报告（王波，2002）。他认为在信息社会和知识经济时代，信息素养已经和文献传递、远程教育等诸多概念一起成为图书馆行业的关键词。信息素养是指判断何时需要信息，并有效地定位、获取、评价和利用信息的一系列能力的总和。信息素养包括图书馆素养、媒体素养、计算机素养、网络素养、研究素养和批判性思维技能。

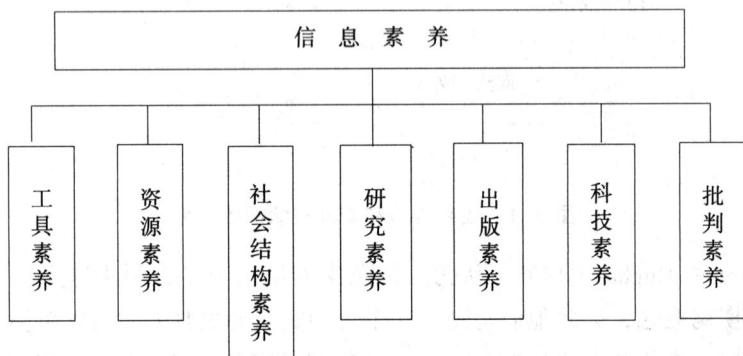

图3-2　信息素养构成模型

关于信息素养的概念如何定义、如何界定尚存在很多争论。很多美国学者认为，信息素养的概念虽然经常被提及，却是非常模糊的。尽管各种争议很多，但信息素养在高等教育体系被广泛讨论的事实及各种标准的制定足以说明信息素养的重要性，实施信息素养教育也被认为是当务之急。

当然，"信息素养"并不是一个没有定义的概念。事实上，正因为这一概念的定义数量太多，以致Owusu-Ansah（2003）建议人们不要过多地关注这一概念的界定，而应该将主要精力放在信息素养活动的开展方面。

关于信息素养概念的界定，大多数学者接受美国图书馆协会于1989年提出的定义。这一定义指出，具备信息素养的个人应该能够判断什么时候需要信息，并且能够查找、评价和有效地利用所需信息。尽管这一定义产生于北美地区，但从实质上说，它与英国、南非、澳大利亚和包括北欧在内的其他国家的定义并没有很大的区别（Campbell，2005）。

　　因此，我们有必要从更为宽泛的角度解释信息素养的定义。事实上，目前已经有少数学者采用这样的研究态度。通过对信息素养的各种定义进行评析，Owusu-Ansah（2003）指出，在对信息素养进行分析的过程中，这些定义的提出者强调信息时代的公民应该对信息世界有相当的了解，以适应日常生活、学习和工作环境的要求，并更好地参与社会组织和其他与人交往的活动。或许我们真正要做的并不是研究信息素养的定义，而是要采用其他术语反映这一思想。早期采用的术语是"图书馆利用指导"，后来演变成"图书馆指导"和"书目指导"，也有人提出采用"信息能力"（Information Competence）这一术语可以反映用户要掌握一整套信息技能的思想（Campbell，2005）。Radar（2002）则建议采用"信息通晓"（Information Fluency）代替"信息素养"的说法。

　　"信息素养"一词是由英文中的"information literacy"翻译过来的，目前大部分英文文献使用这个词组，但也有少量文献使用information skills、information competency 或者 information fluency，在实际使用上，这四个词组没有实际意义的差别（王馨，2007）。

　　不过，对信息素养概念持肯定态度的学者、协会众多。协会包括美国信息产业协会、美国国家图书馆与情报科学委员会、美国图书馆协会、美国大学与研究图书馆协会等。Rader（2002）还提出了具备较高信息素养的个体应具备的一些基本特征：① 在信息/技术环境中生存并获得成功；② 在民主社会中实现建设性的、健康的及自我满意的生活；③ 能够适应迅速变化的环境；④ 为下一代构建美好的未来；⑤ 能够为解决工作及生活中遇到的问题获取恰当的信息；⑥ 具有较强的动笔能力及计算机素质。简而言之，具备较强信息素养的人将是在信息社会中能够终身学习的人。所以，信息素养是未来社会生存的必备条件，在任何情况下都能够从国内外的图书馆及其他信息源获取并利用信息，是现代社会的个体必备的生存条件。

　　对信息素养概念持反对意见的声音比支持者要小得多，主要观点包括信息素养概念不清晰、信息处理范式的不合理性等。譬如，Foster（1993）认为，信息素养是需要进一步阐明的概念，并对人们如何认识信息素养表示疑虑。Arp 等认为信息素养的概念不清晰，难以评估，对于非图书馆员来说尤其如此（Arp & Woodard，2002）。美国芝加哥州立大学的 McCrank（1992）指出，信息素养是一个抽象的、理想化的并涉及许多技巧与知识的能力或行为概念，它常常成为"图书馆利用"等相关名词的代名词，同时他认为由于缺乏更合适的词汇，在信息素养概念还有待明晰的情况下，它还是被图书馆界急匆匆地采纳并广泛使用了。Marcum（2002）批评了信息处理范式，认为将信息处理作为信息素养的基础是不合适的，并提出了新的面向学习的范式。对信息素养概念持异议者还包括教师，有些教师认为，信息素养是个"万金油"式的词语，对不同的人意味着不同的内涵，并没有本身强调的迫切性。素养是从"计算机素养"中借用过来的，但在信息素养中并不具备原意，而仅仅是技术的封装，离开技术的背景将毫无意义。

面对这些批评，学术界提出了三种应对措施：一是寻找一个更合适的词语以替代信息素养一词，可供选择的有评判性思考、信息发现、信息查询、信息检索等；二是仍然用约定俗成的旧词汇，如书目指南、图书馆技能、图书馆使用等；三是仍然使用信息素养一词。Snavely 和 Cooper 对这三种选择的优势与不足，分别做了评析后认为，应采用以学生为中心而不是以教师为中心的概念，换言之，使用第二种方式并不是好的选择。当然如果有一个非常合适的词语能够代替信息素养，显然是最优选择，但目前似乎尚未发现。使用其他的并非完全适合的新词语替代信息素养依然会导致类似的问题。因此，结论只能是唯一的，即仍然使用信息素养一词，但在使用时要将概念阐述清晰，不能有多义性。图书馆员在实施信息素养教育活动中，应着力提高学生的学习能力（Snavely & Cooper,1997）。

实践证明，Snavely 与 Cooper（1997）的观点是正确的。现在，信息素养这一概念已得到广泛应用，目前讨论的主题已脱离是否使用信息素养这一词语的问题，而是将关注的焦点放在信息素养的教学内容、教学方法、教学评估和评估标准等更加深入的内容上（成颖等，2004）。

3.3　中文语境下的"素养"及"信息素养"

3.3.1　关于中文语境下的"素养"

当下国内关于"素养"的讨论虽热，但对"素养"一词本身缺少专门而深入的论述，有的甚至简单地将素养与素质混用，不加以区分地认为素养即是素质的代名词。其实素养与素质既有相近的意义，又有不同的方面。

"素养"一词在中国源远流长，最早可追溯到《汉书·李寻传》："马不伏枥，不可以趋道；士不素养，不可以重国"。意谓马不喂养，不可能上路快跑；士兵平时不训练，不可能肩负起保卫祖国的重任。现在多用于指人们通过经常的努力学习、刻苦锻炼和自我修养在某些方面取得的某种收获、成果或达到的水平和境界。例如，人们在政治、道德、文化、艺术和技术等方面经过长期的勤奋学习和刻苦锻炼，其素质得到很大提高，相应地可称之为政治素养、道德素养、文化素养、艺术素养和技术素养等。

"素养"在《辞海》（1999）中的解释如下：① 经常修习的涵养，也指平日的修养，如文学素养、艺术素养；② 平素所豢养，《辞海》（2009）认为："人经常修习所具有的涵养，如科学素养、文学素养、艺术素养。"显然，当我们将"literacy"译成"素养"，或将"information literacy"译成"信息素养"时，其中的"素养"都为第一个意思，即"经常修习的涵养"或"人经常修习所具有的涵养"。

与素养意思相近的一个词是"素质"。《辞海》中这样解释：① 指人的先天解剖生理特点，主要指感觉器官和神经系统方面的特点；② 人或事物在某些方面的本来特点和原有基础；③ 人在实践中增长的修养，如政治素质。从词意的角度来考察，"素养"与"素质"为近义词，但区别在于"素质"偏重于静态的度量，而"素养"强调动态的修身养性，是指一种"人通过长期的学习和实践（修习培养）在某一方面所达到的高度，包括功用性和非功用性"，蕴含着平素"教育、训练、培养"之意。准确地说，"素养"可以理解为"素质的培养"（王帆等，2007）。

需要指出的是，从字面上理解中文"素养"一词，是指经常修习的涵养，也就是指平时的修习与养成，但要修习或养成什么，并没有明确的标准或界定，只是笼统地说通过平时的修行达到一种境界或养成一种处世的态度，在这个意义上，又往往与素质、修养等词互用。所以，我们在使用该词时往往会加上修饰语，如文学素养、科学素养、艺术素养等才清楚是哪方面的素养。从素养的中文词义看，强调素养形成的过程，注重后天的习得与积累，并不表明素养的具体内容。目前对素养的研究大致可分为两类：一类是不同类型素养的专门研究，如人文素养、科学素养、信息素养、媒体素养、教学评价素养等方面的研究；另一类是学校素养教育与研究，主要是开展中小学生素养教学与研究（彭敏，2011）。

可见，东西方对素养概念的解释在理解的深度与广度方面存在较明显的差异。西方素养的意思更接近中文里的"素质"，趋向于某种共同的社会认识和育人目标，并以此指导整个教育改革的前行；而东方素养则指以个人为出发点的德行，更趋向于一种能力、一种价值观、一种态度、一种心境的培养。对与个人素质的评价而言，素养成为一种内在的潜能，发展的空间界限及达到某个标准都没有一个可见的共识。从这个意义上看，东方关于素养培养方面的理解见仁见智，不求一律似乎更为超然（王帆等，2007）。

如上所述，"literacy"的英文解释一是指基本能力（阅读与书写能力），二是引申为具有这种能力并能熟练掌握和把握住的有学识、教养的专家。而中文的

"素养"显然还有下面的意思：素养不是速成的，而是不断"修习"的成果，是后天养成的；还可以引申为这种"修习"过程的升华是一个从量变到质变的发展过程。故而中文的"素养"一词作为与英文单词"literacy"相对应的翻译。但是，"literacy"的直译是"识字、有读写能力"的意思，和中文"素养"的含义是有着一定差异的。

从国内的相关讨论看，在一定程度上存在把素养教育无限拔高的趋势，这不利于与西方学术界就该问题的彼此沟通，也是国内关于素的认识众说纷纭，使其概念泛化的重要缘由。东西方有关素养的不同认识未必有优劣之分，而是各有特色，从不同的角度彰显了素养概念的多义性和素养教育的复杂性。既然信息素养的概念是西学东渐的现代社会的理念产物，姑且将它们置于社会共同认识的基础上来讨论两者的差异与关联（王帆等，2007）。

通过上面对中英文"素养"概念及历史的一些梳理可以得出一些关于"素养"的基本结论。第一，"素养"是一个动态的概念，它本身蕴含着"教育、训练和培养"的意思。也就是说，素养是人的一种可以通过教育而发展的潜能的实现状态。第二，"素养"是一个发展的概念，旧有的素养指一种印刷文化层面的"读写能力"。随着社会文化的发展和科技的进步，特别是电子媒介的出现，代表知识的公共领域——素养必然随着新时代科技、文化的发展而发展，素养也会根据不同的社会文化主题形成一些专门的领域，如计算机素养、媒体素养、网络素养等。这些新素养也必将融入学校提供的公共知识中，引起课程改革，以适应新的课程框架。第三，"素养"虽然是一个动态的、发展的概念，但是它的结构中也有稳定的二元存在。一个是人，特别是有发展潜能的人；另外一个是人的素养指向的"事物"，这个"事物"根据不同的素养类型而变化（李凡卓，2007）。

3.3.2 关于中文语境下的"信息素养"

（1）"信息素养"由"图书馆素养"发展而来

中文中的"信息素养"是从英文 information literacy 翻译而来的，国内对 information literacy 这一概念引进较晚，研究时间较短，与国外的有关研究存在一定差距。需要指出的是，由于英语中 literacy 概念的复杂性，关于 information literacy 在国内早期的研究文献中，也有人把它翻译为"信息素质""信息文化""信息知识""信息能力"等，目前仍然没有统一。"信息素养"是一个新名词，在国内的一些大辞典上都没有相关解释，如《现代汉语辞海》（1994）、《教育大辞典》

（1998）、《辞海》（1999）、《中国大百科全书》（1996）均无"信息素养"这一词条，在《不列颠百科全书》（国际中文版，1999）上也没有该名词的释义（孙小礼等，2000）。

英文 information literacy 是从图书馆素养（library literacy）演变发展而来的，Zurkowski 和 Kelly（2016）对此有过比较明确的表述。在他们看来，信息素养是由图书馆素养发展而来的。

中文的"信息素养"概念与"图书馆素养"也有密切的关系。传统图书检索技能包含很多实用、经典的文献资料查找方法，计算机网络的发展使这种能力与当代信息技术结合，成为信息时代每个公民必须具备的基本素养。直到今天，信息素养仍然是图书馆界研究的一个热门话题，并且引起了各高校和研究机构的重视，同时引起了世界各国教育界的高度重视。

国内也有学者认为信息素养的概念是从图书馆素养的概念发展演化而来的。从发展脉络看，台北科技大学张美雀等在 2001 年海峡两岸高等职业、技职、教育研讨会上提交的论文中对此做过具体分析。他们认为图书馆素养（library literacy）与图书馆用户教育（library user education）相关。"信息素养"的英文"information literacy"虽然出现在 20 世纪 70 年代，但究其实践意义上的起源，可追溯到较早的图书馆学中的用户教育活动。图书馆用户教育（library user education）简称用户教育，是文献激增与情报需求矛盾激化的产物。起初的用户教育仅限于图书馆及图书馆研究中使用，它帮助用户提供资源导航服务，帮助用户掌握文献检索能力和与图书馆使用相关的知识和能力，即培养图书馆用户的图书馆素养（library literacy）。随着信息社会环境的变化，图书馆界意识到这种用户教育不应仅仅局限在实体图书馆内，更应该走出图书馆，去更广阔的外部空间，为社会、组织、学校服务。所以，在 20 世纪 60 年代，信息和网络技术的快速发展使人们面临新的信息服务环境。于是，在图书馆的用户教育得到了飞速发展的同时出现了信息素养概念（张美雀等，2001）。

信息素养是由图书馆素养发展而来的，是符合信息素养概念演进与发展的实际的。图书馆开展的图书馆用户教育在早期是对用户的图书馆素养的培训。传统的图书馆用户教育正在向信息素养教育转变。图书馆开展的新生教育是为了使用户了解图书馆、熟悉图书馆而进行的指导。信息检索课程和专题讲座的开展可以使用户更多地了解和使用图书馆的各种数据库资源，而检索知识与技能是信息素养教育的重要内容。

随着信息技术的发展，图书馆素养的内涵增加了更多信息素养的内容。国际图联的很多政策性文件中都有关于信息素养的陈述，如联合国教科文组织的《公共图书馆宣言》（1998）、《国际图联网络宣言》（2002）、《国际图联/联合国教科文组织学校图书馆宣言》（2002）。而且，由于国际图联的积极努力，"信息社会世界高峰会议"的行动计划文件中列出了如下条文：每一个人都应该具备可以使之受益于信息社会的必需技能。此外，这份文件还提到了"信息与通讯技术素养"和"电子素养"的概念（Campbell，2005）。不过，如何培养和提高"信息与通讯技术素养"及"电子素养"以适应信息与通讯技术的发展，仍然需要我们做出艰苦的努力。

国际图联不仅应该继续开展有关信息素养教育的宣传活动，并加强与其他组织的合作，还应该积极促进相关标准的制定，以便图书馆和图书馆员据此评价、促进和推广各种形式的信息素养教育。最后，国际图联还应继续提供各种各样的交流平台，以供所有相关机构和组织分享在特定环境中培养人们信息素养的成功经验（Campbell，2005）。

因此，如果说图书馆素养主要面向的是图书馆的话，那么信息素养面向的不仅是图书馆，还包括图书馆在内的各种信息资源集散地。

然而，何谓图书馆素养？Zurkowski 和 Kelly（2016）认为，图书馆素养主要指运用图书馆技能培养大型计算机搜索技巧以及书籍、期刊、缩微胶卷和胶片的查阅技能。有的研究者在查阅了大量文献的基础上指出，图书馆素养主要体现在以下三个要素：图书馆素养包括对图书馆文献及其诸元有效地检索、评价和使用；对图书馆诸元进行批判性思考，并形成自己思想的一部分；具有对图书馆诸元进行主动鉴别和区别对待的能力。基于这样的认识，有的研究者认为图书馆素养是指有效利用图书馆手段汲取图书馆资源，通过辩证否定改进和完善自身思维，最终达到反馈、主动思考能力目的的素养；并认为图书馆素养包括信息能力、媒介素养、计算机素养、视觉素养、终身学习及利用资源自学。图书馆素养是现代人文化素养的一部分，图书馆素养能力是信息社会对人的发展的核心问题，并据此提出了图书馆素养的三个标准（赵静，2009）。

标准一：汲取素养标准。图书馆技能方面：这一方面要求能够高效、快捷地获取与存储文献信息；审慎、恰当地评价文献信息；准确、创造性地使用文献信息。图书馆诸元定位方面：这一方面要求能清晰详细地表达需求；确定多种类型和格式的可能的信息源；重新评估图书馆文献信息的性质和效益。图书馆诸元获取方面：这一方面要求能选择最适当的研究方法和检索手段；构建和实施基于有效性的检索策略；能联机检索和亲自使用各种方法；能调整检索策略；能摘要、存档和管理信息源。

标准二：驾御素养标准。独立学习方面：这一方面要对自己感兴趣的内容能够持续跟踪追寻；对文化及创造性的表述方式能够理解和重视；在知识获取与形成方面追求卓越。批判评价方面：这一方面要求能综述现有资料的主要思想和观点；能清晰明白地说明初始评价标准；能综合主要思想和观点，完善新观念；能比较新旧观念的特点和差异，确定新观念的新增含义和特征；能确定新观念是否对个人价值观产生影响；能通过与专家或他人谈论验证对观念的理解和解释是否正确；能确定是否修正初始的观点。高效利用方面：这一方面要求能运用新旧观念计划和创建一个特别的成果或某项工作；能修正原先制定的工作程序；能高效地与他人沟通，实现目标。

标准三：反馈素养标准。社会责任方面：这一方面要求主动为社区做贡献，认识图书馆文献信息对民主社会的重要性；能采取合乎道德规范的行为有效地参与团队开发活动。道德伦理方面：这一方面要求能理解伦理、法律和社会经济问题；能依照相关的法律、法规、制度和礼仪开展工作和活动；能对工作中的情况进行肯定和致谢。

目前，图书馆界关于图书馆素养的研究还不够，尚有不少问题有待深化。笔者认为，图书馆素养是指人们熟悉图书馆的馆藏文献，能够充分了解图书馆的服务和所拥有的信息资源，并能够利用图书馆提供的服务获取所需信息，从而解决自己在学习、工作或生活中遇到的实际问题。

（2）国内关于"信息素养"概念的探讨

客观地讲，国内开始对信息素养内涵的研究相对较晚，多是在引进、介绍国外信息素养概念的基础上进行研究的。

信息素养是社会发展到一定阶段的产物，是一个动态的概念，其内涵与外延随着社会的不断发展而丰富和扩大。如果说信息素养的英文"information literacy"中"literacy"的原义为识字、有文化，或阅读和写作的能力，这样的理解是与传统的以能量和物质为基础的工业社会的印刷技术与文字媒体的文化相适应的。而随着计算机网络技术的发展和广泛应用，人类社会进入以信息和知识为主要资源的信息社会，出现了计算机网络文化，"literacy"被赋予了新的含义。这一点，国内的研究者都是颇为关注的。

熊扬华（1989）较早地从企业经营者市场信息素养的层面探讨了信息素养概念，提出信息素养就是人们在实践中加工、传递和吸收利用信息的一种潜能。他认为在现代化商品生产社会中，市场行情风云变幻，市场竞争越来越激烈。企业要想在竞争中求生存、图发展，必须要借助信息"慧眼"，因此有较好的市场信息素养是有作为的企业经营者必备的一项基本功。其内容大致包括信息意识、信息智力、信息意志和信息的知识储备四个方面。

王会良和王丽艳（1991）使用了"商业工作者的信息素养"的标题，认为当时的社会特点是信息迅速向社会普及，使信息涉及社会经济的每一个领域，认为信息领域的广阔性决定了从事商品流通工作人员的素养应该是多方面的，并从四个方面探讨了商业工作者的信息素养：一是强烈的信息意识；二是立体的思维方式；三是开放的知识结构；四是较强的实际能力。但是，他们没有给信息素养下定义。

金国庆（1995）对信息社会中信息素养教育问题进行了探讨，其并未直接给信息素养下具体的定义，但认为对信息素养的理解应包括诸多方面：① 在信息社会，信息素养是传统文化素养的延续和拓展；② 信息素养是人的整体素养的一部分；③ 信息素养教育是图书馆工作与教育工作的结合，需要两方面的共同参与，其目标是使受教育者达到独立自学及终生学习的水平；④ 在信息社会，图书馆是主要信息源，但并非唯一信息源；⑤ 新技术如计算机技术、通讯技术能大大促进信息的传递、处理及利用；⑥ 对信息源及信息工具的了解及运用是必要的；⑦ 必须拥有各种信息技能，如对需求的了解及确定、对所需文献或信息的确定、信息检索、对检索到的信息进行评估、信息组织及处理、信息用于解决问题并做出决策。

郑建明等（1999）称信息素养为信息素质，认为信息素质是属于人文素质的一部分，是人文社会的信息知识、信息意识，经过教育、环境因素影响等形成的一种稳定的、基本的、内在的个性和心理品质，它有明显的外在表现。

谢立虹（2000）认为信息素养是在各种信息交叉渗透、技术高度发展的社会中，人们具有的信息意识、信息处理的各种能力或技能，包括信息搜集（开发）、鉴别、综合分析的能力，信息技术运用能力以及积极的信息心理和良好的信息道德。

李克东（2001）提出了信息素养的几个基本要点：信息技术的应用技能；对信息内容的批判与理解能力；能够运用信息并具有融入信息社会的态度和能力。

陈维维等（2002）把信息素养界定为个体（人）对信息活动的态度以及对信息的获取、分析、加工、评价、创新、传播方面的能力。它是一种对目前任务需要什么样的信息、在何处获取信息、如何获取信息、如何加工信息、如何传播信息的意识和能力。

祝智庭（2002）认为信息素养是终身学习的基础，任何一门学科、任何一个学习环境、任何阶段的教育都是如此。具备一定的信息素养，学习者就能够获得学习的内容，对所做的研究进行扩展，对自己的学习进行更有效的控制，从而使学习成为更具自我导向和控制的过程。

　　从以上国内学者对信息素养含义发展变化的分析来看，信息素养经历了一个从掌握信息，具有信息意识，掌握信息技术和技能，加工、传递和吸收利用信息，到具有信息评价、选择的能力，并为终身学习奠定基础这样一个过程，将信息素养视作人的整体素养的一部分，这种信息素养观对当下国内关于信息素养问题的深入研究是颇有意义的。

4

信息素养的构成要素

　　要准确地理解信息素养的构成要素，有必要区分一些似是而非的观点。有些人认为，只要学习一些信息技术，掌握计算机知识和操作，就具备了信息素养。这样的认识是不准确的。掌握计算机技术只不过是进行传播和利用信息的重要手段，而信息素养应具有广泛而确定的内涵。通过对信息素养概念的发展及内涵的具体分析不难看出，信息素养和信息技术不是一个概念，它们之间是有区别的。信息素养着重对信息需求的理性认知，在此基础上关注信息的获取、交流、分析、信息检索和评估，而且在此过程中强调信息伦理与道德。所以，信息素养是一种对信息需求的认识、理解、发现、评估和利用信息的认知能力及道德素养，虽然在某种程度上必须依赖对信息技术的了解及对其应用的掌握，但信息素养只是把信息技术作为处理信息的工具、问题解决的工具和交流协作的工具。信息素养最重要的是批判性的识别和推理能力，信息素养能够引发、保持和延伸终身学习，这是通过技术的利用实现的，但又是独立于技术之外的。信息技术本身是纯技术的，不涉及伦理道德方面的问题，但如何使用、在什么条件下使用，是会带来非常复杂的伦理道德方面的问题的。因此，信息技术是一把双刃剑。信息素养的培养对信息技术的掌握起着方向性的指导作用（吴明，2004）。那么，信息素养的构成要素有哪些？各自的内涵是什么？如何对个体的信息素养产生影响？这是有必要进行专门探讨的。

4.1　信息素养构成要素的不同观点

　　信息素养的内涵到底由哪些要素构成，这是学术界认识很不一致的问题。在美国信息产业协会主席保罗·泽可斯基于 1974 年提出"信息素养"概念后，关于信息素养的构成要素的研究就引起了人们的重视。1979 年，美国信息产业协会将信息素养解释为人们在解决问题时利用信息的技术和技能，主要包括文化素养

（知识层面）、信息意识（意识层面）和信息技能（技术层面）三个方面（徐爽，2007）。此后，国内图书馆学界、情报学界也对此进行了一些相关研究。

就国内研究的情况看，研究者关于信息素养的构成要素的研究与其对信息素养定义与内涵的研究密切相关，国内进行信息素养内涵的研究比较晚，多是在国外信息素养概念的基础上进行延伸的。国内许多学者从不同的研究视角给出的定义也不同，目前来说还没有比较统一的定义，所以在关于信息素养的构成要素的认识上也存在较大的差异。

信息素养这一概念引入国内以后，在得到广泛应用的同时，广大学者和研究机构对其概念和内涵的讨论一直在进行，下面对国内研究者关于信息素养的构成要素的研究做归纳分析。

4.1.1　信息素养的二要素说

郑建明等（1999）认为，信息素养是属于人文素质的一部分，是人文社会的信息知识、信息意识、接受教育、环境因素影响等形成的一种稳定的、基本的、内在的个性和心理品质，它有明显的外在表现。信息素养的内涵是很丰富的，既包含理论知识素养，又包含信息实践能力，还包含良好的信息意识，在学习、工作中具有正确的治学能力和应用信息分析问题、解决问题的能力。信息素质主要包括两个层面：一是信息知识能力，标志着信息专业知识能力的水平；二是信息认识和意识，表明了信息认识水平，主要包括信息收集、整序、利用和评价的素养，这就构成了信息素养的基本概念层面。

钱佳平（1999）认为，信息素养是在信息社会理解以及和外界做有意义沟通所需要的能力。具体而言，信息素养是指有效发现自己的信息需求，并据此判断和组织信息以及使用信息的能力，实际强调的是信息需求和信息能力。

任燕丽（1999）认为，信息素养的定义从广义上讲包括了信息知识和信息能力；从狭义上讲是主观的最基本的认识和判断信息的品质，这种品质是信息知识和信息能力的基础。信息素养最基本的内容包括两方面。一是信息意识，即人的信息敏感程度。它是摄取的主体对客观信息的自觉心理反应，使信息用户从信息中引出概念、思维、计划，用以指导自己的意识行为，使信息行动具有目的性、方向性、预见性和自觉性。信息意识包括信息主体意识、信息保密意识、信息守法意识、信息更新意识等多种形式。二是信息能力，即人们从事活动所必需的技能和应有的素养。信息能力包括获取信息、加工处理信息、最佳筛选和利用信息及更新创造信息的能力。强烈的信息意识和良好的信息能力是现代科研人员必须具备的、基本的、重要的素质。

张贵荣（2001）认为，信息素养是人类即将跨入信息社会之际，在生理素质、心理素质和社会文化素质等基本品质的基础上发展并优化出来的一种新品质，也是信息时代对人类的一种高要求。从内涵结构上看，信息素养包括两方面内容。一是自然性信息素质，这一素质属于人类天生具有的并与信息有关的某些解剖和生理方面的特征，主要是感觉器官获取信息、传导神经网络传递信息、思维器官处理和再生信息、效应器官使用和反馈信息。自然性信息素质可以通过遗传获得，因此可以称为信息禀赋，属于信息潜能，是人类信息能力发展的自然前提和基础。二是社会性信息素质，是人类在信息活动中逐渐形成的一系列与信息有关的心理品质、知识技能、行为习惯和文化涵养等方面的特征。它是人们在信息环境影响和教育训练中获得的稳定的、具有长期发挥作用的基本品质，是人们认识信息社会、改造信息环境、学习信息科学知识、掌握信息科学技术、操纵信息设备、适应信息社会需求、鉴别和创新知识信息、获取和利用信息资源的各种信息能力的总和。

王良成（2002）认为，知识经济的灵魂是创新，创新就要求人们具有广博的知识层面，也就是说，要对各类知识广收博采、触类旁通，既熟知各学科基础知识，又了解最新科技前沿，而信息素质恰恰是具有广博的知识层面的信息意识和能力。信息素养教育既让学生了解信息专业和各个学科的知识，又让学生知道采用哪种有效的方法和途径获得相关学科的知识，具有信息意识及信息获取、整序与开发利用的能力。简言之，信息素养主要包括理论知识素养和信息实践能力两个方面。

4.1.2 信息素养的三要素说

邹志仁（2000）认为，信息素养是适应 21 世纪现代化建设需要的社会主义新人必备的基本素质。信息素质既是一种能力素质，又是一种基础素质。信息素质有其自身的内容结构，包括信息意识素质、信息能力素质、信息道德素质。

张倩苇（2001）认为，信息素养主要由信息意识与信息伦理、信息知识、信息能力三部分组成。

杨晓光等（2001）在国内外有关研究的基础上提出：信息素养是对信息社会中人的信息行为能力、独立学习能力及批判性思维能力概括性描述的一个概念。由于人们对它的认识和理解不同，所以形成了信息素养的各种不同定义或描述。狭义的信息素养是指具有应付和适应信息技术的能力，目前国外很多人比较认同这个定义。然而，素养和信息素养都是抽象的概念，都包含使人承担某种任务，并有不同层次及复杂过程的内容。在广义的信息素养含义中，信息素养是关于检索和利用各种信息源以解决信息需求的能力。但是，正如素养含有比阅读、书写能力更多的内容一样，信息素养要求具有发现、评价、利用及交流知识的能力。具备信息素养的人必须渴望知道某种知识或某个问题的答案，必须能够利用分析技能系统提出问题，必须能够识别研究方法，必须能够利用批判性技能对信息进行评价。另外，具备信息素养的人必须能够在日益复杂和多样化的方法中找到有关问题的答案，同时在技术环境发生巨大变化的情况下，拥有在个人之间和在团体中表达、探索、询问和理解思想流的一套复杂技能。

清华大学图书馆信息用户教育研究课题组的研究（2003）认为，信息素养是人们必备的基本修养，应包括信息文化素养、信息意识素养和信息技能素养三个方面。大学生信息素养的目标和内容是：正确决定所需信息的性质和内容；高效地检索信息；正确地分析评价信息和信息源；组织、管理信息，形成信息知识库；正确地利用信息进行创新，完成相关任务；通晓并自觉遵循信息运行过程中涉及的伦理道德和相关法律。信息素养与信息技术（如计算机、网络技术等）虽然关系密切，但是信息素养并非信息技术。

张进良等（2003）在论文中指出，信息素养是一种高级的认知技能，包括伦理道德、技术、人文三个要素。信息素养是一种综合性教育，大学生的信息素养并不能只进行计算机学科教学，而应该渗透到各门课程的计算机辅助教学和计算机教育管理的应用中。信息素养的最低层次是信息技能，即对信息技术相关知识和技能的掌握。

4.1.3 信息素养的四要素说

王景珍（1998）认为，信息素养由四个部分组成，即图书馆意识——人们热爱图书馆，自觉利用图书馆，将图书馆作为生活内容的一部分；信息意识——对客观存在的信息及信息活动的能动反映，有敏锐的信息嗅觉和信息慧眼，善于采集和利用信息；信息源知识——了解主要信息源的特点和利用方法；信息能力——人们从事信息活动应具备的能力。

陈维维等（2002）认为，从横向上看，信息素养可以包含信息意识、信息知识、信息能力、信息道德四方面。其中，信息意识是整个信息素养的前提，指的是个体对信息的敏感度，这要求个体具有敏锐的感受力和持久的注意力，能够意识到信息的作用，对信息有积极的内在需求。信息知识是个体具有信息素养的基础，指的是对信息学的了解和对信息源及信息工具方面知识的掌握。信息能力是整个信息素养的核心。从狭义上说，信息能力指的是个体对信息系统的使用及获取、分析、加工、评价、传递信息并创造新信息的能力；从广义上说，除了上述能力以外，信息能力还应该包含语言能力、思维能力、观察能力、判断能力等间接能力。信息道德把握个体信息素养的方向，指的是个体在获取、利用、加工和传播信息的过程中必须遵守一定的伦理规范，不得危害社会或侵犯他人的合法权益。因此，无论个体的信息意识如何强烈，信息知识如何丰富，信息能力如何强，如果他将才能用在违法犯罪上，那么他的信息素养是非常低下的。信息素养在不同层次上对信息意识、知识、能力、道德这些方面提出了不同要求（表4-1），随着时间的推移和信息技术的发展与普及，对信息意识、知识、能力、道德的要求呈动态变化。

表4-1　信息素养在不同层次上对信息意识、知识、能力、道德的要求

要求 内涵 层次	信息意识	信息知识	信息能力	信息道德
基础性信息素养	具有使用技术、信息和软件的习惯	了解计算机基本工作原理和网络基本知识	熟练地使用网上资源，学会获取、传输、处理、应用信息的基本方法	懂得与信息技术有关的道德、文化和社会问题，负责任地使用信息
自我满足性信息素养	积极利用信息技术，将信息技术作为工作、生活的必要手段之一	了解各类信息技术工具的原理和知识	能充分利用信息技术为自己的学习、生活、工作服务	关注与信息技术有关的道德、文化和社会问题，自觉按照法律和道德使用信息技术
自我实现性信息素养	信息技术成为实现自我价值的重要工具，成为工作、生活的重要内容	了解信息技术的原理和知识，深入掌握某一领域或方面的设计、开发、利用、管理和评价的知识	具有信息的分析、加工、评价、创新能力，具有设计和开发新的信息系统的能力	严格按照知识产权法等相关法规使用信息，做有知识、有责任感、有贡献的信息技术的使用者、探索者、创造者

张义兵等（2003）甚至从不同学科的角度将信息素养的定义概括为四个层面。从技术视野看，信息素养应定位在信息处理上；从心理学视野看，信息素养应定位在信息问题解决上；从社会学视野看，信息素养应定位在信息交流上；从文化

学视野看，信息素养应定位在信息文化的多重建构能力上。

李国平（2003）对大学生信息素养的构成与培养进行了探讨，认为信息素养是指大学生对信息活动如信息的检索、获取、分析、处理、利用等的态度和能力。信息素养是大学生整体素养的重要组成部分，具有一定的体系结构，包括信息情感意识、信息科学技术知识、信息道德及信息处理能力四个方面的主要内容。

肖自力（2005）将信息素养内涵概括为四个层面。信息意识力是对新信息的敏锐性，具有时刻追求新知识信息的热情；信息思考力是利用获得的知识信息进行逻辑思辨和判断的能力，实际上也是创新知识信息的能力；信息技能是获取和处理信息的能力，包括检索、提炼、组织、使用和交流的技能；相关的知识和道德修养。这四个方面缺一不可，缺少信息意识，有能力也不会运用；缺少思考力，再多的信息也不会自动变成解决问题的智慧；缺少相关知识和道德修养，就可能不负责任地滥用信息；没有信息技能，就不能获取和处理信息，也会一事无成。当前的倾向是偏重信息技能，忽视信息意识、信息知识和道德修养和信息思考力。必须明确，即便是信息技能也是在思维指挥下的运作，是一个推理、识别、判断的过程。信息素养是一个智能架构，绝不是简单的技术操作。

李微等（2007）结合教师的素养要求认为，信息素养是一种涵盖面较广，以获取、评估、利用信息为特征，传统与现代文化素养相结合的科学文化素养。它是基于思想意识、文化积淀和心智能力的，以信息技术的综合运用为表现形式的综合素养。具体来说，信息素养包括基本信息素养、多媒体素养、网络素养与课程整合素养四方面的内容。基本信息素养主要指传统的信息基础知识和计算机基本技能；多媒体素养指教师能根据不同的学科特点和教育对象，围绕教学目标、授课内容选择和使用不同的媒体；网络素养主要指教师要具备一定的网络知识，能够掌握网络的一般原理，学会利用网络进行交互式教学，能利用电子邮件跟同行或学生进行交流，利用 blog 平台或自己制作的网站发布自己的认识和观点；课程整合素养是指教师应努力推进信息技术与学科课程的整合，具备把信息技术和不同媒体优化组合，将信息技术有机融入学科教学过程的能力和素养，真正发挥信息技术的作用，从而优化教学、提高教育教学质量。

4.1.4 信息素养的五要素说

比较具有代表性的是华东师范大学的祝智庭教授。他（2002）认为信息素养是人们对信息这一普遍存在的社会现象重要性的认识以及人们在信息活动中表现出来的各种能力的综合素质，可以表述为信息意识、信息能力、信息思维、信息手段、信息伦理道德五个方面。这样的理解与国外关于信息素养的理解有着很大的不同，它更侧重人们在信息活动过程中要求的各种能力所表现的一种综合素质，而且这样的理解已经比较详细地概括了信息素养内涵的各个方面。

毛奕等（2005）认为，应从综合性取向即"以主体取向为基础，结合社会取向"确定信息素养。信息素养内涵的构成要素有五个方面，即信息知识水平与信息行为能力、信息分析评价和利用能力、信息情感、信息意识、信息道德。

4.1.5 信息素养的六要素说

华南师范大学的桑新民教授提出了六要素说。他（2001）认为信息素养是一个含义广泛的综合性概念，不仅包括熟练运用当代信息技术获取识别信息、加工处理信息、传递创造信息的基本技能，还包括在当代信息技术创造的新环境中独立自主学习的态度和方法、批判精神及强烈的社会责任感和参与意识。在实践中，桑新民提出，可以从六个方面确立学生信息素养的内在结构与目标体系：高效获取信息的能力；熟练、批判性地评价信息的能力；有效地吸收、存储和快速提取信息的能力；运用多媒体形式表达信息、创造性使用信息的能力；将以上一整套驾驭信息的能力转化为自主、高效地学习与交流的能力；学习、培养和提高信息文化新环境中公民的道德、情感、法律意识与社会责任。信息素养作为一种高级的认知技能，同批判性思维、解决问题的能力一起成为学生在信息技术新环境中学习与发展的基础。信息素养不仅是一定阶段的教育目标，还是每个社会成员终生追求的目标，是信息时代每个社会成员的基本生存能力。

4.1.6 信息素养的七要素说

孙平、曾晓牧（2005）认为，信息素养的本质是一种基本的能力素养，一种综合的信息能力。信息素养包括广泛的概念，与许多学科相关，包含人文的、技术的、经济的、法律等诸多知识背景。信息技术支持信息素养，是信息素养的一种有力的工具。信息素养包括信息智慧、信息道德、信息意识、信息觉悟、信息观念、信息潜能、信息心理七个方面。它是一种了解、搜集、评价和利用信息的知识结构，需要借助信息技术，依靠完善的调查方法，通过鉴别和推理完成。

纵观国内外关于信息素养概念的发展可以看出，信息素养是一个动态变化的概念。随着社会的发展，新技术的不断出现，信息素养的内涵与外延也处在不断发展和变化之中。

综上所述，笔者认为，目前国内关于信息素质概念和内涵的研究虽然表述不尽相同，但对上述观点的分析，除形式上的表述存在差异外，实质上除必要的信息知识外，信息素养在构成上包括必不可少的三个要素，即信息意识、信息能力、信息道德（张秀峰，2011）。国内学者对信息素养的内容体系的构成要素的分析也表明了这一观点，已经形成了如某些研究者所说的"统一的认识"（孙凌云，2003）。从信息素养评价指标的角度研究，有不少学者也倾向于这三个方面（马俊锋，2007；仇诚诚，2011；李耀俊，2011）。不过需要指出的是，关于信息素养的构成要素的讨论，目前还在进行中，离形成统一的认识恐怕尚需时日。当然，上述研究者的观点也是有道理的，以下拟从信息意识、信息能力、信息道德三个方面分别进行具体的分析。

4.2　信息意识分析

4.2.1　信息意识的内涵、作用和表现

（1）信息意识的内涵

"意识"是人的头脑对客观物质世界的反应，是感觉、思维等各种心理过程的总和。意识是一种自觉的心理活动，是人对客观现实的自觉反应，即有意识的反应。信息意识是指人对各种信息的自觉心理反应，是在信息活动中产生的认识、观念和需求的总和，即人们凭借对信息与信息价值特有的敏感性和亲和力，主动利用现代信息技术捕捉、判断、整理、利用信息的意识。换言之，就是人们从信息角度出发，对自然界或人类社会发生的各种现象、行为及理论观点的理解、认知或评价，对信息交流活动在社会中的价值、作用和功能的认识。它既是信息主体对信息的认识过程，又是其对外界信息环境变化的一种功能反应。人对信息的自觉心理反应取决于两方面的因素，即对信息科学、正确的认识和对自身信息需求的自我意识。

从哲学的角度考虑，信息意识是社会存在的一个方面，即信息环境在人脑中的反应是人们通过思维而得出的对社会信息的看法，是一种驱使人们采取信息行为的动力。从某种意义上讲，作为一种驱使人们采取信息行为的动力，信息意识有两个特点。一是能动性，信息意识体现在人们对客观信息对象的反应上，并不

完全是被动的，而是能动地发现、汲取、分析和利用。二是趋向性，人们在反映客观世界时，总是因实践的需要而带有一定的主观倾向和要求，抱有一定的动机和目的。信息意识不仅是一种观念，还是对具体信息的认识过程和反应能力，是人们在社会实践中获得信息和利用信息的特定反应机制，是对信息捕捉、筛选和开发利用的自觉心理活动以及正确辨析、鉴定信息价值和合理利用信息的能力。对信息的特殊敏锐的感受力、持久的注意力、高度的洞察力和高速分析判断及决策的能力是良好信息意识的高级表现形式（贾芳华，2002）。信息意识的核心是倡导与培养信息活动中信息行为的自主性、能动性、独立性及其行为准则与道德规范。人是网络信息环境中的关键因素，是信息环境的中心，是"人"在生产、管理、传播和利用信息。只有作为信息主体的"人"具备了敏锐的信息意识、较强的信息能力、合理的知识结构和良好的信息素质，才可能保证较高的信息质量和有序的信息流动，从而创造和维护良好的信息环境。

从心理学上讲，信息意识包含人们对信息和信息工作的感觉、知觉、情感和意志等，还包含大脑生理机制对人体各感觉器官的信息刺激作用，从而产生神经冲动，又会在人脑中转化为心理活动的对象和内容。信息存在是感知和思维的源泉和基础，感知和思维情感状态、意志状态对信息意识的发生和发展有支配和调节作用。它们之间相互联系，相互作用，构成了信息意识心理状态，即人们对信息活动的认知状态、情感状态和意志状态。

从人的认识发展规律的层面分析，信息意识可以分为感性阶段信息意识和理性阶段信息意识（韩颖，2006）。感性意识是指主体由于某种随机的、临时的信息需求而接触和感知文献信息的外部世界及表面特征，是信息意识的低级阶段。理性意识是指主体对一系列感性意识的抽象和综合过程，是综合了许多文献信息的感性材料，经过创造性思维，去粗取精、去伪存真，从中抽取文献信息的共同本质及其运动的规律，是信息意识的高级阶段。感性意识与理性意识是统一的不可分割的两个阶段，理性意识依赖感性意识，没有丰富的感性意识就不可能发展到正确的理性意识；而感性意识又有待发展到理性意识，只有发展到理性意识才能全面地反映信息的内部关系与本质。

信息意识作为人的意识的一个方面，其表现是有一定特殊性的。一般来说，信息意识可以从信息认知、信息情感和信息行为倾向三个层面体现出来（韩颖，2006）。信息认知是指对信息和信息活动的了解和看法，其中最重要的是评价性的认知；信息情感是指人们在感受信息的过程中，逐渐形成的反映需求关系的内心体验，这种体验相对持久、稳定，而不是即时产生的情绪；信息行为倾向是指个人在信息活动中表现出来的行为趋势，是信息行为的心理准备状态。人们的信息搜集活动是受信息需求驱使的，而影响需求的力量大小主要是需求被意识的清晰程度，即意识越明确，行动目标越清楚，则信息活动的动机就越稳定、持久、强烈，努力程度也就越高。如果这种意识仅停留在感性阶段，那么接收信息总是处于被动状态；反之，信息意识经常在觉醒的、活跃的状态，就会促使人们主动制订信息活动计划，预见各种变化，并做出积极的选择。

基于以上分析，个人心理因素对信息意识也会产生明显的影响（束漫，1997）。个人意识产生于个人的主观心理和社会意识，它左右着个人的行动和个人对事物认识的程度，是信息意识强弱的前提。个人对信息的反应取决于个人的情绪与情感，概括地说，情绪与情感是人对客观世界的一种特殊的反应形式，是人对客观事物的态度体现。人们对信息的情感是人们对信息的态度，是与个人的信息需求密切相关的。人们对信息的情感可归纳为创新心理、求异心理、求实心理、成名心理、求知心理、选择心理和各种习惯性心理等，表现为对信息的关心与不关心、满足与不满足等。在现实生活中，并不是所有信息都可以使人们产生情绪和情感。通常，与个人的需要具有关系的信息才会引起反应。情绪和情感受主体生理及气质的制约，主体的情绪可以唤醒，信息情绪与情感自然也是可以唤醒的，这一过程时常伴随个体工作、学习与生活，因此加强宣传与教育工作是唤起人们信息情绪与情感的关键。

个人的信息意识使个人能够从客观信息现实中引出概念、思想、计划，用以指导自己的信息行为，使信息活动具有目的性、方向性和预见性。可见，意识虽然是主观产物，但是能对客观现实进行反作用。因而在信息活动中，意识具有举足轻重的地位。意志的本质体现在意识的积极调节方面，即一个人为了实现预定目的，克服困难，不断调节、支配自己行动的心理过程，它是人类改造客观世界和主观世界、发展能力的不可缺少的心理因素。信息个体的意志积极地调节着他们的信息意识，用户的信息活动可以视作以意识为中介的自觉活动。意志对心理、意识的调节作用表现在发动和制止两个方面，前者表现为推动人从事达到预定目的的必须的行为；后者表现为制止与预定目的不相符合的愿望和行动。人的信息活动受意识的支配，而信息活动的结果又不断地反馈给人的意识，最后才能达到较为理想的状态。可见，良好的信息意识是在长期的信息实践中培养和形成的。

个人在使用信息的过程中经常提出各种要求，进行各种决定和选择，以顺利实现意志行为。因而，个人的信息意志具有高度的自主性，这种自主性也是受因果关系制约的，表现为对客观规律的依存性。

个人信息活动中的意志行动是由"信息动机"引起的，而动机又是在信息需求的基础上产生的。个人的信息需要以模糊形式反映在个人意识中，就成为意向。有时，意向因信息需要的增加而增强，当需要的内容被人意识时，意向便转化为愿望，愿望便可能成为行动的动机。因此，加强个体信息意识的培养，从某种意义上讲就是促进上述转化工作。

信息意识的形成有赖于人的自然属性与社会文化属性的结合，两者缺一不可。人的自然属性是人们感知外部信息的生理基础，而社会文化属性是形成信息意识的社会学基础（王馨，2007）。不同的人由于社会化程度不同，面对同样的信息刺激会产生不同的感受和反应，这也是社会个体成员信息意识强弱不同的重要原因。能否意识到何时需要信息和需要什么样的信息是信息意识强弱的最主要的体现。信息意识是人们从事其他信息活动的精神驱动力，并直接影响人们在其他信息活动中的效能。

从内涵上讲，信息意识包括三个相互联系的方面：一是能认识到信息在信息时代的重要作用，确立在信息时代尊重知识、终身学习、勇于创新的新观念；二是对信息有积极的内在需求，每个人除了自身对信息的需求外，还应善于将社会对个人的要求自觉地转化为个人内在的信息需求，只有这样才能适应社会发展的需求；三是对信息有敏感性和洞察力，能迅速有效地发现并掌握有价值的信息，善于从他人看来是微不足道、毫无价值的信息中发现信息的隐含意义和价值，善于识别信息的真伪，善于将信息现象与实际工作、生活、学习迅速联系起来，善于从信息中找出解决问题的关键（张倩苇，2001）。

基于以上认识，信息意识至少包括了两层基本的意思：第一层是知道自己需要什么，然后有的放矢地寻找所需信息；第二层是在有意或无意中发现了有用信息时，要能够意识到。这种信息意识或敏感程度因人而异，既因其自身的年龄、职业、背景等方面的不同而不同，又与其个人具备知识的广度与深度等密切相关。虽然提高自身的知识层次并非一朝一夕的事情，而是一个日积月累的过程，但我们可以通过相关培训培养人们"信息是资源、是财富、是生存"的信息价值观，进而让人们产生有意识地获取信息的压力与动力（徐爽，2007）。

可见，信息意识决定了人们对信息资源的敏感度，对获得、判断和利用信息的自觉程度，直接影响人们获取和利用信息的效果。信息资源具有纷繁复杂和时效性的特点，需要人们具备良好的信息意识和敏捷的信息思维（张琳，2011）。一个人信息意识的强烈与否对能否挖掘出有价值的信息、提高对文献的获取能力起着关键的作用（赵民等，2007）。大学生信息意识的强弱在某种程度上决定着他们未来信息素质发展的自知、自控、自主程度，决定着其整体素质的发展水平（刘述进等，2006）。应当说，信息意识属于意识形态的范畴，其发展受一定社会因素的制约，也受到人们自身文化素质的制约。当然，信息意识也是可以调节和培养的，它会随着人们自身文化素质的提高和对信息活动的进一步认识而逐步提高。

在现实生活中，人的信息意识有两种状态，一种是被动接受状态，另一种是自觉活跃状态。前者指人们从社会的信息环境中被动地接受事先未料及的信息；后者指信息意识的觉醒状态，它促使人们制订信息活动计划，主动关心和了解各种变化，并做出相应的选择。意识是行为的先导，信息意识对人的信息活动具有能动的指导作用（曾德良等，2008）。良好的信息意识使人们的信息活动目的明确、方向正确、预见性强。信息意识不仅可以控制人们对信息需求的认识，还对人们获取、利用信息等行为起着支配作用。所以，信息意识是信息素质的根本，信息意识的强弱将直接影响人们能否有效获取、开发与利用信息资源。

（2）信息意识的作用和表现

每个人的信息意识都是在认识世界和改造世界的社会实践活动中产生和发展的，是在工作和学习中不断形成的。由于人们的社会地位、社会分工、社会的物质生活条件不同，人们参加实践活动的形式、范围、内容也就不同。不同的现实内容使人们产生不同的信息意识水准和信息意识活动内容。社会生产活动等因素是人们信息意识的决定因素。除此之外，信息意识活动过程的产生必须具备两个条件：一是善于从已知的事物中区分新的不寻常的事物；二是力求认识、理解这个新的不熟悉的事物及其与其他事物的相互联系。这里包含两个因素，即感官知觉因素和思维因素。这两种因素的作用的发挥是受个人因素影响的，人们作为信息行为的能动主体，既具有"社会人"的共性，又具有独立的个体的特殊性，因此信息意识的作用及表现是值得具体分析的。

第一，信息意识的作用。信息意识的培养和提高是需要经过长期的教育和训练的，需要在学习、工作和生活中潜移默化地熏陶。影响人的信息意识的因素是多方面的，包括人的情绪、动机、人格、兴趣、文化素养、价值观念等，但最基本的还是人的思维。信息意识一旦形成，就会产生积极的能动作用，诱导和激发人们进行一系列的信息获取和利用，并产生一系列作用（卢晓勤等，2002）。

一是对感知信息的定向作用。信息敏感的养成是对某一领域的种种事物注意的结果，怀着预定的目的，并自觉地加以坚持的注意，称为有意注意。"有意"是指当人们经常思考某专业领域中的问题时，或在一定时期集中思考某一方面的问题时，这种思维活动就能调动人的感觉、知觉、记忆等心理活动指向并集中于一定的对象，即怀着某种预期目的。所以，如果人们具备必要的信息意识时，当信息源发出的信息落入人们的预期范围内，就会立即被人们注意，从而被迅速捕获。

二是对感知信息的选择作用。德国启蒙主义者莱辛曾指出：自然中的一切都是相互联系着的；一切事物都是交织在一起，互相转换、互相转变的。这种无限纷纭的复杂情况将使人们由于感觉其繁杂而毫无感受。为了有感受，必须取得一种能够给原来没有界线的自然划出界线的本领。而这种本领正是思维。人们看见什么，听见什么都是有选择的，服从特定时期思维所要解决的任务。比如，到一座山上，地质学家关注的是矿藏信息，植物学家感兴趣的是获得稀有的植物。原因就在于信息意识影响感知信息活动的选择。

三是在感知信息过程中的渗透作用。观察总是在理性思维指导下的主动寻找信息的行为，而不是被动的反映。同样是看一张人体的 X 光透视片，未经过专业训练的人只能看到明暗交错的不规则图形，医生却能清楚地看出人体的病灶。这是因为"看"是一种经验，甚至是一种专业知识，看的人具有由一定的知识、经验、信仰和信息储备形成的"认知规范"。所以信息意识能够提高人们对信息的敏感性，在科学的方法指导下，使信息的认知在理性思维的指导下敏锐起来。

四是对信息刺激的强化作用。当一个人把某个方面问题的解决当作他孜孜以求的目标时，他的大脑皮层就会建立一个相应的优势灶，使神经细胞对相关信息刺激的敏感性增强，别人未察之纤微之迹，他却已看出对解决问题的重大意义。我国著名生物学家朱洗先生在为我国引入蓖麻蚕的过程中遇到了夏季孵化的难关，实验用的近十万枚卵几乎都孵不出来。他将蚕卵放在解剖镜下观察，发现小蚕在出壳过程中夭折了。接着，他又意外地发现在解剖灯光范围之外的卵都安然孵化了。这一细微的信息使他立刻联想到灯光的热及由此而引起的干燥可能是小蚕夭折的原因，这一发现终于使濒临灭绝的蓖麻蚕繁衍下来。可见，念念不忘所做的事，专心致志研究问题，就能在你所研究的领域内细察事物之微小变化，认识事物的趋向和规律。

五是对感知的配合作用。任何个人的"独具慧眼"都不是孤立的东西，它必须结合其他的能力，特别是想象、联想、抽象、概括等思维功能的配合。19世纪，德国物理学家和生理学家赫尔姆霍兹（Helmholtz，1821—1894）以人的视力缺陷和眼睛构造证明了人的眼睛观察所得的经验材料不可靠，从而否定了观察的重要性。恩格斯在批评这一错误观点时指出："除了眼睛，我们不仅有其他感官，还有我们的思维活动。"（恩格斯，1971）所以，在信息意识的指导下，通过人的思维可以对感知产生配合作用，克服单纯观察的局限性。

第二，信息意识的表现。目前，人们已经步入信息社会。但总的来看，人们的信息意识还比较薄弱，这正是信息素养有待提高的具体反映。人们信息意识薄弱的主要表现为对信息意识的理解狭隘，缺乏一种开放式的信息意识；信息思路不开阔，行动上没有开拓性，效益不明显；对信息缺乏敏感性，不善于发现、捕捉、利用信息，致使该掌握的信息未掌握，该利用的信息未利用，该开发的信息未开发；"重藏轻用"的陈旧观念较强，偏重信息搜集、整理，侧重信息收藏，忽视信息的传递，对信息的开发利用不够。强烈的信息意识主要表现为对信息具有特殊的、敏锐的感受力和持久的注意力，以及对信息价值的判断力和洞察力（杜公民等，1997）。

一是对信息具有特殊的、敏锐的感受力。这是信息意识的突出表现，是一种自觉的心理倾向，能敏锐地捕捉信息，并善于从他人看来是司空见惯的、微不足道的现象中发现有价值的信息，在观察事物的过程中能够本能地反馈事物的信息。

二是对信息具有持久的注意力。这是信息意识的另一种突出表现，对信息的态度成为一种习惯性倾向。具有强烈信息意识的人对信息的关注不受时间和空间的限制，无论工作范围以内，还是日常生活中，都习惯用情报的眼光观察周围一切事物，把这些信息与自己要解决的问题联系在一起。这种对信息的长久注意力是一个人事业成功的必要条件，也是科研、情报工作中突发灵感的基础。

三是对信息价值的判断力和洞察力。这在某个时刻可能成为事业成功的关键。一个具有强烈信息意识的人对信息的敏感性，除了他对信息的心理倾向外，更重要的是对信息价值的判断力和洞察力。面对浩如烟海、杂乱无序的信息，他要能够去粗取精，去伪存真，进行识别，并做出正确选择。

4.2.2　大学生信息意识培养的重要性

信息意识是人们对信息做出的能动反映，是人们利用信息系统获取所需信息的内在动因，包括主体意识、传播意识、保密意识、守法意识、更新意识等，具体表现为了解信息的重要性，对信息的敏感程度以及选择、消化、吸收信息的能力，其核心是倡导与培养信息活动中信息行为的自主性和独立性（魏华等，2008）。

在信息时代的网络环境中，大学生频繁与网络信息接触，信息意识是有效获取网络信息和利用网络信息的基础。信息意识能够帮助大学生对信息的重要性产生足够的认识，对信息自觉形成敏锐的感知能力以及能够形成正确的洞察力和判断力，引导大学生充分利用网络上的信息资源，把网络上有价值的信息吸收转化为自身的知识体系，以达到信息素养各方面的共同提升。因而，信息意识是高校大学生信息素养教育的基础环节，在大学生的信息素养培养中有重要的作用（胡为萍，2004；谭霞，2013）。

（1）培养大学生的信息意识是社会发展的需要

在人类发展史中，信息一直起着积极的作用，推动着生产力向前发展。尤其是21世纪人们面临全新的信息时代，不同于传统的农业时代和工业时代，信息时代的显著特征是知识经济成为社会主导经济，信息产业成为最大产业，信息、能源和物质并列成为人类生存和发展的三大要素。信息量爆炸性增长，19世纪科技信息量50年才增长一倍，20世纪中叶缩短为10年增长一倍，到20世纪80年代以后只要5年就翻一翻，且信息载体多样化，从纸到感光材料、电磁材料等，同时知识的分化和老化失效速度大大加快，使人们不得不面对"信息危机"。

在这样的信息时代，每个人都不能在学校教育中掌握其终身需要的全部知识。有统计表明，一个大学生在大学学习期间只能获得其人生中职业生涯所需要的一小部分知识，人类应用的知识还有很大部分正在被创造出来。随着信息社会不断向更高层次递进，信息不仅导致人类生产方式、生活方式和认识方式的一系列变革，还成为推动现代科技经济社会发展的强大动力。因此，在现代教育中，最重要的是教学生如何学习。"授人以鱼，不如授人以渔"，使学生具备主动获取信息和知识的能力，培养学生收集、利用、判断、处理和创造信息的能力，形成信息意识是当务之急。

（2）信息意识的养成是大学生提高信息素养的首要环节

信息意识在大学生正确处理网络信息的过程中起着极为重要的作用，大学生信息素养的程度取决于其信息意识水平。信息意识会自觉引导大学生在熟知自己的信息需求的基础上制定目标，确定信息检索依据，运用系统工具对网络信息进行有效的检索，从众多信息中选择与目标最契合的信息资料，对信息的科学性、真实性、适用性等做出正确的判断，然后对所获得的信息资料进行评价判断，科学地加工、组织、整理，使其形成体系，或是提炼、创造出有用信息。在对信息整理加工的基础上，大学生会进一步将信息与自身原有的知识体系相融合，把网络知识转变为自己的知识，实现网络上的信息资料对自身知识的有效补充，从而提升自身的知识水平。

将网络信息和网络知识转化为使用者本身的知识是高校学生对网络信息的最有效的利用方式，也是网络信息实现价值最大化后的合理归宿。大学生拥有的信息意识水平会直接影响其对信息进行的获取、处理、转化效果，对问题的解决和信息转化等方面起着至关重要的控制作用，因此信息意识的养成是大学生提高信息素养的首要环节。

（3）信息意识贯穿了大学生信息素养的其他环节

信息意识是信息使用者对网络信息的综合运用能力的体现，贯穿了对信息价值的自觉感知、对信息进行识别、对信息的获取及对信息的处理转化等所有信息素养的其他环节。信息的需求意识、信息的获取意识、信息的处理运用意识、信息的时效意识等作为信息行为的指导因素，贯穿了大学生信息素养的所有内容，不仅指引着大学生对网络信息的定位和选择，还有助于形成应对信息技术带来的挑战的一种积极态度。在信息获取行为中，需要培养大学生对网络信息的信任感，相信网络信息对社会发展和工作学习方面带来的良好效果，进而产生对学习新的信息获取工具的良好兴趣，确定与目标相关的具体信息，确切判断在可能需要的信息范围内决定哪些是有用的信息资源。这个过程离不开信息意识的参与。

在大学生对信息进行处理利用和转化的过程中，对网络信息的正确评价意识会自觉对收集到的信息资料进行分类、归纳、鉴别、遴选、分析综合，以充分运用所获信息解决实际问题，利用获取的信息资料为需求目标服务，让网络信息发挥最大的社会效益和经济效益。不仅如此，信息的处理转化意识还促使大学生在获取信息的基础上，使多种收集到的信息资料相互作用，激发大学生的创新思维，创造出新的信息，达到信息利用的终极目的。

（4）培养大学生信息意识是提高创新能力的需要

科学研究和技术创新指的是一种旨在增加科学技术知识，发展新的探索领域的创造性活动。这种创造性活动是以创造性地继承和运用前人、他人创造的知识和信息为前提，以综合的信息能力为基础的。这也是事物的客观规律，只有掌握了大量信息才能了解同行过去的研究成果，分析当今的研究水平，找到存在的问题，明确研究方向，探索未知。可见，信息的综合是创造性信息生成的主要手段，综合创新是信息利用的最高层次。因为对信息进行系统综合是基于信息具有可重组性和可重复性的本质。创造性思维需要外界信息的触发，信息意识和信息能力是创造性思维必备的基础。大脑以它积累的知觉材料为基础，以接收外部信息刺激，形成问题空间为触发点，进而通过内部知识与外部信息的分析综合发现事物的新关系，这是构成创造性思维的关键性环节。当然，作为触发点的外部信息实际上是一个广义的范畴，可以是阅读文献中获得的启示，可以是工作、学习中遇到的现象难题，可以是听人讲的一则消息、一个故事，也可以是再现记忆中的某一想法和念头。它们诱发人的思维沿着某一线索或某一方向发展，不但使思维由潜意识状态进入显意识状态，而且这种状态构建的信息意识的质量和水平直接影响到以后的应用，而这恰恰是创造性思维的源泉。

因此，创造性教育实际上是以信息意识和信息能力的培养为基础的。加强学生信息意识的培养必然会使学生掌握有效的学习方法和技巧，合理准确地利用计算机搜集有价值的信息资源并对其信息进行分析和整理。将信息和计算机技术相融合有利于学生提升计算机综合能力以及对信息的处理与辨别能力。注重培养学生在信息处理方式上的创新性思维是为了让学生在实践中不断探索，锻炼思维的灵活度（王大林，2018），充分激发学生的学习积极性，充分发挥学生的主体作用，促使学生自主发展。一个人的创造欲望愈强烈，他就能在学习、工作上愈加刻苦勤奋，锲而不舍，克服困难险阻，探索未知，提高创新能力。

4.2.3　大学生信息意识的现状

信息意识能动地决定着人们对信息的认识，决定着信息需求者对主观需求的客观表达，并对其信息行为起着支配作用。具备较强信息意识的人可以充分认识到信息在社会发展中的重要作用，敏锐地发现并判断有价值的信息。他们知道如何学习，因为他们了解知识是怎样组织的，知道如何找到信息。他们具有终身学习的能力，因为他们能够发现所有与自己职责相关的或决策所需的信息（颜瑜，2007）。

从理论上讲，当代的高等教育应该特别关注大学生的信息素养，从信息意识的培养开始，将大学生培养成具有相当信息素养的人。换言之，当代大学生应对信息具有科学、全面、深入的认识，包括信息的内涵、特征、结构，信息的功能和在社会、经济发展中的作用，信息源的类型、特点，信息交流的形式、类型、模式，信息整序的理论和基本方法。当代大学生应具有对自身的信息需求有良好自我意识的素养，应能意识自身的潜在信息需求，并将其转化为显在的信息需求，进而能充分、正确地表达出来，对特定信息具有敏感的心理反应（邹志仁，2000）。

在我国，由于社会历史、政治经济、科技文化教育等多方面因素的影响，国民信息素质普遍还较低。受各种主客观因素影响，目前大学生信息意识不容乐观，主要问题表现如下：

（1）**信息意识淡薄**

许多大学生缺乏对图书馆资料和网络信息资源利用的意识。大学生的信息源主要是来自课堂，在整个学习的过程中，特别是新生的学习过程中，只重视专业课、英语和计算机知识的学习，有目的地、自觉地获取信息为己所用者少。高年级学生求知欲往往局限于本专业教科书，大多数大学生进入图书馆的目的性不强，要么翻到什么看什么，要么找些娱乐杂志看看，只有在撰写毕业论文时，才有目的地去图书馆查阅资料或利用网络获取信息。因此，大学生的信息意识还很弱，没有养成良好的信息思维习惯。

（2）缺乏信息需求

大多数学生对信息的需求缺乏渴望，各年级学生往往不熟悉本专业的专业期刊，不善于关注学科现状、动态及发展趋势。从未翻阅过百科全书、科学年鉴和本专业核心期刊的学生占很大的比例。许多大学生不爱进图书馆，有的学生在写毕业论文之前根本没到图书馆查找过资料，更有甚者，到毕业时都从未在图书馆借阅过图书。平时的利用仅限于借阅少量的休闲书籍和学习参考书籍，大学生普遍缺乏明确的信息需求对象，或虽有明确的信息需求对象，但需求不强烈。当然原因是多方面的，如随着网络技术的飞速发展，有的大学生认为在网上获得信息更快。但一个普遍的现象是，大学生上网查找学习资料的比例不高。

（3）缺乏信息敏感性

信息的敏感性主要表现为对信息的感受能力。信息感受能力是指人们对众多的信息流表现出来的信息敏感度。现在是一个信息爆炸的社会，大学生身边充斥着各种各样的信息，但许多学生对此视而不见，获取知识和信息的自觉性和主动性较差，致使图书馆信息的利用率低下，更谈不上有目的地搜集信息、利用信息。而很多大学生对信息是不加分析、辨别的，盲目地吸收，对光盘、数据库和会议文献、与同行交流等信息获取渠道更是知之甚少。虽然学生都认为图书馆是很有用、很必要的信息源，但获取知识和信息的自觉性和主动性较差。

（4）对信息的价值和作用认识不足

人们掌握信息的目的是用它的某些内容指导、调整自己的行动，从而使事物向更有利于自己目标的方向发展，其效果比没有利用这些信息时所能获得的结果更好，这就是信息的价值所在。虽然大学生是现代社会中最年轻、最有求知意识和求知欲望的人群，但他们普遍缺乏对信息价值的正确认识，在信息检索和处理分析方面也缺乏有效的方法。由于缺乏信息意识，有些大学生根本就不知道可以利用自己掌握的信息调整和改变自己的行为，从而达到提高自身素养的目的。甚至有一定比例的大学生沉湎于网络环境，他们不是为了从网上获取有用的信息，而是上网聊天、游戏、交友。

面对信息社会，越来越多的国家已经意识到未来国际间的竞争在很大程度上是科学技术的竞争、民族素质的竞争，归根到底就是教育的竞争。因此，学校应注重培养和提高大学生的信息意识。信息意识是信息素养的基础，只有具备了敏锐的信息意识，才能产生具体的信息行为。

4.3 信息能力分析

新的信息环境对社会的影响与冲击使人们日益认识到信息的重要性，信息和知识成为社会发展的主导因素和决定性力量。越来越多的人把现代社会称作信息社会，人们更加关注主体信息能力与信息行为的关系以及怎样提高信息能力以更好地适应信息社会的发展，因此关于信息能力的研究也就应运而生。

4.3.1 研究信息能力的意义

从 20 世纪后半叶开始，随着计算机的出现，人类社会正逐渐由以物质生产及其流通为基础的工业社会转向信息社会。信息社会的一个最大特征在于信息的流通与积累。在信息社会中，不但整个社会的物质生产力达到高度增长，而且整个社会知识信息的生产、流通、积累达到高度增长。在人的主体能动作用下，知识信息将产生巨大的社会和生产价值，并且人的主观能动性的差异使信息产生的价值表现出巨大的差异。因此，在信息社会中，人将越来越成为社会发展的核心，人类个体拥有的知识信息及信息处理能力也将决定其在信息社会中的生存与发展。随着信息社会的到来，信息能力研究也日益成为学术界关注的一个重要问题，信息能力问题的重要性日益受到关注。

信息能力概念是 20 世纪 70 年代随着信息技术的崛起而出现的，发展至今，已经成为 21 世纪最关键的能力之一，被人称之为 21 世纪人类生存生活能力的"精华素"（莫力科，2005）。随着社会信息化程度的加深，许多发达国家已经认识到，信息社会需要的人才必须具有良好的信息能力。信息能力的大小将推动或制约各国经济发展的速度，并影响其在国际竞争中的地位和作用。因此，对信息能力进行研究具有重要的理论意义和实践意义。

第一，在当今信息时代，一个人信息能力的高低在很大程度上决定着他的社会活动能力和工作能力。在当今技术变化迅速、信息数量剧增的全球信息环境中，拥有信息能力对每个人来说都有重要意义。因为随着这种环境复杂性的不断增加，每个人在学习、工作、生活中都需要从各种各样的信息源中收集和利用信息，以制定决策，克服行动的盲目性。虽然通过图书馆、公共信息机构、专业团体、因特网可以获得信息，但其数量庞大，并且这些信息多数是未经过滤的，需要对它的可靠性、有效性、权威性及相关性进行评价。另外，随着信息技术的不断发展，通过多媒体还可以获得图形、视听、文本等形式的信息，这对每个人评价和理解信息又提出了新的要求。信息质量的不确定性和数量的爆炸增长向社会提出了巨大的挑战，要求社会公民重视信息能力的培养和提高。工业社会的社会成员取得成功的基本条件是识读和书写能力，而信息社会的社会成员要想取得成功，其基本条件已经升格为信息能力，这是社会成员取得学业进步、事业成功和生活幸福的必要条件。

第二，培养大学生获取和应用信息的能力是社会发展的客观要求。21世纪，人类进入全新的信息时代，信息量大，更新速度快以及信息资源的共享性、信息交流的互动性等特点，正改变着处于这个社会的每个人的生存方式和思维观念，也冲击着学校的传统教育。纸质文本、音像资料和电子传媒等的飞速发展使各种信息很容易被大学生获取，而且这种接收信息的形式改变着大学生的学习观念，尤其是对大学生的学习态度产生了广泛和深入的影响。人类社会的信息化对高等教育也提出了信息化的要求，不仅要求教育在硬件和软件上实现信息化，还要在教育的培养目标上体现信息化，即要培养具有信息意识、具有较强信息处理能力的人。

第三，培养学生的信息处理能力有助于培养符合21世纪信息社会需求的人才。人类社会正越来越快地实现着信息化，在21世纪的信息社会中，信息资源不仅是科技革命、经济增长和社会进步的强大动力，还将成为衡量各国综合国力的主要标志之一。要在信息社会中获得发展和竞争的优势，必须大力发展信息产业，强化城市的信息功能，培育和形成信息源优势。这不仅要求国家拥有一大批信息领域的高精尖人才，还需要每位公民都具有较强的信息意识和信息处理能力。现在的大学生将是21世纪信息社会的建设者和接班人，因此应该注重对大学生信息处理能力的培养，构建和强化大学生的信息能力，这将有利于他们准确把握时代脉搏，增强社会适应能力；有利于他们更好地完成学业，形成科学合理的知识结构；有利于他们深入、持久地学习，不断增强发展潜力，把自己锻造成适应未来社会发展需要的高素质人才。

第四，培养大学生信息处理能力是实现素质教育的需要。从 20 世纪 80 年代起，我国有些学者就提出了素质教育的观点，到 20 世纪 90 年代，全国对素质教育的讨论越来越多，原国家教委也明确提出，教育要由应试教育向素质教育转变。1999 年召开的全国教育工作会议通过并颁布了《中共中央国务院关于深化教育改革全面推进素质教育的决定》。该决定明确提出，在智育工作中，应转变观念，改革人才培养模式，积极实行启发式和讨论式教学，激发学生独立思考和创新的意识，切实提高教学质量；要让学生感受、理解知识产生和发展的过程，培养学生的科学精神和创新思维习惯；特别提到要"重视培养学生收集处理信息的能力、获取新知识的能力、分析和解决问题的能力、语言文字表达能力以及团结协作和社会活动的能力"。事实上，素质教育同应试教育的最大区别在培养目标的扩展上，素质教育要求从现代社会对人才素质的需求出发开展教育，信息处理能力恰恰是未来信息社会所必需的素养之一。因此，有必要对现在的大学生进行信息教育，培养其信息处理能力。此外，培养大学生信息处理能力对素质教育的实现具有两方面的价值：一是培养大学生信息处理能力，为他们拓展自己的知识面提供了良好的基础。在现代信息社会中，大学生获得各种信息的渠道大大增加，他们会接触到各种各样的信息，在这些信息中，一些正确的有价值的信息将会转化为知识。只有当大学生具备了信息意识，才能把握各种信息，从而拓展自己的知识面，为自身潜能和创造力的发展提供条件。二是在培养大学生信息处理能力的过程中，有利于他们主体意识、独立意识的发挥和培养，有利于他们交往能力和责任感的培养。

第五，培养大学生信息处理能力是实现终身学习的需要。1989 年，在联合国教科文组织世界大会上，各国的教育代表达成一致看法，纷纷提出人类社会的发展需要终身学习，为了使终身学习得以实现，教育必须培养学生"学会学习"。终身学习是通过一个不断的支持过程发挥人类的潜能，它激励并使人们有权获得他们终身需要的全部知识、价值、技能，并在任何任务、情况和环境中有信心、有创造性和愉快地应用它们（吴咏诗，1995）。信息时代的终身学习本身就是一种能力，信息时代下的终身学习和信息能力是密不可分的，只有坚持终身学习，才能不断提高信息能力。信息是终身学习的关键成分，信息能力决定了大学生学习能力的发展，学生的信息能力不同，学习的效果会明显不同。同时，终身学习是促使大学生充分自由发展的主要途径和手段。在信息社会中，"学会学习"的一个重要标志就是具有良好的信息处理能力，只有具有了信息处理能力，才能在信息社会中及时获取有效信息，从而实现广泛意义上的学习活动，这样终身学习才可能实现。从这个意义上说，培养大学生信息处理能力是实现终身学习的需要。

4.3.2　信息能力的定义与特点

从心理角度讲，能力是指成功地完成某种活动必需的心理特征，它是个性心理特征的综合表现，总是和活动相联系，并在人的学习、工作和完成各种具体的活动中表现出来。离开了能力，人在某种活动中要达到的目的就无法完成。

信息能力的概念是社会发展到一定阶段的产物，它是一个动态的概念，其概念内涵随着社会信息化程度的提高而不断拓展（周俊等，1997）。当前，人们对信息能力内涵和外延的认识还处在不断的研究和深化过程中，但比较一致的看法是信息能力的提出是社会形态发展到信息社会阶段后的必然结果。信息能力对个人、组织、国家乃至整个人类社会的发展都起着至关重要的作用。信息能力的概念最早是在 1974 年美国图书情报学会委员会上由信息产业协会主席保罗·泽可斯基提出来的（Behrens，1994），他将信息能力定义为"经过训练能在工作中利用信息资源的能力"（陈爱璞，2003）。美国图书馆协会在 1989 年信息能力总统委员会的报告中将信息能力定义为认识到何时需要信息及准确定位、评价并有效利用所需信息的能力。这个定义很快就被社会各界广泛接受。以后的研究者尽管在界定信息能力的细节方面可能会有些差异，但基本上均普遍接受信息能力具有"定位（Locate）"、"评价（Evaluate）"和"有效利用（Use effectively）"三个最主要的内容。

到了 20 世纪 90 年代，专家们认为，信息能力是一个含义广泛并具有综合性的概念，而且这种能力只有经过终身学习才能获得和不断发展。教育界把信息能力作为学生能力的重要部分，管理界提出了情报竞争或信息能力，包括日本在内的西方传媒界提出了信息能力。从 20 世纪 80 年代末到 20 世纪 90 年代，有关信息能力的研究引人注目。这时信息能力的主体范围扩大了，它囊括了社会个体（尤其是学生）、企业商务、公民生活与权利中信息能力涉及的领域并强调了信息能力的培养方法。信息处理方式更加多样化，不仅有手工处理方式，还包括先进的信息处理工具和信息处理流程。信息能力的活动范畴也进一步扩展，不仅指专门的图书馆情报活动或信息活动，还从经济、教育、公民权利、社会发展等方面对信息能力的活动范畴进行了论述（焦玉英等，2005）。

严格说来，目前国内外学术界还没有一个统一的关于信息能力概念的定义。宛福成（1998）认为，信息能力是指人们对信息的获取、识别、接受、储存、利用和创造的能力，是现代人的一种基本社会能力，其核心是信息利用能力和信息创造能力。张素芳（1998）认为，信息能力是与信息意识密切相关的概念，两者相互促进、相互制约，信息能力受信息意识的支配，信息能力对信息意识又起反作用，它们都是未来信息社会每个社会成员生存、发展必须具备的素质之一。信息能力是社会成员在信息社会中进行各项活动时灵活运用各种方式，主要是通过现代信息技术发掘、利用社会信息资源的能力，主要包括信息获取能力、信息处理能力、信息利用能力、信息交流能力。陈文勇等（2001）认为，信息能力包含了一系列的能力，如系统提出和分析信息需求的能力、识别和评价信息源的能力、筛选和检索信息源的能力、提取和记录及存储所需信息的能力、评价全部信息过程的能力。梁钢（2002）认为，信息能力是指人们获取信息、加工处理信息、吸收信息并创造新的信息的能力，它是发展信息产业的强大推动力，是对信息资源的开发与利用能力，包括信息的获取能力、分析鉴别能力、综合利用能力以及信息创新能力。徐仕敏（2003）认为，信息能力的实质是人类的认知能力，这种能力是人类个体普遍拥有并且对经验的养成、学习的效果和社会活动的绩效有决定性的影响。焦玉英等（2005）认为，信息能力是社会某一主体在社会生活、科学劳动中进行搜集、加工、传递、吸收和利用信息等各项活动时灵活运用各种方式，主要是通过现代信息技术发掘、利用社会信息资源的能力，主要包括信息获取能力、信息处理能力、信息利用能力和信息创造能力。

上述研究者对信息能力的认识有不同的角度和出发点，但在本质上有几点是值得重视的，信息能力的定义至少应包括以下三个方面的特点（张素芳，1998）。

第一，个体性。这里的个体指的是每个社会成员，个体性即每个个体都应具备一定的信息能力。随着现代信息技术的飞速发展，整个社会正日益由工业社会向信息社会演化。在信息社会中，信息是整个社会最重要的支柱，信息能力不仅是信息学、信息产业界人士独有的专业能力，还将成为普通人在信息社会里生存、发展的必备素质之一。也就是说，只有能够敏锐地探知、获取和利用信息的人才能适应社会的飞速发展，并根据社会的现状和发展趋势适时地调整自己。反之，不具备信息能力的人面对社会的飞速发展必然会不知所措，落后于时代。

第二，技术性。技术即现代信息技术，在中国，计算机已经逐渐进入各类企事业单位、学校和家庭，数据库、光盘、网络的发展也日新月异，这些都对人们的信息能力提出了新的挑战。使用计算机，利用现代信息技术获取、处理、利用、交流信息的方式正在逐渐取代手工方式，并将成为信息能力表现的最重要的形式。在信息社会中，不了解、掌握现代信息技术是无法做到全面、准确、方便、快速地利用信息的，每个社会成员都应努力掌握最新的信息技术，保证自己信息渠道的畅通，只有这样才能避免成为未来社会的"信息盲"。

第三，广泛性。信息能力应用范围的广泛性指在社会生活的各项活动中，信息能力都能发挥其应有的作用。信息用户教育应面向全体社会公众，而不是只针对某些专业人士或高级知识分子，因为在信息社会里，信息将充斥社会生活的方方面面，各项活动都离不开信息，都离不开人们的信息能力。以社会生活中最常见的购物、医疗、教育为例，在网络时代，人们的生活方式将会发生革命性的变化，足不出户就可以实现网上购物、网上医疗、网上远程教学，而这些都是以人们的信息能力为前提的。

4.3.3 大学生信息能力的内涵

基于以上分析，笔者认为，就大学生而言，信息能力是指大学生对信息的获取、识别、接受、储存、利用、交流、创造和评价的能力。

（1）信息获取能力

大学生的信息获取能力是指大学生从各种信息源中收集有关信息的能力。信息获取有两种方式：一是主动方式，即在目的、动机明确的情况下获取信息；二是被动方式，即无目的与动机的信息获取。由于大学生在获取信息时伴随着对信息的加工、识别、储存、利用等活动，因而信息获取的被动方式时常转化为主动方式。信息获取能力主要体现在主动方式下的信息获取能力，这种能力首先表现为大学生能够全面了解和掌握各种信息源；其次，能够准确使用检索语言和检索方法；再次，能够熟练运用多种方式获取信息，尤其是运用现代信息技术方便、快捷地收集信息。

（2）信息识别能力

大学生的信息识别能力是指大学生依据自己的经验、知识判断信息价值的能力。人们在获取信息的同时，对信息价值进行识别，根据识别的结论决定对信息价值的接受与否或接受多少，这种能力一般体现为经验识别、工具识别和理性识别三个层次。经验识别是人的基本识别能力之一，其识别结果受自身经验的制约，识别的准确率具有较大的波动性；工具识别是对经验识别的一种延伸，当经验与知识不足以识别信息价值时，借助一定的工具达到目的，其核心是对工具的选择和操作；理性识别是一种在思维活动条件下的信息价值识别，它对信息价值的判断往往超出信息内容的内涵与外延，通过联想、比较、分析、综合确定信息价值。理性识别能力是大学生信息识别能力的核心。

（3）信息接受能力

大学生的信息接受能力是指大学生通过对信息的获取、识别等一系列活动对信息价值的理解与接受能力。一是等值接受，即大学生对信息价值能够准确地领悟和理解，并近乎完整地接受。二是减值接受，即大学生部分地接收信息价值。减值接受有消极和积极两种情况，当大学生受自身知识结构和认知水平影响只能部分接受信息价值时，为消极减值接受；当大学生出于特定的获取目的和动机，有意识地选择接受部分信息价值时，为积极减值接受。三是增值接受，这是信息接受能力的核心，指大学生在理解信息价值的基础上，运用创造思维对原信息价值的升华与拓展。

（4）信息储存能力

大学生的信息存储能力是指大学生根据自己的需求对经过识别处理后的信息进行保存积累的能力。信息存储一靠大脑，二靠信息存储载体。大脑存储是一种记忆储存，是一种正常生理状况下的能动思维存储，但大脑的信息容量是有限的，对信息的储存既随时间增加又随时间减少，因而必须借助其他信息存储载体。要依靠信息载体存储信息，首先要具备对载体的驾驭能力；其次，是对信息的有序化能力。现代社会的信息载体多种多样，最基础的是纸张，最富生命力的是以计算机为代表的现代电子设备。储存信息是为了利用信息，而信息有序化是信息利用的前提。信息序化是指对信息分门别类、横纵排列的处理，是对信息内容的组织。

（5）信息利用能力

大学生的信息利用能力是指大学生为了某种需要或特定目的，将获取的信息应用于实践，使信息价值得以实现，利用有关信息探索或实现预定目标的能力。大学生的信息利用能力主要体现在两个方面，即信道利用能力和信息检索能力。信道即信息传播通道，是连接信源（信息制造者）与信宿（信息接收者）的媒介，是人们获取信息的必要途径，人们了解、掌握、使用各种信道的能力即信道利用能力。人们利用一定的设备和工具有目的地查找已加工储存的信息的能力即信息检索能力，信息检索能力的关键是人们是否善于借助一定的设备或工具利用社会公有的信息资源，成为信息的"主人"，信息检索是信息创造、加工、整理、再创造的一个重要环节，是信息资源和使用者之间的桥梁。

（6）信息交流能力

大学生的信息交流能力是指大学生通过对信息的获取、识别、接受、储存、利用构成了信息交流，而各种信息能力在信息交流中呈现出一种融合状态。现代信息技术的发展带来了信息交流的网络化革命，网上信息交流以其方便、迅捷、经济等特性已被越来越多的人接受。故而，这里所说的信息交流能力特指网上信息交流能力。信息交流有正式交流与非正式交流之分，正式交流主要指传统的书籍、报纸的发行，但由于出版的时滞性，正式交流的重要性逐渐下降，非正式交流的重要性日益上升。非正式交流形式多样，如写信、打电话、出席会议等。然而，现代信息技术除了对检索方式带来革命性的冲击之外，还为本已缤纷多彩的非正式交流方式增添了新的方式，网上信息交流凭借其方便、迅捷、经济等特性越来越引起人们的重视。

（7）信息创造能力

大学生的信息创造能力是指大学生利用已有的信息，经过对信息的分析综合处理而产生新信息的能力。信息创造能力是大学生信息能力的核心，是对信息的增值接受，主要表现为五种能力。一是信息综合能力，即对大量信息进行概括分析，在寻找共同规律的过程中产生新的信息，使信息价值由局部实现全面。二是信息移植能力，即根据某一事物信息中的原理和方法有意识地移植到其他事物的研究中，从而创造新信息。移植不是照搬，而是对信息价值的理性领悟，是对不同事物共性的认识，移植创造了未知事物新概念。三是信息还原能力，即在已有信息的基础上，通过理解与分析，在追本溯源的过程中创造新信息的能力。四是信息迂回能力，即灵活应用已有信息，积极改变思维方法，冲破思维障碍，另辟蹊径，多路径实现信息创造的能力。五是信息联想能力，即善于利用已有信息，触发思维火花，启迪联想性思维，从而创造全新信息。

（8）信息评价能力

大学生的信息评价能力是指大学生对信息的可靠性、先进性、针对性等方面进行评估，并进行归纳、分类、鉴别、遴选等去粗取精、去伪存真、由此及彼、由表及里的分析处理信息的能力。网络环境下信息总量的剧增使有用信息的提取变得越来越困难。因此，信息评价能力就成为新时期人们必须拥有的重要技能。信息评价能力是指在接受大量信息的基础上，利用信息科学理论对检索到的信息进行分析和综合，并对信息中的真与伪、虚与实、良与莠进行判断、评价和选择，去伪存真、去粗取精，从而获得真正有效的信息，这就要求对信息有极强的判断和选择能力。信息评价能力与学习研究能力相关，对于大学生来说，要求其在信息加工处理的基础上，重视个人对信息的判断与评价，从而提高个人的信息分析能力，锻炼个人的批判性思维。

4.4 信息道德分析

4.4.1 信息时代呼唤信息道德

信息社会发展到今天，已经进入网络时代，网络社会的非地域性特征使人们的目光更多地放在了精神交往层面的研究上。网络的出现在一定程度上弥补了现实世界的缺陷。人总是期望获得别人的认同，以达到内心的满足。在网络社区中，人们可以根据自己的喜好选择一个虚拟社区，以隐匿的身份进入，与他人尤其是与自己相似的人群交流，发表自己的观点，宣泄自己的情绪，探讨在现实生活中无法探讨的问题，从而释放在现实世界中难以释放的"真实的自我"的能量。在这种能量释放的过程中，人们会得到一种精神满足感。

网络社会与现实社会不是对立的，它由现实社会派生而来，但又不同于现实社会，是一个虚拟的社会。与现实社会相比，网络社会主要有三个特点。一是网络社会的行为主体符号化。现实社会中的行为主体是活生生具体的人，每个人都有独特的个性与背景。在网络社会这个虚拟的空间中，实体化的真实个人隐退到终端之外，一个个具有突出特点的人被演绎成一组数字与符号，使人很难分辨其真实的身份。二是网络社会是自主性的社会。从因特网的构成来看，它由各个国家的局域网组成，没有中心，不归属任何国家和个人，现实社会的法律、道德约束在相当程度上失去了作用，这样就形成了一个相对自由、自主的网络社会。人们从浩如烟海的信息中自由地选择自己需要的信息，畅所欲言地发表自己的意见，自由地参与网上活动。网络社会极大地发展了人们的自主性，使人们真正成了"社会"的主人，自主意识得到了充分的锻炼与发挥。三是网络社会是开放型的社会。因特网就像一条纽带一样把全世界的人们联系在一起，形成一个开放型的网络社会。一方面，网络把地球上各个角落的人联系起来，给人们带来"天涯咫尺"的感受；另一方面，网络的开放性把不同层次、不同文化背景的人们联系起来，使其都可以在网上自由表达自己的看法，了解他人的思想，进行对话与交流（张琼，2006）。

在信息时代，网络热在全球范围内一浪高过一浪，网络经济、电子商务、网上购物、拍卖、聊天、网络电话、E-mail、博客、微信、QQ……人类从来没有像今天这样对一项技术倾注如此大的热情，寄予如此大的希望。然而，在这股热潮的背后，开始出现一股蚀流污染人类的"第二生存空间"，甚至严重影响着人们参与、发展网络经济的信心和每个网民的切身利益，进而阻碍了网络化进程。这股浊流就是信息道德的失范，突出地表现在以下方面。

第一，网络社会中的道德意识淡化。与现实社会相比，网络空间的一些特点造成了网络行为主体的道德意识及良心、义务、荣辱等道德情感相对淡化，并由此产生了许多不道德现象，如在聊天室出言不逊、给他人发送垃圾信件、匿名漫骂等。造成这些问题的原因主要有两个。一是网络行为主体的符号化。个人的真实面目被隐藏在各种符号之后，这种匿名化的效果之一就是可以使自己的真实身份被隐藏，似乎这样可以不用对自己的行为所引发的后果负责，因而觉得自己获得了行动的绝对自由。网络交流的匿名性虽有利于人们交往的坦率，但更容易导致社会责任感和个人羞耻感的丧失。二是网络减少了人与人之间的直接交往机会。随着网上进行各种活动越来越便利，人们可以足不出户地实现数字化生活和社会交往。Internet 提供的跨时空、跨地域的多人参加、多向交流的技术使人们更容易沉溺于网上交际，使现实生活中的交往机会减少，人与机器的接触却日益频繁，终日与电脑终端打交道，同他人的社会交往被削弱，使家庭成员之间、邻居之间、同事朋友之间的感情联系越来越淡薄。

第二，网络社会的社会责任意识淡漠。网络社会中的交往方式特殊，即交往具有"虚拟性"和"数字化"的特点。同以前相比，网络交往方式受到的道德和法律的约束更少一些。在网络社会中，人们可以方便地在网上发布自己的信息资料，对网络社会中的信息交流和传递几乎无法用现实中的海关检查、新闻检查等手段加以约束和控制。于是，一些不法之徒未经授权便使用他人信息，借助网络发布虚假信息，进行诈骗，等等。这就产生一个问题：这些行为产生的社会责任该由谁来承担。因此，如何界定网络社会中社会责任的承担问题在网络社会道德建设中至关重要。

第三，网络隐私权的尊重与保护受到挑战。信息技术的发达为一些团体和个人出于商业目的或其他目的调用他人的个人信息提供了技术上的可能性。随着全球网络的快速发展，个人信息的跨国传递变得越来越容易，而侵犯个人隐私的问题也越来越突出。一是对个人隐私的直接侵害，即人们通过电子邮件、远程登录和文件传输等的活动内容被记录下来；二是肆意地对个人资料进行多方传播；三是对个人信息进行任意歪曲等。而从个人的角度来看，隐私权是人们的基本权利，个人有权要求保证其个人信息不被公开和泄露。因此，如何恰当地使用个人信息，做到既满足社会监督、社会安全等需要，又能充分尊重个人隐私就成为网络社会的道德问题。

第四，网络中的文化霸权。文化霸权是意大利著名哲学家葛兰西在 20 世纪提出的一个重要的文化理论。"文化霸权"亦称"文化领导权"，其内涵是在意识形态领域，以认同和吸引为基础，通过法律、教育、家庭和传媒施行的对大众的知识和道德的领导（葛兰西，1983）。其实，它是一种非暴力的文化意识形态控制手段，是通过社会中的大多数人自觉自愿的认同实现的，是指文化强势方通过意识形态、生活方式、价值观等的渗透，以潜移默化的方式"获取"弱势方的头脑和灵魂，使弱势方在不知不觉中自愿认同和接受强势方的一整套文化观念，自觉站在强势方的一边，自愿接受强势方的统治和控制（张其学，2005）。实际上，各民族独具特色的语言文字构成了世界文化的多样性，语言本身没有高低优劣之分，本不该有一种语言称霸网络的现象，但由于计算机的发源地是美国，"美国信息交换标准代码（American Standard Cord for Information Interchange）"已经成为国际标准代码，英语在网络中取得了语言霸主的地位，这其实也是文化霸权的一种表现。

第五，信息欺诈导致的诚信危机。诚信原则是人与人交往的基本信条，亦是市场经济的"帝王法则"。然而，在当今的互联网世界，只要你打开电脑，就可能遭遇铺天盖地的虚假信息和网络谣言的欺骗或骚扰。一些供应商利用网络坑害消费者，一些不法之徒也利用网络蒙骗供应商，本以为公平高效的交易网络可能成为令人望而生畏的欺骗之地。另外，一些人利用电脑制作各种假证件，甚至制作假信用卡、假币。网络经济中的种种现象势必导致社会信用危机。从伦理学意义上来看，随着网络的日益普及，如何规范网络及其交往行为是迫切需要解决的问题。

第六，信息污染毒化社会风气。如果说近代工业文明带来了全球范围内的环境污染问题，那么当代网络文明也产生着无数的信息垃圾，带来了信息污染的问题。一方面，网络正成为一个无所不包的仓库的垃圾站，如一些网站大肆渲染色情、暴力，传播某些歪理邪说，炒作一些明星的"花边新闻"；另一方面，普通网民中存在比较严重的网络流氓行为，如在公共聊天室贴图、骂人、性骚扰，用黑客软件发黑屏破坏网络通信。

第七，网络使人际关系淡漠、情感疏远。人的社会性决定了人与人之间必须面对面交谈，进行心灵的碰撞，但网络的发展使人们这种交流变成了数码化的存在。人们在网上进行交流时，人的言谈举止都转换成了二进制的语言。网络改变了人们的交往方式，使人与人之间的交流成为人与机器的交流，人与人之间的感情交流越来越少，群体的纽带越来越松弛，导致人们群体意识淡薄，如家庭观念淡漠、邻里形同路人、同事关系简单等，传统意义上的社会面临退化的危机。

第八，网络犯罪猖獗，社会道德水平下降。网络快速、便利和虚拟的特点易诱发犯罪，甚至成为直接实施犯罪的工具。目前，利用网络危害国家安全、社会公共安全、侵犯财产、妨碍社会秩序管理、肆意传播计算机病毒的犯罪行为在西方非常普遍，在我国也时有发生。同时，网络上快速传递的大量乃至泛滥的信息中混杂着许多不道德的内容，侵蚀着人们的道德心理，抑制了健全道德人格的形成，导致个体道德水平和群体道德水平的下降（马宁，2002；张琼，2006）。

在信息时代，人们获取、存储、处理、传输信息的行为已成为最基本的社会行为。人们的信息活动为社会创造了巨大的价值，但作为一把锋利的科技"双刃剑"，信息网络技术无遮拦的扩散、最迅捷的传播也给世人带来了巨大的冲击和压力，成了人们必须面对的严峻课题。信息技术在为创新和应用人类知识资源展示最好平台的同时，伴生的信息污染也犹如一片阴云同步弥漫，成了社会的重大问题，如计算机犯罪、危害信息安全、侵犯知识产权、计算机病毒、信息污染、垃圾信息充斥泛滥、网络迷信等一系列棘手的问题，因此构筑法律、管理、技术的"防火墙"势在必行。为严格管理信息活动、规范信息行为，世界各国都制定了与信息活动有关的法律法规，并加强了执法力度，同时运用各种技术手段进行控制。但由于立法程序具有滞后性、法律惩处具有局限性，加上信息网络空间高度的开放性和虚拟性、信息行为主体的隐蔽性和匿名性，法律、技术手段都难以从根本上解决所有问题。在法律、技术都无力的情况下，运用信息道德规范维持和发展信息文明成为最佳方法（曾德良等，2008）。有人存在的地方就有道德存在，也需要道德存在，网络社会尽管是一个高度虚拟化的社会，但究其本质意义来说，它依然是人的社会，也就必然存在道德问题。信息时代网络在给人类带来福音的同时产生了如上所述的诸多负面影响，引发了许多道德问题，因此信息时代呼唤信息道德。

4.4.2 信息道德的内涵

当前，互联网迅速扩张，信息技术渗透到社会生活的各个领域，催生了传统距离、传统次序、传统结构的消亡趋势，颠覆了传统的生产、交换、生活、生存模式，引发了社会的重大变革，推动着社会进步，提高信息道德水准是在信息波涛中冲浪、跟上时代节拍的客观需要。

信息化建设是超越国界的全球性事业，信息道德也称信息伦理，国外信息伦理学的研究源于计算机伦理，经网络伦理而最终发展到今天最广泛意义上的信息伦理。美国教授 W. 曼纳于 1976 年首次提出"计算机伦理"这一术语，最先"将伦理学理论应用到生产、传递和使用计算机时所出现的伦理问题中"（张洁，2005），开拓了应用伦理研究的新领域——计算机伦理研究。我国于 20 世纪 90 年代中期才引入"信息伦理"这一术语，关于信息道德（或信息伦理）的概念，到目前为止，我国学术界尚未形成一致意见。沙勇忠等（1998）认为，信息伦理又称信息道德，是调整人们之间及个人和社会之间信息关系的行为规范的总和。刘春年等（2001）认为，信息道德的基本内容大致包括人们的信息信念、信息态度、信息行为义务、信息技能、信息纪律、信息良心和信息意识等。吕耀怀（2002）认为，信息伦理是指涉及信息开发、信息传播、信息管理和利用等方面的伦理要求、伦理准则、伦理规约以及在此基础上形成的新型的伦理关系。丛敬军（2002）认为，信息伦理是社会现象中的伦理道德，是一定的社会道德和道德因素在社会作用下的综合体。沙勇忠（2004）认为，信息伦理就是信息活动中以善恶为标准，依靠人们的内心信念和特殊社会手段维系的，调整人与人之间及个人与社会之间信息关系的原则规范、心理意识和行为活动的总和。汪琳（2005）认为，信息伦理道德是指整个信息活动中的调节信息创造者、信息服务者、信息使用者之间相互关系的行为规范的总和。党跃武等（2006）认为，信息道德就是信息创造者、信息服务者和信息使用者在信息活动中普遍认同和共同遵守的符合社会一般要求的行为和伦理规范。符绍宏等（2013）认为，信息伦理指在信息的采集、加工、存贮、传播、开发、管理和利用等一系列信息活动中，用以规范信息活动主体的行为，调节信息活动主体之间关系与秩序的伦理准则、伦理要求和规范之总和。

以上观点都是从不同角度有代表性、有意义的探讨。笔者认为，信息道德是指在信息的采集、加工、存储、传播和利用等信息活动的各个环节中，用来规范和调节这个过程中信息活动主体之间产生的各种社会关系的道德意识、道德规范和道德行为的总和。它通过社会舆论、行业规范、行为准则等使人们形成一定的信念、价值观和习惯，从而使人们自觉地通过自己的判断规范自己的信息行为。

4.4.3   信息道德的结构与功能

（1）信息道德的结构

基于以上分析，信息道德结构的内容可概括为两个方面、三个层次（沙勇忠等，1998）。两个方面包括主观方面和客观方面。前者指人类个体在信息活动中以心理活动形式表现出来的道德观念、情感、行为和品质，如对信息劳动的价值认同、对非法窃取他人信息成果的鄙视等，即个人信息道德；后者指社会信息活动中人与人之间的关系及反映这种关系的行为准则与规范，如扬善抑恶、权利义务、契约精神等，即社会信息道德。作为意识现象的信息道德是主观的；作为关系现象的信息道德是客观的；作为活动现象的信息道德是介于主客观之间的。换句话说，信息道德是主观方面（个人信息道德）与客观方面（社会信息道德）的有机统一。

三个层次包括信息道德意志、信息道德关系、信息道德活动。信息道德的第一层次是信息道德意识，包括与信息相关的道德观念、道德情感、道德意志、道德信念、道德理想等，它是信息道德行为的深层心理动因。信息道德意识集中地体现在信息道德原则、规范和范畴之中。

信息道德的第二个层次是信息道德关系，包括个人与个人的关系、个人与组织的关系、组织与组织的关系。这种关系是建立在一定的权利和义务的基础之上，并以一定的信息道德规范形式表现出来的。比如，联机网络条件下的资源共享，网络成员既有共享网上信息资源的权利（尽管有级次之分），又要承担相应的义务，遵循网络的管理规则，成员之间的关系是通过大家认同的信息道德规范和准则维系的。信息道德关系是一种特殊的社会关系，是被经济关系和其他社会关系决定、派生出的人与人之间的信息关系。

信息道德的第三层次是信息道德活动，包括信息道德行为、信息道德评价、信息道德教育和信息道德修养等。信息道德行为即人们在信息交流中采取的有意识的、经过选择的行动；根据一定的信息道德规范对人们的信息行为进行善恶判断即为信息道德评价；按一定的信息道德理想对人的品质和性格进行陶冶就是信息道德教育；信息道德修养是人们对自己的信息意识和信息行为的自我解剖、自我改造，而信息道德活动主要体现在信息道德实践中。

（2）信息道德的功能

德国著名哲学家康德在《纯理性批判》里有一段话被视作名言，意思是说：

有两样事物使我心中不断充满惊奇和畏惧，分别是在我头上繁星密布的苍穹和在我心中的道德法则。在当代社会，信息道德作为调整和规范人们信息行为的一系列价值观念和准则，具有重要的功能（沙勇忠等，1998），突出地表现为认识功能、调节功能和教育功能。

第一，认识功能。信息道德启示人们认识自己所处的信息环境，认识自己在信息活动中对他人、对组织、对国家应负的责任和应尽的义务，启示人们科学地洞察和认识信息时代社会道德生活的特征和规律，从而正确地选择自己的信息行为，设计自己的信息生活。信息道德的认识功能主要是通过信息道德意识和信息道德判断实现的，其目标是提高信息道德活动的自觉性。

第二，调节功能。人是社会的人，团体生活是其特征。在信息时代，人与人之间、人与社会之间的信息关系和信息联系更加紧密，也更加复杂，信息的生产、流通、分配和利用过程中不可避免地要发生各种矛盾和利益、利害冲突，这就需要信息道德加以调节。信息道德的调节功能既可以指导和纠正个人的信息行为，又可以指导和纠正团体的信息行为，使其符合信息社会基本的价值规范和道德准则，从而使社会信息活动中个人与他人、个人与社会的关系变得和谐与完善，使存在的符合应有的。

第三，教育功能。信息道德通过舆论、习惯、传统，特别是良心培养人们良好的信息道德意识、品质和行为，从而提高人们信息活动的精神境界和道德水平。用道德评价、道德理想等方式教人懂得什么是信息活动中应该崇尚的善德，什么是应该摒弃的恶行，使人树立正确的信息社会观和信息幸福观，成为信息时代与健康的信息文化同构的道德纯洁、理想高尚的人。

4.4.4　大学生信息道德素养现状

现代信息技术，飞速发展，为人们进行信息检索、互动交流等提供了良好的平台。当代大学生是目前使用网络信息最重要的人群之一，他们崇尚自由，更崇尚个性，也乐于接受新鲜事物。作为数字时代的原著民，他们较早地接触到了互联网、计算机、手机等新兴事物，能较好地适应网络环境。但由于大学生仍处于成熟与非成熟之间，尤其是道德价值还没有定型，因此在网络信息道德判断上极易出现偏差。大学生缺乏信息甄别、信息判断的能力，对浩如烟海的网络信息无法加以辨析、鉴别，难以做出正确的判断和评价（张广兵，2011）。在计算机和网络技术构建的世界中，大学生倘若不具备相应的信息道德批判能力，一些负面信息就很容易对大学生的身心发展产生不良的影响，一些不良的价值观念很可能会给大学生尚未定型的价值观带来巨大的冲击，使大学生的价值观发生倾斜，产生异化，甚至走向极端，进而引发社会问题，可能在"无知"的情况下不知不觉地误入歧途。

计算机和网络技术也为虚假、低俗信息的传播与滋长提供了空间与土壤，网络的虚拟性和隐蔽性也助长了人们的侥幸与放纵心理，致使信息污染、信息侵权、信息欺诈、信息病毒等信息道德失范现象大量涌现。在现实生活中，大学生容易受到一些不良因素的影响，从而导致一系列道德失范行为的产生。有些大学生在图书馆上网聊天、玩游戏；有些大学生因"网络成瘾症"而逃课，无节制地花费大量时间和精力在互联网上阅读不文明、不健康的网上信息，以致损害生理和心理健康；有些缺乏自律的大学生在写作毕业论文时，不尊重别人的知识产权，直接从数据库下载文章，用经技术处理而成的所谓论文应付老师；有些法制观念淡薄的大学生在 BBS 上发表一些不负责任的言论，如对他人进行人身攻击，在网上发表虚假信息，冒用别人的 IP 地址，盗用别人的账号。另外，侵犯他人隐私、网络赌博、网络诈骗、网络传销等违法犯罪行为在大学生群体中也时有发生。大学生信息道德素养现状不容乐观，学术失信、网络言行失范等问题屡见不鲜，且有日趋严重之势，加强大学生的信息道德教育迫在眉睫（杨文美，2008）。

5

大学生信息素养的评价

    21 世纪是信息化、全球化的时代，利用信息技术探索新的人才培养模式，培养大学生的信息素养，使其在信息意识、信息能力和信息道德等方面得到应有的发展，提高大学生对信息的获取、识别、接受、储存、利用、交流、创造和评价的能力，成为各国高等教育改革的重要目标之一。信息素养对人的重要价值不仅体现在素质教育方面，还是适应与融入信息时代更新与变化的基本能力。作为时代发展的主力军，大学生提升自身信息素养及掌握信息变化的能力是适应时代发展的趋势、不至于被时代淘汰的基本素养。从某种意义上讲，信息素养是个人终身学习的基础，是在教育过程中逐渐培养起来的。作为高等教育的主要对象，当代大学生必须重视自身素质的提高，它代表着高等教育水平有进一步的突破，而提升自身素质的关键在于对信息素养的培育，这也标志着大学生基础技能的实现。在这场世界空前强调信息素养的浪潮中，要将这股潮流引导到一条更加规范化、科学化、合理化的道路上。个人的信息素养应该达到什么要求，学校的信息素养教育是否有效，是需要一定的标准进行评估和衡量的。因此，如何科学地针对大学生信息素养做出合理评价及实施状况是提高大学生信息素养的主要手段与措施之一，也是实现教育信息化的根本途径之一，这不但对和谐高校的构建及信息素养教育观念的树立有着莫大的帮助，而且正逐渐成为信息时代对大学生综合素质的培育及适应时代发展能力的关键因素。放眼世界，美国是信息素养研究和实践较早的国家，绝大部分的高校制定了学生信息素养方面的评价标准，并且是建立在多重角度对大学生的信息素养及能力的测评，针对信息素养教育的不同阶段已制定了相应的信息素养能力的评价标准，作为评价个人信息素养能力、指导信息素养教育实践的指南，对把大学生培养成高素质的创新型人才起到了重要作用。20 世纪 90 年代以后，我国研究者也对大学生信息素养标准等方面的问题进行过一些探讨。在借鉴国内外相关研究的基础上，本章将着重探讨大学生信息素养评价研究的现状，并对大学生信息素养评价研究的思路进行具体的分析。

5.1   大学生信息素养评价研究的概述

5.1.1   大学生信息素养评价研究的发展

美国是世界上信息技术比较发达的国家，也是世界上信息化程度最高的国家之一。关于信息素养及评价的相关研究最早起源于美国，早在 1974 年，美国信息产业协会主席保罗·泽考斯基在向美国全国图书馆和信息科学委员会提交的报告中就使用了"信息素养"这一概念。在这个报告中，他建议在下一个十年间应实现国家的信息素养目标。他指出具有信息素养的人是那些经过训练且掌握了利用大量的信息工具的技术和技能解决实际问题的人。20 世纪 70 年代，还有的学者从大众传播的角度、信息素养与积极行使公民的义务和权利之间的关系等方面研究信息素养。

美国关于大学生信息素养评价的研究起步较早，信息素养自 1974 年提出以来，在图书馆学、情报学和教育学领域快速发展，1979 年，信息素养最先与图书馆专业联系起来。到了 20 世纪 80 年代，由于信息技术已经渗透到社会生活的方方面面，以计算机为核心的信息技术极大地丰富了"信息素养"的内涵。这一阶段的信息素养研究以强调技术因素为主要特征。20 世纪 80 年代初期，许多专家提出了计算机素质的概念，指具备一定的计算机文化，掌握一些基本的计算机的软硬件知识和操作方法。专家普遍认为信息素养远远超出了计算机素质的范畴，指掌握一定的信息技术，能够有效地利用各种计算机辅助信息管理系统和信息技术手段鉴别、存取和获得所需数据和文献。

20 世纪 80 年代中期，美国的学术图书馆在展望未来、回顾图书馆用户教育的历史的同时，认识到了传统的图书馆书目知识指导及用户教育已经不能适应信息社会发展的需求，取而代之的是以实现信息素养教育目标的项目和计划。到了 20 世纪 80 年代末，美国出版了两篇重要的文献，强调了图书馆在信息素养教育中的重要作用，掀起了各国研究信息素养教育的热潮（李晓娟，2001）。一份文献是由 Breivik 和 Gee（1989）合著的著作——《信息素养：图书馆中的革命》，该书集中论述了图书馆在改进高等教育方面的作用。该书在美国教育委员会的资助下得以出版，表明信息素养的重要性在全国教育界内得到了认可。在此书出版之际，Breivik 和 Gee 分别是科罗拉多大学的图书馆馆长和大学校长，他们共同的信念是高质量的教育应该帮助学生成为有效的信息消费者，能够为了他们个人的生活和职业生涯的任何需要寻找到适当的信息，也就是说学生需要成为具有信息素养的人。他们的哲学是，在信息社会中衡量本科教育质量的最终依据是学生能否成为自学者或是独立的学习者。他们相信图书馆在信息素养教育中起着重要的作用。

Breivik 和 Gee 强调大学生的培养需要各方面的合作，大学内部各部门需要合作，企业与大学也需要合作，这是培养具有信息素养的毕业生必不可少的。比如，大学行政管理部门与图书馆之间的合作、课堂教学与图书馆之间的合作、企业界与图书馆之间的合作。信息素养的教育被看作图书馆、大学及企业界共同的责任。

另一份文献是美国图书馆协会下属的信息素养主席委员会于1989年发表的年度报告。这份报告强调了信息素养对个人、企业乃至整个社会的重要性，提出了"信息素养是信息社会人的生存能力之一"的重要论断。它作为第一份论述信息素养的纲领性文件在全球迅速引起轰动。而且，美国图书馆协会对信息素养的界定至今仍被广泛使用，具有信息素养的人能够充分地认识到何时需要信息，并能有效地检索、评价和利用所需的信息。从根本上讲，这些人知道如何进行学习，他们知道如何学习是因为他们知道知识是如何组织起来的，如何寻找信息以及如何利用信息。

这两份文献的发表促进了美国图书馆界和教育界的广泛合作。美国要求未来的公民是具有信息素养的公民，美国教育界明确提出要为信息社会培养具有信息素养的学生，美国从20世纪80年代末90年代初开始对幼儿园到12年级直至高等学校采取多种形式的信息素养教育。

1987年，为了明确信息素养在学生学习、终身教育和"良好公民"塑造过程中的作用，美国图书馆协会成立了信息素养教育委员会，介入信息素养的研究和实践活动。该委员会的成立促成了一系列有关高校信息素养评价标准的研究项目。1990年，"国家信息素养论坛"成立，标志着信息素养正式成为国家层次的发展方向，该论坛也是高校信息素养评价标准的研究与实践的重要平台。

就美国高等学校而言，大量的信息素养教育课程或计划开始出现。20世纪90年代中期，部分美国高校开展了一系列的信息素养标准的制定与实践活动，这促进了美国国家高等教育信息素养能力标准的出台和推广。据美国学院和研究图书馆1994—1995年的统计：有22%的高校开发了适用范围广泛的信息素养教育项目；有25%的高校开设了重在培养学生信息能力的课程（李晓娟，2001）。随着20世纪90年代中后期信息技术与网络通信技术的快速发展与普及应用，越来越多的大学开始进行信息素养教育和信息素养评价标准的制定（赖茂生等，2009）。例如，加利福尼亚州立大学系统的信息能力计划、纽约州立大学的信息素养开创性计划、华盛顿大学的 Uwired 项目等。美国 ALA 报告的发表及美国高校关于信息素养教育项目计划的研究和实施，为美国大学和研究图书馆协会制定和颁布美国高等教育信息素养标准奠定了良好的基础。

　　1998 年，美国学校图书馆员协会和美国教育传播与技术协会出版了 K-12 学生信息素养标准，从信息素养、独立学习和社会责任三个方面共同制定了"学生学习之九个信息素养标准"，其主要内容如下：能够有效和高效地获取信息；能够熟练地、批判性地评价信息；能够精确地、创造性地使用信息；能探求与个人兴趣有关的信息；能欣赏作品和其他对信息进行创造性表达的内容；能在信息查询和知识创新中做得最好；能认识信息对民主化社会的重要性；能履行与信息和信息技术相关的符合伦理道德的行为规范；能积极参与活动来探求和创建信息（何高大，2002）。

　　美国除了高校关注大学生信息素养评价的研究外，许多地区性的信息素养标准在美国的信息素养教育发展中也起着重要的作用。比如，美国的阿拉加斯州、威斯康星州、科罗拉多州等都制定了中小学生或大学生的信息素养标准。美国科罗拉多州信息素养标准是在国家标准《学生学习的信息素养标准》的基础上，专门针对科罗拉多州的教育需要而制定的。科罗拉多州信息素养标准清楚简明地陈述了学生必须达到信息素养的要求。标准采用了美国学校图书馆员协会的国家标准中的九个标准类目，提供相应的指标和说明，同时列出了每个标准类目与"科罗拉多州 K-12 学术标准"的结合，包括公民学、经济、外语、地理、历史、数学、科学、音乐、体育、阅读与写作、科学、视觉艺术等课程标准中应该与信息素养培养相结合的内容，体现了信息素养教育与各学科教育过程融合的特点（张静波，2007）。

　　国外关于信息素养评价标准的研究起步较早，已经形成了比较成熟的通用信息素养评价标准，美国、澳大利亚、英国、加拿大、德国、瑞典等国均拟定了自己国家的信息素养能力标准，并在不少学校的信息素养教育和评价活动中得以应用（马艳霞，2010）。

5.1.2　关于信息素养评价的相关理论

（1）信息素养评价的含义

　　评价是指按预定的目的，确定研究对象的属性（指标），并将这种属性变为客观定量的计值或主观效用和行为。评价包括指标体系和评价方法两个要素。指标是指描述评价对象功能的量，随着人们对世界认识的不断深化，描述评价对象功能的指标往往不止一个，而是若干个，它们一起构成一个多指标系统。评价方法即对多指标系统中的不同对象无法直接比较其优劣，必须借助某种评价方法将多指标系统转化成单指标系统，再进行对比（秦寿康等，2003）。评价是人类有意识活动的一个表征，其实质在于促使人类活动日趋完善，是人类行为自觉性与反思性的反映（钟启泉等，2000）。具体来说，评价是依照一定的标准对客观事物进行观察并做出价值判断的过程。

结合"信息素养"和"评价"的含义，对信息素养评价可以做出这样的界定：信息素养评价是依据一定的目的和标准，采用科学的态度与方法对个人或组织进行综合信息能力的考察过程。信息素养评价研究是信息素养理论研究深化发展的必然方向，也是信息素养理论研究成果具体化并应用于教育实践的必经途径，是从理论研究通往信息素养培养和教育实践的桥梁。信息素养评价作为信息素养研究重要组成部分，一直是研究者关注的焦点问题，信息素养评价研究可以概括为两个方面：理论层面上表现为信息素养评价标准的研究，实践领域表现为信息素养评价实践的开展（肖青书等，2008）。

信息素养评价从根本上来说是一种目标指向性评价，它通常使用某种评价指标体系进行比较判断。此外，使用评价指标体系进行课程评价得到的信息易于用现代信息技术分析处理，做出客观而迅速的判断，提高评价的可信性与评价分析的效率。信息素养评价的关键在于确定收集有关学生在信息素养方面的数据的方法与过程以及如何根据这些数据做出对他们信息素养水平的判断。

（2）信息素养评价标准的界定

信息素养评价研究大体分为两个类型的研究：一是评价标准的研究；二是评价的实践活动研究。信息素养评价标准是信息素养评价的依据，是对信息素养能力和水平高低进行评价时规定的指标及其要达到的要求，它一般采用具体的指标体系体现（张必兰等，2015）。评价标准是评价主体开展评价工作的依据，评价必须有标准，如何确定标准、确定什么样的标准决定了评价结果是否科学。符合实际信息素养评价标准是对信息素养能力和水平进行评价时所规定的指标及其要达到的要求，它表现为具体的目标或目标体系（肖青书等，2008）。信息素养评价标准是信息素养评价的依据，有了科学的信息素养评价标准，才能准确地判断大学生的信息素养程度与水平（陆敏等，2008）。可见，信息素养评价标准是准确评价个体或组织信息素养水平的标尺，是事关评价结果是否科学、切合实际的关键。

　　处于数字化环境下的信息时代，信息的收集、处理及应用已成为构成国家综合实力的一部分。作为信息时代的大学生，信息素养是其生存发展的基本技能。在强调素质教育的今天，评价是教育活动中一个重要组成部分。大学生信息素养的评价就是对大学生信息素养的教学或培养过程中的自觉性与反思性的反映。信息素养评价标准可以用来衡量个体信息素养达到的水平、个体之间信息素养的差异（孙素华，2007）。在信息素养评价实践方面，研究多集中在评价指标或体系的制订、评价模型的构建、评价方法的选择、评价结果的比较及改进措施等方面。

（3）信息素养评价的内容

　　刘丽（2009）认为，高校的信息素养评价内容包括方式评价和学生成果评价。目前，高校图书馆信息素养教育的方式主要有文献检索课、新生培训、讲座、课件、读者手册等，方式评价就是评价上述这些教育方式是否实现了信息素养教育预期的目标。学生成果评价是评价通过信息素养教育学生获得的知识、技能及学生对具有信息素养重要性的认识。由于有效的教育方式才能带来学生知识、技能、态度的改变，所以这两个评价内容不是孤立存在，而是相互融合的，学生成果评价提供了方式评价必需的信息。具体来说，信息素养评价作为一种能力评价，可划分为四个层次进行。

　　第一层次是满意度评价。在某种方式的信息素质教育结束后，了解学生对教育方式、授课内容、学习材料、授课图书馆员的看法与意见。需要指出的是，学生对某种信息素养教育方式的满意度很高，只说明这种方式激发了学生的兴趣，并不证明学生从中一定获得了图书馆员期望他们获得的知识与技能。

　　第二层次是通用信息素养能力评价，评价学生具有的通用信息素养能力。信息素养是一种综合能力，大学生在毕业时应具有的信息素养能力可被划分为通用信息素养能力与基于学科的信息素养能力。通用信息素养能力适用任何学科与日常生活，是持久的、可在不同学科之间进行转移的识别、检索、评价、利用信息的能力。

　　第三层次是基于学科的信息素养能力评价，评价学生具有的基于学科的信息素养能力。基于学科的信息素养能力适用于学生所在学科的专门的信息素养能力，包括用户能够了解本学科信息的类别与类型，了解本学科常用的信息源与检索策略，能够对本学科文献的内容做出有效的评价，能够对本学科文献中举出的证据、例子的有效性做出判断，等等。

　　第四层次是反馈评价，在学生毕业并工作一段时间后进行。了解学生所掌握的信息素养能力是否足够应对就业市场上的竞争与日常工作，是否有助于取得事业上的成功。

一般来说，高校的信息素养评价更多的是学生成果评价，明确学生信息素养的内涵可为高校制定学生信息素养评价标准提供依据。鉴于大学生的培养目标，他们应具备较高层次的专业信息素养，以支持独立学习和创新思维的能力。具体来说，其信息素养的内涵包括信息意识、信息能力和信息道德三方面的内容。信息能力是信息素养的核心和基本内容；信息意识是信息能力的基础和前提，并渗透于信息能力的全过程，只有具备强烈的信息意识才能推动信息能力的提高；信息道德是信息能力的提炼和升华，是信息素养的理性表现（张东等，2007）。

（4）信息素养评价方法

张秀峰（2011）结合研究生信息素养评价标准的研究，认为信息素养评价可以考虑考试评价、网络化调查及答辩三种方法，是不无道理的。具体来说，此三种方法的内容如下：

第一，考试评价法。考试评价法是高校进行信息素养评价的主要手段。在国外，信息课程考试、社会信息技能考试、资格认证考试及各类培训考试是主要形式。特别是运作模式、考查方式及试题设计策略值得我们借鉴。在运作模式上，美国由教育考试中心和一些大学协作开发了针对高等教育的信息与通信技术素养评估考试。各学校或培训机构可根据自己的需要在美国教育考试中心订购考试。在考查方式上，美国的信息与通信技术素养评估考试直接以 WEB 交互方式展开总结性评价，在完成模拟的情境任务过程中测量应试者的操作技能和认知技能。在试题设计上，美国信息与通信技术素养评估考试的试题多为某一具体情境下所产生的问题，系统根据每个任务的不同得分点自动计分，并提供成绩报告。国内在信息检索课程测试中通常采用的是散点式覆盖方式，侧重知识技能的考查，忽略了思考与解决问题的过程与方法，缺乏解决实际问题的综合测试。

第二，网络化调查。网络化调查问卷是对大样本信息素养调查的主要形式，便于让更多的研究生参与评价，并在更轻松和自由的环境下做出判断，获取的评价数据更准确。随着网络化建设在各高校的长足发展，目前高校的校园网及其连接的教育网或互联网足以支持网络化信息素养能力的调查。

第三，答辩法。答辩法是对重点评价对象进行评价的方法，具有实时性和交互性的独特优势，能真实地考查出被评价对象的信息素养能力。答辩法除了要求被评价对象具有良好的信息素养能力外，还要求其具备良好的心理素质、应变能力和语言表达能力，评价气氛也有挑战性，适宜对研究生这一高层次人群的信息素养评价。

5.1.3 大学生信息素养评价研究的意义

新媒体联盟地平线项目系列报告已经成为国际教育信息化的风向标，自 2011 年发布以来对我国教育界产生了很大影响。该系列报告的主要目的在于预测和描述全球范围内会对教育规划和决策产生重大影响的新兴信息技术。2017 年高等教育版《新媒体联盟地平线报告》由美国新媒体联盟（New Media Consortium，NMC）与美国高校教育信息化协会学习促进会（EDUCAUSE Learning Initiative，ELI）共同发布。报告采用德尔菲法，来自 5 大洲 22 个国家的 78 位专家参与了多轮主题投票和圆桌研讨，选择了最有可能影响今后五年（2017—2021）技术规划和决策制定的六项主要趋势，最终形成了现有的报告框架和内容。报告分为六个主题：① 增加学习机会和学习便捷性。人们希望能够随处可以学习和工作，并不断地获取学习资料。实时联网设备的出现，为随时随地学习提供了更大的灵活性。② 激励创新。如果教育被视为推动全球经济的工具，那么它必须像北极星一样引领社会进入下一个大事件，启发新的思想，以解决当前紧迫的挑战，创造机会，塑造美好未来。③ 促进真实的学习。无论是基于项目的学习、基于挑战的学习，还是基于能力的学习，这些教学法上的发展为学生创造了更丰富、更有操作性、更接近真实世界的体验。④ 跟踪和评估证据。高等教育领域越来越重视基于证据的实践，信息技术的发展为此提供了足够的可能，打破数据孤岛，拥抱共享文化，同时坚持道德和隐私标准是数据利用的最重要原则。⑤ 促进教学专业化。教学是教育变革的核心推动力，教师的角色正在发生改变，从"讲台上的圣人"转变成了"身边的向导"。高等教育机构要激励教师开展教学创新，参与持续的专业发展。⑥ 普及数字化素养。当代职场需要精通数字技术的员工，仅仅了解如何使用设备或软件是不够的，必须能够在工具和预期成果之间建立联系，以创新的方式利用技术。报告既面对现实，又不乏前瞻性，从其预测和描述全球范围内会对教育规划和决策产生重大影响的新兴信息技术的情形看，几乎都与人们的信息素养相关。

21 世纪，人们在事业上成功的关键是有强烈的信息意识，具有良好的信息道德，有能力能够更快地接受和分析信息，快速找到有用的信息，进行科学的评价，并有效利用信息，针对全球信息做出决策，从而实现信息的创造与创新。在新的信息社会，信息素养成了信息时代人们除了读、写、算以外的另一种基本技能。

个人的信息素养应该达到什么要求，大学的信息素养教育是否有效，是需要一定的标准进行评估和衡量的。目前，大学生的信息素养评价研究受到了越来越多国家的重视，美国等发达国家还根据本国的国情制定了相应的信息素养评价标准。信息素养评价标准不但是评价个人信息素养能力、指导高校信息素养教育实践的指南，还为在信息社会探讨信息素养提供了一个框架，具有重要的参考价值和宏观的指导意义。大学生是青年中一个特殊年龄阶段的知识分子群体，是国家的未来，担负着建设国家的重任。大学生的信息素养是其素质的重要组成部分，直接影响着国家和民族的未来。大学生信息素养培养及评价是时代发展的需要，是教育信息化发展的需要，是国家高层次人才培养的需要。

大学是高层次人才培养的重要场所之一，而信息素养已经成为当代大学生素质教育的重要组成部分。想切实有效地提高大学生的信息素养水平，必须了解大学生的信息素养现状，而要了解大学生的信息素养现状必须先建立可靠、可行的信息素养评价体系。因此，对大学生的信息素养评价体系进行具体研究具有重要意义。

第一，大学生信息素养评价指标体系的构建是社会信息化发展的需要。为了迎接并适应信息社会，世界正式或非正式组织以及美国、英国、澳大利亚等国家都采取了提高信息素养的多种措施，得到了本组织、本国及其他国家的研究与推广。在联合国教科文组织（UNESCO）的资助下，在美国全国图书馆和信息科学委员会（NCLIS）与国家信息素养论坛（NFIL）组织下，国际信息素养专家会议于2003年9月在捷克共和国召开，会议发表了题为《迎接有信息素养的社会》的"布拉格宣言"。该宣言认为，信息素养包括人对信息重要性和需要的知识以及为解决面临的问题确定、查询、评价、组织和有效生产适用于交流信息的能力，立足有效进入信息社会的前提条件，是终身学习的一部分。政府应当制订强有力的跨学科的计划，促进全国范围信息素养的提高，通过养成有信息素养的公民，形成有效的文明社会、有能力的工作团队，作为缩小数字鸿沟的一个必要步骤。信息浪潮席卷全球，标志着信息时代、知识经济社会的到来，信息化环境逐渐改变着人类的生活方式、生存方式、学习方式、交流方式，信息化已渗透到世界的各个角落，包括政治、经济、军事、科技、教育、艺术等各个方面，我们已无法逃避信息化，只有迎头赶上，与世界各国一起驾驶着信息技术这条大船，畅游在信息的海洋，共同推动社会的进步、历史的发展（孙素华，2007）。

第二，大学生信息素养评价指标体系的构建是高等教育发展的客观需要。在信息时代，站在科技前沿的大学生享受着日新月异的大量信息带来的便利，大学生基本都具备初级的信息技能，同时现代社会给予了大学生非常自由和宽松的信息环境。如果不注重大学生的信息素养培养和教育，一些大学生难免在搜索、筛选、使用和评价信息上有一定困扰，同时会接受一些不良信息侵蚀和面临信息超载的困惑。大学生本身的判断能力和自律能力有限，通过大学生信息素养评价指标检测，学校可以有针对性地帮助学生提高信息素养水平，正确地引导学生的网上行为，规范校园信息道德，使学生避免在杂乱的信息海洋中迷失方向。大学生信息素养评价指标体系的建立有助于培养大学生的信息素养，提高大学生的基本技能。通过建立信息素养评价指标体系，大学生可以对自身信息素养水平进行评价和评估，并根据评价体系有针对性、有意识地提高自身信息素养。

第三，大学生信息素养评价指标体系的构建是当代大学生自身发展的需要。大学生信息素养评价指标体系的研究是一个复杂的系统工程，需要用整体的观念和系统的思维，采取多层次、多元化的分析方法探索大学生信息素养的评价方式和标准，同时需要借鉴国内外研究理论，结合中国实际情况，通过多种科学的调查研究方法开展调查实践工作，采用大量的统计与分析方法，整体把握中国大学生的信息素养现状，从而有效提高大学生信息素养水平。与大学生信息素养评价指标体系相适应，合理的模式能有效地支持标准的实施。从根本上讲，信息素养模式是一种提高个人信息素养的培养模式，是个人在信息活动中应该遵循的程序，模式的不同环节或层级与信息素养标准相对应，代表了个人信息素养能力的高低。与标准相比，信息素养模式更具有普遍性和操作性，它为信息素养实施过程及评价体系的实践提供了客观指导。信息素养的实现是在信息素养标准和模式的指导基础上，在具体的操作层次上进行实践，提供提高个人信息素养、检验信息素养模式可行性的方案（张晓娟，2009）。

5.2 国外大学生信息素养评价研究的现状

信息素养评价标准是衡量信息的主体，即检索、评价和利用信息的人是否达到特定的要求，它是保证信息素养教育质量的前提和关键因素。美国、英国、澳大利亚等国家对信息素养标准的研究起步较早，已取得一些有价值的研究成果。这些成果成为学校实施信息素养教育的指南和评价人才综合素养的重要指标和依据，对信息素养教育的研究也起着很强的指导作用。这里，不妨介绍几个国家的大学生信息素养评价标准。

5.2.1 ACRL 的《高等教育信息素养能力标准》

2000 年 1 月，由美国大学与研究图书馆协会（Association of College and Research Libraries，ACRL）颁布的《高等教育信息素养能力标准》(*Information Literacy Competency Standards for Higher Education*)，该体系由 5 个一级指标（标准）、22 个二级指标（执行指标）和 86 个具体的三级指标构成，规定了学生应具备的一系列信息素养。它是目前已有的信息素养评价标准中影响较大的一种，是美国所有高校图书馆进行信息素养教育和评价的指导标准体系，也是目前被接受并使用较为广泛的标准，（何高大，2002）。

标准一：能决定所需要的信息种类和程度。包括能选定并连通所需要的信息；能确认各种不同类型和格式的潜在的信息源；能考虑获取所需要信息的成本和利益；能重新评价信息需要的特点和信息需要的扩充。

标准二：能有效而又高效地获取所需要的信息。包括能选用最适当的探究方法或检索系统获取所需要的信息；能建构和完善有效的搜索策略；能运用各种方法检索在线信息或个人信息；必要时能优化搜索策略；能写出摘要、记录和管理信息及其来源。

标准三：能评判性地评价信息及其来源，并能把所遴选出的信息与原有的知识背景和评价系统结合起来。包括能从所收集的信息中概括出中心思想；能连通并运用原始的标准评价信息及其来源；能综合要点建立新概念；能对新旧知识进行对比，确认所增加的价值、矛盾性或其他别具一格的信息特点；能够通过与他人或某一领域的专家、实践者对话，验证对信息的理解和解读；能确定最初的疑问应该如何修改。

标准四：无论个体还是团体的一员，能有效地利用信息达到某一特定的目的。包括能用新旧知识创造新的计划、新的作品和表现形式；能修改发展程序，以满足作品或表现形式的需要；能把作品或表现形式与他人有效地交流。

标准五：懂得有关信息技术的使用所产生的经济、法律和社会问题，并能在获取和使用信息中遵守公德和法律。包括懂得与信息和信息技术有关的道德、法律、社会、经济问题；遵守法律、规章、团体制度和有关获取、使用信息资源的礼貌规范与网络行为规范；能在交流作品或表现形式中使用信息来源。

ACRL 提出的《高等教育信息素养能力标准》有着独特的重要性，它拓展了美国学校图书馆协会工作组的信息素养标准，立足于信息需求、信息获取、信息评价、信息利用和信息道德五个方面列出若干评价细则和学生应具备的能力，较为全面地概括出了高校学生应具备的基本信息素养。

通过分析可以发现,该标准主要是从整个信息行为的完整过程出发,从信息需求开始,实际上关注了学生的信息意识,侧重对学生信息能力的考察,如第二、第三、第四条标准(信息获取、信息评价、信息利用)都是信息能力方面的考察,也涉及信息道德方面(最后一条标准)。但是,从信息素养的内涵可以看到,信息素养包括信息意识、信息能力、信息道德等各个方面。因此,这一标准考虑得比较细致、全面。

5.2.2 澳大利亚和新西兰信息素养标准

2000 年 10 月 27 日至 28 日的堪培拉会议通过了澳大利亚大学图书馆员协会(Council of Australian University Librarians,CAUL)的《信息素养标准》,该标准主要应用于高等教育中,也可适用其他层次的教育。2001 年,澳大利亚和新西兰制定了信息素养标准《澳大利亚和新西兰信息素养标准体系:原理、标准、实践》,并于 2004 年修订了第二版《澳大利亚和新西兰信息素养评价框架》。2004 年所作修订提出了信息素养由六条标准组成(吴正荆等,2006)。

标准一:能确认对信息的需求并能确定所需信息的性质和范围。包括限定和解释信息需求,了解各种信息源的用途、范围和适用性,对信息需求的性质和范围进行再评价,利用多种信息源做出决策。

标准二:能有效而又经济地发现所需信息。包括选择最恰当的工具发现信息,制订和实施有效的检索策略,利用恰当的方法获得信息,不断更新信息源、信息技术、信息存取工具和检索方法。

标准三:能判断性地评估信息和信息搜寻过程。包括评估所获得信息的有用性和相关性,比较从各种信息源中获取的信息,评估其可靠性、有效性、准确性、权威性、及时性和观点的公正性,了解信息在创造过程中文化、物理或其他因素的影响,理解知识背景对解释信息的影响,承认和了解自己的偏见和文化背景,评估信息搜寻过程并对检索策略做必要的修改。

标准四:能管理所收集或产生的信息。包括记录所需信息和所有相关的引用信息,以书目形式编辑参考文献,系统地组织和管理所获得的信息。

标准五:运用重要的新信息构建新概念或做出新解释。

标准六:能在理解与信息利用有关的文化、伦理、经济、法律和社会问题的基础上利用信息。

ACRL 的标准三包含信息评价和信息创新两方面内容,而澳大利亚和新西兰高等教育信息素养标准将信息评价和信息创新分为两个指标进行表述，即标准三和标准五。

5.2.3 英国的大学生信息素养标准

英国十分重视图书馆在高校信息素养教育中的地位。为此，英国国家与大学图书馆协会（Society of College, National and University Libraries，SCONUL）从 1997 年起着手研究，1999 年发布了指导文件《高等教育信息技能：SCONUL 意见书》，当时文中使用的是"信息技能"一词，提出了"七项重要技能"，阐述了其重要性并绘制出模型，即英国高校信息素养标准模型（1）（图 5-1），这就是英国最初的大学生信息素养标准（杨鹤林，2013）。

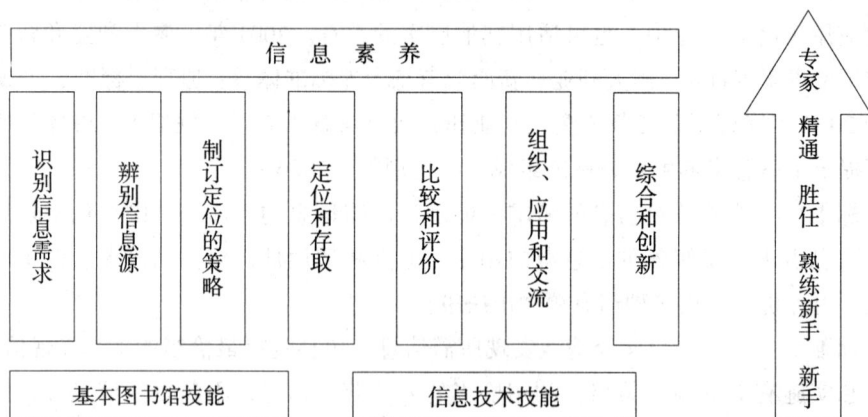

图 5-1 英国高校信息素养标准模型（1）

2004 年，英国国家与大学图书馆协会（SCONUL）对这套标准进行了改善，即熟知的信息素养七柱模型，此后其在高校中的应用逐渐增多。随着理论和实践的发展及网络的不断普及，SCONUL 意识到当前已是一个非常不同的信息世界，从而再度于 2011 年 4 月推出新标准，更新了模型，即英国高校信息素养标准模型（2）（图 5-2），以更准确地体现新时代背景下信息素养的内涵及标准（杨鹤林，2013）。从结构、内容及诠释方式等方面对 SCONUL 的新旧模型比较不难发现，新模型的更新具有以下指导意义：一是从多角度说明了对高校学生信息素养的培养要求；二是表明了在当今信息时代的大环境下，信息的来源越来越多样化；三是说明信息素养的培养应该是一个动态过程；四是知识管理应该为交流和创新服务（李婷婷等，2014）。

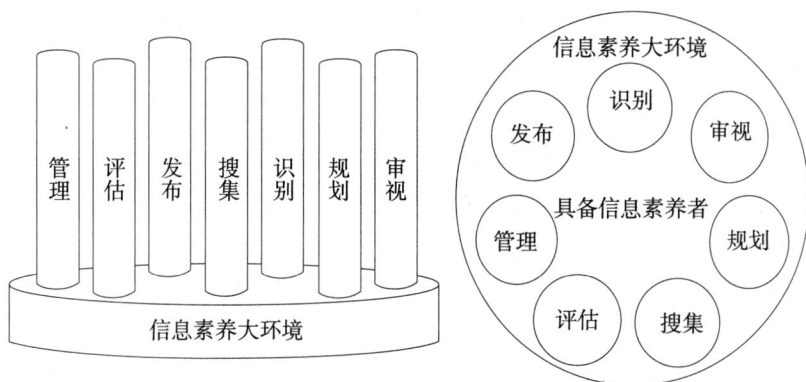

图 5-2 英国高校信息素养标准模型（2）

这里的识别（identify）是信息素养至关重要的第一步，要求大学生能意识到信息需求并将其识别出来（包括信息的定位、深度、广度等）；审视（scope）要求大学生能明确自身现有信息及差距；规划（plan）要求大学生可以制订查找信息和数据的策略；搜集（gather）要求大学生能找到并使用所需的信息和数据；评估（evaluate）要求大学生能反思研究过程，对信息和数据进行对比和评估；管理（manage）要求大学生能合情合法地娴熟运用信息；发布（present）要求大学生能通过确定、选择、对比和分析实现对信息的综合和创新，提出新观点或创建新知识，发布自己的科研成果并通过多种途径传播出去。但英国 SCONUL 的标准中没有信息道德方面的评价指标。

5.2.4 日本的《高等教育信息素养标准》

日本是世界上非常重视高等教育信息素养标准的国家，相关研究受到了极大的关注。1998 年，日本图书馆协会出版了《图书馆利用教育准则》，关于对高校图书馆信息用户的教育，日本图书馆协会（JLA）曾以图书馆的类型为标准，发表了"大学图书馆版""学校图书馆（高等学校）版""公共图书馆版"与"专业图书馆版"四本册子，其中关于高校图书馆信息用户教育的"大学图书馆版"与"学校图书馆（高等学校）版"于 1998 年正式发行，基本上日本的高校图书馆信息用户教育都以此为基准（孔兰兰等，2010）。

2000 年以后，包括信息素养等课程在内的信息相关课程成为所有大学的必修课程。同一时期，美国大学与研究图书馆协会（ACRL）发布了《高等教育信息素养能力标准》，得到了美国高等教育研究协会及美国独立大学理事会（CIC）的认可和签署。日本各个高校在参照上述美国标准的基础上，结合实际制定了各自的信息素养能力标准，开展信息素养教育，为日本高等教育信息素养标准的制定积累了丰富的经验（梁正华等，2015）。

近年来，日本在信息素养教育研究方面与实践相结合，其动向可以概括为四个方面：评论研究；实施和公布调查现状的情况；整理和总结实践报告和考察情况；从学术的角度进行理论的分析和讨论。但是，由于在实践方面缺乏指导性的方法、在政策方面缺乏检验标准等，迫切需要图书馆界尽快制订科学合理的指导意见，促使日本高等教育信息素养标准的出台。

2014年7月，日本国立大学图书馆协会和教育学习支援检讨特别委员会联合公布了日本的《高等教育信息素养标准》，该标准具体包括高等教育中信息素养应该掌握的知识、技能及实践过程。同时，从学生、教师、大学经营者和图书馆员的角度对适用该标准又分别做出了规定。为配合该标准的具体实施，上述机构还制订了"高等教育的利用体系表"，在该表中，根据学生信息素养基础的不同又分为初级、中级和高级三个层次，对各层次提出了不同的要求。针对学生，该标准规定了本科生和研究生应该掌握的信息素养能力和技能，可作为信息收集、论文的写作及发表过程环节中的评判标准。接受信息素养培训的人通过以下过程进行信息的探索（梁正华等，2015）。

第一阶段：认识信息需求和所面临的课题。能够明确认识信息需求，对所需要的信息范围进行具体的确定。具体标准如下：正确认识自己所面临的课题；认识课题所必要的信息；认识当时所具有的信息。

第二阶段：计划对所需要的信息进行合适的、有效的探索。对所需要的信息从经济、法律、道德规范的角度出发，并且制订有效地进行探索的计划。具体标准如下：理解信息如何生成、如何传播；理解能够得到的信息种类和特征；理解获取信息的方法以及能够得到的服务；理解查找信息时符合法律、道德规范以及经济的合理性。

第三阶段：准确、有效地获取信息。能够利用所掌握的获取信息的手段，准确、有效地获取所需要的信息。具体标准如下：有效地利用图书馆以及所提供的服务；根据信息的种类，采用恰当的访问方法和检索工具获取信息；掌握获取信息的必要的检索技能；正确理解信息，选择所需要的信息。

第四阶段：对所收集的信息进行评价、分析、整理和组织。能够评价和分析所需要的信息，使用恰当的工具处理和组织信息。具体标准如下：从可靠性、关联性、正确性等角度出发评价和分析所收集的信息和数据；能够对所获取的信息进行有效的整理、组织表述和利用。

第五阶段：知识体系的重新构建。对所需要的信息能够批判性地整合到自身的知识体系当中，重新构建知识体系。具体标准如下：对所获取的新信息批判性地整合到自身的知识体系当中；整合新的信息，重新构建自身的知识体系。

第六阶段：对所获取的信息进行创造性的运用和发布。能够对所获取的信息在符合法律、道德规范的前提下进行有效且创造性的利用、发布和交流。具体标准如下：掌握在利用信息时有关法律和道德规范的知识；理解发布信息的对象以及交流对象；掌握发布信息的技能。

5.2.5 ACRL 的《高等教育信息素养框架》

美国大学与研究图书馆协会（ACRL）在 2000 年颁布的美国《高等教育信息素养能力标准》不仅影响了整个美国的信息素养教育，而且被译成多国语言，影响了多个国家信息素养标准的制定和实施。但随着时代的变革，2011 年后，美国大学与研究图书馆协会（ACRL）又成立了工作组讨论是否继续沿用该标准体系；2013 年，工作组正式开始新的信息素养标准修订工作。2015 年，ACRL 正式颁布了全新修订的《高等教育信息素养框架》，如表 5-1 所示（彭立伟，2015）。

表 5-1　美国高等教育信息素养框架

阈值	知识实践	意　向
权威是建构的和语境化的	①判断权威的不同类型（如学科知识、社会地位、特殊经验） ②使用工具和标示判断来源的可信性，了解影响公信力的因素 ③了解有学者会挑战当前权威 ④承认权威的内容可能是非正式的，包括各种媒体类型 ⑤承认自己可能正成为某一领域的权威，能认识到由此需要承担的责任，力求准确性、诚实，尊重知识产权 ⑥了解信息生态系统日趋社会化的趋势	①对冲突的观点保持开放心态 ②激励自己找到权威的来源 ③意识到自己的偏见、世界观对权威的影响和怀疑精神的重要性 ④质疑传统的权威观念 ⑤意识到保持这些态度和行为需要不断地自我反思与评价

阈值	知识实践	意　向
信息创建是过程性的	①有效表达不同信息创建过程的优势及其局限性 ②评估信息产品的创造过程和特定的信息需求之间是否契合 ③能区分新旧信息创建过程和传播模式之间的不同 ④承认由于包装格式不同，对同一信息可能具有不同的认知 ⑤识别包含静态或动态信息的格式的潜在价值 ⑥测定不同语境、不同格式类型的信息产品的价值 ⑦具备向新的信息产品转换的知识和能力 ⑧了解自我选择将影响信息被使用的目的以及所传达的信息	①寻找提示创建过程的产品标记 ②判断产品创建过程的价值 ③承认知识的创造是通过各种格式或方式的交流进行的 ④接受以新兴格式创建的信息的模糊性 ⑤反对将格式与创建过程混为一谈 ⑥理解不同用途的信息具有不同的传播方式
信息具有价值	①通过适当的归因和引用称赞他人的原创成果 ②了解知识产权是由法律和社会建构的 ③能区分著作权、合理使用、开放存取的不同目的和特点 ④理解某些信息生产和传播者如何和为什么会被边缘化 ⑤了解信息及其交流的商品化对信息获取、产生与传播的影响 ⑥充分理解隐私和个人信息商品化的相关问题并做出明智选择	①尊重其他人的原始思想 ②尊重知识产生过程中所需要的技能、时间和努力 ③将自己视为信息市场的贡献者而非仅仅是消费者 ④乐于审视自己的信息权限
研究即探究	①根据信息鸿沟提出研究问题，审视现存的可能矛盾的信息 ②确定适当的调查范围 ③通过将复杂问题简单化进行研究 ④根据需要、环境和探究问题的类型，运用多种研究方法 ⑤管理收集的信息，评估差距或不足 ⑥以有意义的方式组织信息 ⑦综合从多个来源收集的观点 ⑧根据对信息的分析和解释做出合理的结论	①将研究视作开放式的探索和参与 ②欣赏革命性的简单问题 ③注重好奇心的价值 ④保持谦虚 ⑤拥抱研究的"混乱" ⑥保持开放的心态和批判的立场 ⑦尊重持久性、适应性、灵活性

阈值	知识实践	意　向
学术即交流	①在信息生产中对做出贡献的他人成果进行引用 ②在适当的层次上为学术交流做出贡献 ③识别通过各种途径进入学术交流的障碍 ④批判性地评价他人在参与环境下做出的贡献 ⑤能识别学科知识中的主要资源	①认识到经常处于学术交流过程中 ②找出本领域内正在进行的交流 ③将自己视为学术研究过程中的贡献者而不仅仅是消费者 ④认识到学术交流发生于各种场所
检索即策略性探索	①决定能满足信息需求的初始范围 ②识别可能产生某一主题或影响信息获取的兴趣团体 ③正确地利用发散性思维和收敛性思维进行检索 ④利用与信息需求和检索策略相匹配的合适的检索工具 ⑤根据检索结果，细化需求，设计检索策略 ⑥理解信息系统是如何组织的 ⑦正确运用不同的检索语言（如受控词汇、关键词、自然语言） ⑧有效地管理检索过程和结果	①展示思维的灵活性和创造性 ②理解首次检索结果可能有所不足 ③寻求专家指导（馆员、教授等） ④认识到信息搜集中的浏览和其他偶然方法的价值 ⑤面对搜索的挑战，知道何时拥有足够的信息，完成任务

ACRL 正式颁布的全新修订的《高等教育信息素养框架》表明，高等教育信息素养框架有六大种，每一种框架包含阈值（Threshold Concept，或译"临界概念"）及其阐释、知识实践、意向三大要素。阈值部分侧重探索信息素养教育领域的核心临界概念；知识实践部分强调有助于掌握这些临界概念的行为方式及其理解；意向部分侧重其中的态度和情感。

2015 年 1 月，《高等教育信息素养框架》正式颁布，这是美国高等教育界和图书情报界在信息素养教育领域的又一里程碑。其问世预示着传统信息素养教育的转型，Web 2.0 时代的信息素养强调批判性思维和交互协同能力，重点关注信息素养教育中学习者在情感和元认知（metacognition）方面的变化，培养能自主适应瞬息变幻的信息社会环境的学习者。

从上述国外高校信息素养评价标准的分析中不难看出，国外高校信息素养评价标准有如下发展特点或趋势。

第一，高校信息素养评价标准在各个时期、不同国家存在着相同的核心内容。这些核心内容涉及信息需求、信息源、搜索策略、信息利用与经济、法律和社会因素。上述内容在未来也将继续成为高校信息素养评价标准的核心。

第二，在高校信息素养评价标准的发展过程中，信息成本收益、专题的研究方法、信息的组织、信息评价、知识创造、信息理解与吸收等内容被陆续引入，对这些内容的研究是值得关注的。

第三，随着时间的推移和高校信息素养标准层次的提高，信息素养所包含的维度与所涉及的内容在不断丰富。信息意识、信息交流、终身学习这样普遍较少涉及或具有特色的维度逐渐被引入高校信息素养评价标准中（赖茂生等，2009）。

目前，国内学者对信息素养内容体系的认识大多倾向于参考和借鉴国外的大学生信息素养评价标准来研究我国大学生的信息素养评价标准。当然，需要补充有关信息意识方面较详细的评价指标，信息能力和信息道德方面的评价指标也应与我国国情相结合。

5.3 国内大学生信息素养评价的研究

虽然我国于20世纪90年代后期开始了这方面的研究工作，但系统、科学的研究和实践非常有限，多数建立在对国外相应标准的修改和补充上。我国信息素养评价标准的研究还在探索阶段，尚未形成完善的信息素养教育体系，国家层面的信息素养评价标准很少，权威性的学会和社会组织提供的信息素养评价标准也较少，虽然大部分评价标准在相关专家和学者的研究成果中有所体现，但只有部分高校或专家学者对此进行研究。另外，由于某些原因，我国高校一直没有形成一套得到公认并可以推广的信息素养评价标准和相应体系（顾浩，2011）。到目前为止，仍然没有一个适合我国国情的高等教育方面关于大学生信息素养评价标准的正式文件，还没有统一的大学生信息素养评价标准，因此有必要对此进行具体分析和探讨。

5.3.1 国内学者关于大学生信息素养评价的探讨

由于信息素养研究起步晚，我国对信息素养评价标准的研究还处在部分专业人员和学者的个人研究阶段（肖青书等，2008）。和国外相比，国内对信息素养标准的研究不多。从搜索的结果看，论述有关信息素养标准的文献除了在一部分信息素养教育方面的文章中有所论及外，与之密切相关的文献并不多，其内容主要是基于对国外信息素养标准成果的评价、借鉴及整合（马俊锋，2007）。

具体来说，20世纪90年代已有学者进行了这方面的探讨。不过早期关于大学生信息素养评价标准的探讨主要是一些研究信息素养教育方面的文献，专门系统探讨关于大学生信息素养评价标准的文献极为少见。譬如，孙骏强（1996）从信息教育的角度将信息素养的基本内容表述为信息意识，信息理论，信息利用方法，信息捕捉、筛选和利用能力。周俊和庞志雄（1997）将信息素养表述为信息能力，而信息能力的概念主要包含了11个方面的内容：能充分利用新的信息技术帮助处理所需的信息；有敏锐的信息意识；具有了解和评估信息等方面的更有条理的、具有批评性思考的技能；把图书馆当作信息的主要来源，但不是唯一的信息源；完整的信息素养只具有图书馆技能或只具有计算机技能都是不够的；用户教育计划应改变其范例以容纳信息素养所需的全方位的技能；信息素养应被看作综合能力领域中的一种延伸；信息素养是一位积极向上、具有责任感的用户所具备的必要条件；要让用户掌握成为一个独立学习者的终身技能；信息素养的教学应由图书馆界和教育界共同进行；知道何时有信息需求，能鉴别所需的信息以解决问题，能查找所需的信息，能评估已找到的信息，能组织信息，能有效地利用信息解决问题等。王景珍（1998）认为，对于学校来说，应通过全面而深化的用户教育使学生用户在毕业时便具备基本的信息素养而成为独立的自学者。其信息素养教育目标可细分为：对信息的关注度；能够研究和判别可供选择的信息及观点的优劣、可行性；能够选择各种信息源，有熟练使用各种信息工具以获取信息的能力；能对某一课题找到相应的信息进行综述及综观其现状和发展趋势；发挥主动性和独立性。郑建明等（1999）探讨了大学生信息素养教育应达到的水准，即培养规格，认为培养规格是对培养目标的体现，是大学生接受信息素质教育之后在知识、能力方面应达到的基本要求。它主要包括具有良好的信息意识和观念；掌握较丰富的信息学、文献学等基础知识与基本技能，了解信息学、文献学的相关学科知识，这是根据信息学科的知识要求提出的；具备较强的信息应用能力及其评价、鉴定能力，具备较娴熟的应用信息处理专业问题的能力；具备良好的个性心理特征，尤其是长久的信息注意力和较强的心理承受力。

从已有文献的检索情况看，专门系统地探讨关于大学生信息素养评价标准的文献多出现在21世纪以后。

陈文勇等（2000）在国内较早地发表了有关高校信息素养评价标准的研究论文，在分析信息素养核心能力的基础上，他们提出了高等院校学生信息素养能力的九大标准，作为大学生毕业时评价信息素养的指南。

标准一：能够识别和表达信息需求。具体内容包括识别特殊的信息需求；明确表达信息需求；了解所选择的信息的类型和数量是由需求参数以及信息的可得性决定的。

标准二：能够识别和选择适当的信息源。具体内容包括了解不同信息源的可利用性和有效性；识别不同形式（如一次或二次信息、图书或期刊、印刷型或电子型）信息的类型并了解他们的特性；选择适合特殊信息需求的信息源类型。

标准三：能够系统地提出和有效地执行适合于信息源的检索问题。具体内容包括了解不同信息源和信息类型需要不同的检索技巧；选择适合信息源和课题的检索策略；了解各种信息源可以利用不同的规范化词表查阅相同的课题；利用适当的检索语言检索信息资源（如利用规范化词表、关键词、自然语言、作者、书名检索），以便从印刷型、电子型信息源中查找相关信息；利用联机检索技巧和工具（如布尔算子和符号、限制符、截词）查找相关引文和进一步详细检索。

标准四：能够解释和分析检索结果并选择相关信息。具体内容包括了解检索结果可以按照不同排列原则输出（如查准率、作者、书名、日期、出版者）；能够评估引用信息的数量和相关性，以决定是否需要详细检索策略；识别引文成分并区分引用信息类型（如图书、期刊、政府文献）之间的关系及格式（如电子型和印刷型）；能利用引文成分（如时间性、作者和信息源的知名度、信息源格式、通用资源定位程序的元素）选择对信息需求最合适的信息；能在检索到的信息中发现信息空白，以决定是否需要详细检索。

标准五：能够从全球信息环境的各种信息格式中查找和检索相关信息。具体内容包括了解图书馆中资料的组织方法和利用本地编制的收藏指南；了解分类表的基本原理和使用方法；能利用文献目录检索本地拥有的信息资源；能利用本地信息源从全球信息环境中查找信息；了解图书馆拥有开发馆藏和共享本地没有的信息源的方法，并利用恰当的资源共享系统（如馆际互借或文献提供服务）获得信息；知道因特网对查找、检索和传递信息是非常有用的工具。

标准六：能够批判性地评价检索到的信息。具体内容包括利用各种标准，例如作者的学历、名人评论、出版者的名望，评价信息的权威性；通过对出版日期、目的、预测读者的审查，评价信息源对于信息需求的相关性；在课题所包括的范围内鉴别遗漏；利用逻辑方法和其它方法组织信息；从信息源中概括出思想和概念；确定信息对于满足信息需求的程序；将新信息整合到现存的知识体系中；在检索到的信息的基础上，创建一个有逻辑性的论点。

标准七：能够对使用的信息查找过程进行自我评价，具体内容包括知道信息查找过程是由渐进的、非线性的过程组成的；能够描述在采用的特殊过程的每一步中进行决策和选择时使用的标准；能够评价过程中每一步的有效性和为使其更有效而详细检索的过程；知道信息查找过程的许多成分是可以转移的，可以用于不同的信息需求。

标准八：了解信息环境的结构以及学术性和普及性信息的生产、组织和传播过程，具体内容包括了解信息结构，如信息是如何生产、组织、传播的，知道不同学科间信息结构可能有所差异；了解特殊信息源的价值（如图书、论文、会议录）对不同学科是不同的；了解特殊学科的信息结构可能有所变化，并为适应这种变化能修改检索策略。

标准九：了解影响信息查找和利用的公共政策及伦理问题。具体内容包括了解信息利用的伦理问题，如知道如何和何时相信从其他方面搜集的信息和思想，以避免在引用信息时出现剽窃现象；通过尊重版权达到尊重知识产权的目的；了解有关审查、知识特权的概念和问题，尊重评论的不同观点；了解影响信息的社会和政治问题，如秘密、私有化和查找政府文献、电子查找信息、信息的指数增长、平等检索信息。

杨林和李秉严（2004）进行了分层次制定高等教育信息素养评价标准的研究，建议将信息素养分为基本型、研究型、专业型、教育型四种类型，并给出了每一种信息素养的定义和特点。

廖仁光和臧风梅（2006）借鉴 ACRL 的《高等教育信息素养能力标准》和美国学校图书馆协会的《学生学习的九种信息素养评价标准》，结合中国的国情，探讨了大学生信息素养评价标准体系的构建原则及内涵，认为大学生信息素质评价体系的制定是为了准确地对大学生信息素养进行客观、科学的综合评价。为此，评价指标体系设计应遵循以下原则：① 科学性和先进性原则，评价指标体系应能有效地反映大学生信息素养要求的本质属性和时代特征；② 系统性原则，指标体系应能系统地反映评价对象的综合情况，应抓住主要要素，既能反映直接效果，又能反映潜在效果，以保证综合评价的全面性和确认度；③ 可测性原则，指标含义明确，资料收集方便，权重等级易于掌握；④ 定性分析与定量分析结合原则，为了进行综合评价，必须将个别反映信息系统基本特点的指标定量化、规范化；⑤ 指标要有层次性，为衡量信息系统的效果和确定指标权重提供方便；⑥ 指标之间宜尽可能避免显而易见的包含关系。对隐含的相关关系，在指标体系中以适当的方法加以消除。大学生信息素养评价标准体系内涵应包括六个方面：① 具有强烈和稳定的信息意识，包括信息价值意识、信息获取和利用意识、信息道德意识和信息安全意识等。② 具备熟练应用、驾驭各种信息技术的能力，具有较强的信息查询并获取自己所需信息的能力，对已获取的相关信息具有去伪存真、去粗存精、提炼吸取信息的能力。③ 具有将信息分类重组、综合信息的要点形成新的知识增长点的能力，即具备终身学习的能力。④ 具有对信息的流量流向、传递时机和传递方式等进行优化控制，从而最大限度地满足自身需求的能力。⑤ 具有与创新小组成员技能互补、彼此信任、及时通报新观念、新信息的能力，具有与合作伙伴开展学术上的坦诚探讨、触发新灵感的能力，并能共同承担创新风险。⑥自觉遵循信息伦理道德准则，规范自身的信息行为，在信息活动中始终坚持公正、公平、平等、真实的原则。他们在此基础上提出构建了大学生信息素养的定量评价体系，该体系包括信息意识、信息素质、独立学习及社会责任四个一级指标，每个一级指标又分为三个二级指标，并对每个指标都制定了详细的评分标准。

仇诚诚（2011）认为，纵观信息素养的发展过程可以看出，随着时代的发展，信息素养的内涵在不断发展变化。同时，针对不同地域和国家、不同传统文化和国情，信息素养的评价标准也应有所不同。大学生信息素养评价指标应注重信息意识、信息能力、信息道德三方面的定位，并以此作为设立大学生信息素养能力评价标准的重要因素。针对我国大学生信息素养的具体现状，仇诚诚提出大学生信息素养评价指标应该注重对大学生信息意识的研究。因为信息的获取是建立在产生信息获取需要基础上的，而当代大学生缺乏的正是主动获取信息的内在动力。我国大学生在信息获取上较为被动，这是大学生提升信息素养能力的一大瓶颈。信息意识应是信息素养的灵魂，而在当下研究标准的各项指标中对信息意识的关注相对较少，不注重信息意识的培养不利于大学生对信息敏感性的提升。一个缺乏主动信息需求和信息敏感的人很难产生积极的信息行为和积极学习创造的动力。仇诚诚（2011）还特别指出，信息知识是信息素养内涵中不可忽略的内容，在标准中设立信息知识指标时，其内容应根据具体的国情进行调整。大学生作为接受教育程度相对较高的群体，其信息知识的掌握相对其他群体也应较高。但由于信息知识属于基础性知识，是大多数人都能掌握的知识，特别是大学生群体，因此在信息素养标准及体系建立时，应适当弱化其指标。换言之，掌握信息知识是大学生一项必备的技能，对其信息素养要求也应随时代发展进行调整。在当今社会，仅仅掌握信息知识是不够的，还应注重信息意识、信息能力及信息道德水平的提升。根据这样的认识，从信息意识、信息能力和信息道德三方面建立了六大评价标准，设立了25个子项目。其中，信息意识的评价标准包括认识并重视信息的作用；表达信息需求，确定所需信息的性质和范围。信息能力的评价标准包括能有效地和高效地获取信息；能批判地评价信息和信息源，将新的信息综合到现有的知识体系和价值观中；能够独立或创建团队实现创新。信息道德的评价标准包括了解并遵守信息相关的法律和伦理道德。

值得一提的是，在大学生信息素养评价标准的研究中，一些研究人员从不同专业的角度分别进行了一些探索，这些相关探索都是颇有意义的。

5.3.2 政府及相关组织关于大学生信息素养评价的探讨

我国政府及国家有关部门也提出过信息素养的判定标准。早在 1984 年，邓小平就提出："计算机普及要从娃娃抓起"。20 世纪 90 年代末，《中共中央国务院关于深化教育改革全面推进素质教育的决定》（1999）中规定：在高中阶段的学校和有条件的初中、小学普及计算机操作和信息技术教育，并提出了培养学生信息素养的六个标准（陈云英等，2002）。

（1）对信息的关注。

（2）能够研究和判别可供选择的信息及观点的优劣、可行性。

（3）能够选择各种信息源，熟练使用各种信息工具以获取信息。

（4）能对某一课题找到相应的信息，进行综述及纵观其现状和发展趋势。

（5）获得继续自我教育的基础。

（6）发挥主动性和独立性。

2000 年 10 月 15 日，中国共产党第十五届中央委员会第五次全体会议通过的《中共中央关于制定国民经济和社会发展第十个五年计划的建议》提出了"十五"期间我国经济和社会发展的主要目标，同时提出大力推进国民经济和社会信息化是覆盖现代化建设全局的战略举措，要以信息化带动工业化，发挥后发优势，实现社会生产力的跨越式发展，要在各级各类学校积极推广计算机及网络教育，在全社会普及信息化知识和技能。

2000 年 10 月，教育部召开全国中小学信息技术教育工作会议，时任教育部长陈至立在这次会议的报告中指出：在过去的 10 年中，互联网和多媒体技术已成为拓展人类能力的创造性工具。为了适应科学技术高速发展及经济全球化的挑战，发达国家已经开始把注意力放在培养学生一系列新的能力上，特别要求学生具备迅速地筛选和获取信息、准确地鉴别信息的真伪、创造性加工和处理信息的能力，并把学生掌握和运用信息技术的能力作为与读、写、算一样重要的新的终生有用的基础能力（陈至立，2001）。

2000 年 11 月 13 日，教育部发布了《关于在中小学普及信息技术教育的通知》，并印发了《中小学信息技术课程指导纲要（试行）》，将课程的名称正式由"计算机"改成定位更加准确、内涵更为宽泛、更国际化的"信息技术"，明确提出了中小学信息技术课程的主要任务是培养学生对信息技术的兴趣和意识，让学生了解和掌握信息技术的基本知识和技能，了解信息技术的发展及其应用对人类日常生活和科学技术的深刻影响。通过信息技术课程使学生具有获取信息、传输信息、处理信息和应用信息的能力；教育学生正确认识和理解与信息技术相关的文化、伦理和社会等问题，负责任地使用信息技术；培养学生良好的信息素养，把信息技术作为支持终身学习和合作学习的手段，为适应信息社会的学习、工作和生活打下必要的基础。对我国21世纪的学生提出了六个方面的信息素养教育和培养目标：信息获取能力、信息分析能力、信息加工能力、信息创新能力、信息利用能力、信息意识和信息交流的能力，提出"信息技术课程的设置要考虑学生心智发展水平和不同年龄阶段的知识经验和情感需求"，即将考入大学的高中阶段学生的教学目标包括以下几点。

（1）使学生具有较强的信息意识，较深入地了解信息技术的发展变化及其对工作、社会的影响。

（2）了解计算机基本工作原理及网络的基本知识，能够熟练地使用网上信息资源，学会获取、传输、处理、应用信息的基本方法。

（3）掌握运用信息技术学习其他课程的方法。

（4）培养学生选择和使用信息技术工具进行自主学习、探讨的能力以及在实际生活中应用的能力。

（5）了解程序设计的基本思想，培养逻辑思维能力。

（6）通过与他人协作熟练运用信息技术编辑、综合、制作和传播信息及创造性地制作多媒体作品。

（7）能够判断电子信息资源的真实性、准确性和相关性。

（8）树立正确的科学态度，自觉地按照法律和道德行为使用信息技术，进行与信息有关的活动（张进良等，2003）。

课程的基本理念是奠定基础、注重素养、重在实践。其中，注重素养是指信息技术课程应以培养学生的信息素养为宗旨，使学生在学习信息的获取、加工、管理、表达与交流的过程中，掌握信息技术，感受信息文化，增强信息意识，培养学生良好的信息素养。

可见，党和政府非常重视人才培养中的信息素养及相关标准。

相关行业组织在大学生信息素养评价方面也开展了一些有意义的探讨，这些探讨以信息素养教育研究为依据，目前主要以高校图书馆研究人员为主，其管理组织主要为各级高校图书情报工作委员会。自2000年以来，我国高校图书馆在构建高等教育信息素养能力指标体系方面做了不少的工作，仅北京地区支持的项目就包括清华大学图书馆的北京地区高校信息素养教育园地建设；北京高校图工委的北京地区高校信息素养教育示范性框架研究；北京高校图工委的高校图书馆互动式信息教育教学模式研究；北京市教委的高校信息素养教育研究，等等（时淑华等，2011）。这方面较有代表性的是《北京地区高校信息素养能力指标体系》和高校图工委发表的《高校大学生信息素质指标体系及信息素质教育知识点（讨论稿）》。

《北京地区高校信息素养能力指标体系》是我国第一个正式的并且有一定影响的大学生信息素养评价标准体系。为探索并制定一个适合国情的指标体系，清华大学图书馆与北京航空航天大学图书馆在2003年承担了北京高校图书馆学会为期两年（2003—2005）的科研项目"北京地区高校信息素质能力示范性框架研究"，在原北京地区高校文献检索与利用课教学研究会的配合下，完成了北京地区高校信息素质能力指标体系的设计。项目得到了北京地区多所高校图书馆的支持，根据北京地区信息设施、信息环境条件，利用德尔菲法设计出了一套信息素养评价指标体系。该指标体系将高校学生毕业时应具有的信息素养能力科学化、具体化、细化为一个指标集合，由基础到高级划分为三个层次。第一层次是基础的信息素质能力，由基础图书馆应用知识和基础计算机应用能力构成；第二层次是通用的信息素质能力，是适用于任何学科与日常生活中的持久的可在不同学科之间进行转移的识别、检索、评价信息的能力；第三层次是基于学科的信息素质能力，是适用于学生所在学科的专门的信息素质能力（曾晓牧等，2006）。该指标体系借鉴和参考了美国大学和研究图书馆协会（ACRL）、澳大利亚大学图书馆员协会（CAUL）、英国国家与大学图书馆协会（SCONUL）的三个信息素养标准，提出了北京市高校学生信息素养评价的重要指标，共分7个维度、19项标准。

维度一：能够了解信息及其素质能力在现代社会中的作用、价值与力量。其二级指标包括具有强烈的信息意识；了解信息素质的内涵。

维度二：能够确定所需信息的性质与范围。其二级指标包括能够识别不同的信息源并了解其特点；能够明确地表达信息需求；能够考虑到影响信息获取的因素。

维度三：能够有效地获取需要的信息。其二级指标包括能够了解多种信息检索系统，并使用最恰当的信息检索系统进行信息检索；能够组织与实施有效的检索策略；能够根据需要利用恰当的信息服务获取信息；能够关注常用的信息源与信息检索系统的变化。

维度四：能够正确地评价信息及其信息源，把选择的信息融入自身的知识体系中，重构新的知识体系。其二级指标包括能够应用评价标准评价信息及其信息源；能够将选择的信息融入自身的知识体系中，重构新的知识体系。

维度五：能够有效地管理、组织与交流信息。其二级指标包括能够有效地管理、组织信息；能够有效地与他人交流信息。

维度六：能够有效地利用信息完成一项具体的任务。其二级指标包括能够制订一个独立或与他人合作完成具体任务的计划；能够确定完成任务需要的信息；能够通过讨论、交流等方式将获得的信息应用到解决任务的过程中；能够提供某种形式的信息产品（如综述报告、学术论文、项目申请等）。

维度七：了解与信息检索、利用相关的法律、伦理、社会和经济问题，能够合理、合法地检索和利用信息。其二级指标包括了解与信息相关的伦理、法律、社会和经济问题；能够遵循在获得、存储、交流、利用信息过程中的法律和道德规范。

通过内容的比较，《北京地区高校信息素质能力指标体系》参考和借鉴 ACRL 的《高等教育信息素养能力标准》是比较明显的。在 ACRL 的《高等教育信息素养能力标准》的原有五个一级指标的基础上，《北京地区高校信息素质能力指标体系》增加了两个一级指标，它们分别是维度一和维度五。相应地，维度二与 ACRL 的《高等教育信息素养能力标准》的标准一有关；维度三与 ACRL 的《高等教育信息素养能力标准》的标准二有关；维度四与 ACRL 的《高等教育信息素养能力标准》的标准三有关；维度六与 ACRL 的《高等教育信息素养能力标准》的标准四有关；维度七与 ACRL 的《高等教育信息素养能力标准》的标准五有关。相关的比较研究也提出了类似的观点（周美芳等，2013）。

2008 年 4 月，高校图工委发表了《高校大学生信息素质指标体系及信息素质教育知识点（讨论稿）》，理论上它是一个拟推广到全国的讨论和探索的方案。其在"说明"中比较明确地指出：当前，如何培养学生有效合理地获取、利用各类信息已成为高校创新型人才培养不可或缺的内容，而对以学生为主体的读者进行信息素质教育也日益成为国内外大学图书馆的主要职责和功能。为更好地促进国内高校图书馆这一工作的开展并规范高校图书馆信息素质教育的要求，高校图工委信息素质教育工作组于 2008 年 4 月组织北京地区部分高校图书馆专家在北京高校信息素质教育研究会制订的《北京地区高校信息素质能力指标体系》基础上，提出《中国高校信息素质指标体系及信息素质教育知识点》，供图工委委员讨论，希望最终能形成图工委指导性文件并向全国推广。

这份讨论稿将高校大学生信息素养指标体系分为七个部分，即七个一级指标。

指标一：能够了解信息及信息素质能力在现代社会中的作用。

指标二：能够确定所需信息的性质与范围。

指标三：能够有效地获取需要的信息。

指标四：能够正确地评价信息及其信息源，并能够有效利用。

指标五：能够有效地管理、组织与交流信息。

指标六：能够独立或是合作完成一项具体的信息检索和利用任务。

指标七：能够合理、合法地检索和利用信息。

这份讨论稿此后未能形成进一步的修改稿，亦未形成图工委正式发布的指导性文件。

由高校图工委信息素质教育工作组制定的《高校大学生信息素质指标体系及信息素质教育知识点（讨论稿）》是在对《北京地区高校信息素质能力指标体系》进行修改的基础上提出的，从其指标内容来看，有较高的相关性。

5.3.3 关于大学生信息素养评价研究的思路

（1）现有关于大学生信息素养评价研究的评价

诸多国内学者对大学生信息素养评价的研究已经取得了一批有一定分量的成果，为评价标准及评价方法的后续研究奠定了比较坚实的基础。但是，有关大学生信息素养评价方面的研究还存在一些不足，主要表现在以下几方面。

第一，目前还没有由权威的教育机构或组织制定具有指导意义的大学生信息素养评价标准。国内对信息素养评价指标或标准的研究还处在部分专业人员和学者的个人研究阶段。一些研究者根据自己的研究需要和个人对信息素养结构的理解提出相应的信息素养评价指标，但这些评价指标往往不够全面，指标项目的取舍有很大的随意性，造成了调查时信息素养维度确定的不一致，使研究结果不具有可比性，甚至很难在不同类型的学校和不同学生群体间进行横向比较研究，评价标准版本过于随意，且缺乏科学验证（王文彦等，2007）。

第二，已有的信息素养评价研究多局限于对某一特定群体（如高校学生、中小学生、教师等）的研究，对人生不同学习和成长阶段不同层次的信息素养评价标准及其关系的研究不够。在信息社会，信息素养对每位社会公民都具有十分重要的意义，加强通用层次的信息素养评价研究十分必要。信息素养不是一种短期的、临时性的目标，对于每个人来说，生活在当今的信息社会，必须建立终身学习的理念。当前，迫切需要制定适合中国国情的普适性的信息素养评价标准，详细的、具体的要求和标准应该在充分考虑不同群体信息素养差异的基础上来定，大学生信息素养评价标准也应与之相关联。

第三，评价标准的可操作性较差。目前，多数关于大学生信息素养的评价标准是建立在对国外相应标准的修改和补充上。评价标准系统的、科学的研究有限，缺乏对指标体系的精细研究和具体的构想，评价标准中表述的信息素养缺乏具体的能够实际应用的评价指标（即可量化测量的指标项目太少），现有的标准是采用自然语言描述的，难以满足评价中精确测试的需要（成颖等，2004）。现有的评价标准主要体现在指标项目的设置，而对指标间重要程度没有用权重加以区分，这也不利于评价标准的普及和应用，研究制定科学准确、可操作性强的评价标准十分必要。

第四，在评价方法和评价工具的开发方面还比较滞后。目前开展的信息素养评价几乎都是以自制问卷调查为手段，缺乏客观科学的评价手段和工具。问卷调查是一种间接的收集数据的方法，数据收集以调查对象的自我评价为主，而自我评价往往具有很大的主观性。信息素养评价的核心是信息能力，对能力的评价应采用测试形式，调查对象的自我评价难以揭示其信息能力的真实水平（辜同清等，2010）。此外，调查问卷的设计没有统一标准，调查的指标和内容随意取舍，多是根据研究者的主观认识设计调查问题，有较大的主观随意性；对不同层次的调查对象（如高校学生有不同的年级层次）未充分考虑不同群体信息素养的差异，使用同样的评价内容不利于准确评价其信息素养水平。评价方法和评价工具中存在的种种问题必然会影响信息素养评价结果的信度和效度（辜同清等，2010）。

（2）今后关于大学生信息素养评价研究的思路

第一，重视信息素养教育，成立国家层面的协调管理机制。综观国外信息素养标准不难发现，发达国家对国民尤其是大学生的信息素养高度重视。在发达国家，信息素养标准的制定者都是享有很高威望的学会或专业机构，同时广泛吸纳各学科专家参与，使这些标准体现了一种全国共识，且具有很强的学术性、专业性，因而具有很高的参考价值（肖青书等，2008）。目前，我国对信息素养的研究和实践主要分散在两个领域，即传统教育学界和图书情报学界。由于缺乏统一规划和指导，教育学界和图书情报学界各自为阵，造成了重复研究和研究盲点并存的问题，出现了研究力量分散、研究成果差强人意的现象（马艳霞，2010）。因此，建议建立一个全国性的组织机构，负责信息素养教育研究和实践工作的开展，促进不同领域、不同学科、不同专业的互补和合作。

第二，加强对人生不同学习和成长阶段不同层次的信息素养评价标准及其关系的研究。个人教育可能经历基础教育、高等教育、专业教育、职业生涯教育等阶段。在信息社会，终身学习是人们必须自觉接受的一个基本事实，而信息素养教育可以融入人们一生的每个教育阶段。以美国为例，从教育层次来看，现有基础教育类、高等教育类和专业教育类的信息素养标准；从区域层次来看，包括国家的和地区的信息素养标准。此外，还有一些与信息能力相关的技术素养标准、教育技术标准等。多样化标准的制定和被认可也反映了信息素养教育在美国正规化和普及化的程度（张静波，2007）。信息素养被看作数字时代人进入社会的先决条件，是个人在社会立足、生存的必备条件和个人竞争优势的关键因素，也是人们终身学习、自主学习的必备要素。因此，应该成立专门机构来指导、规划、研制和实施相应的信息素养标准。

第三，提高大学生信息素养评价指标的可操作性。要使大学生信息素养评价指标具有可操作性，研究制定大学生信息素养评价指标体系必须先遵循科学性原则，即评价指标体系之间相互独立、完全穷尽，能够科学完整地反映大学生应该具备的各项信息素养指标。同时，要考虑评价指标的可测性。大学生信息素养评价指标体系一般是分层、分级的，二级指标应该是一级指标的具体化，三级指标应该是二级指标的扩展和延伸，每个指标都能够全面具体地表达信息素养评价指标体系的内容。每个指标都有对应的权重值，在使用时，可以科学地测量大学生的信息素养水平，使制定出的评价指标真正发挥其应有的实际效用。这是提高大学生信息素养评价指标可操作性的基础。只有有了这个基础，大学生信息素养评价指标才能够较好地被利用，从而更好地反映大学生的信息素养。因此，要避免构建的标准或指标空洞、形式化，要使其具备较强的可操作性。

第四，在评价方法和评价工具的开发方面要有科学性。在关于大学生信息素养评价研究方面，国内学者设计的评价标准体系中少有针对测评指标、项目做出定量判断的处理。量化是评价科学性的特征之一，用量化的标准是评价的发展方向，因此应该重视信息素养评价标准中对主观评价项目的科学采集和量化处理。当然，从大学生信息素养评价标准体系因子看，有些指标可以量化，有些指标只能从质的方面反映，对大学生信息素养评价的影响程度难以量化，只能通过定性的方式进行描述，这样就要重视评价标准中的量化因素和非量化因素，在指标体系选择上注意定性与定量的结合。大学生信息素养评价方法的选择主要用于对标准指标体系因素因子的确立和权重的分配。方法选择妥当是保证标准的合理性、代表性、权威性的前提。标准的评价方法有多种，如层次分析法、德尔菲法、对偶比较配对法、聚类分析法、主成分分析法、因素分析法、调查分析法等，比较常用的有德尔菲法和层次分析法，需要根据评价指标体系的具体情况科学地进行评价方法和评价工具的开发。

6

高校的信息素养教育

　　不同的时代对人的素养有不同的要求，与之相适应的素养教育必然体现时代的这种要求。21 世纪的高等教育应立足于培养有创新思想、创新精神和创新能力的人，创新已成为当今高层次人才的基本要求。从这个意义上说，信息、信息素养、信息素养教育在信息时代是非常重要的。实际上，在 21 世纪，信息素养已经成为人的素养中不可或缺的内容，信息素养教育已经成为素养教育的有机组成部分。在互联网出现之前，大学图书馆、公共图书馆和各级科研机构构成了社会的信息资源中心。随着计算机和网络的发展，网络已经取代图书馆成为人们寻找信息的首选媒介。现在的学生往往把互联网作为首要的信息来源，而不是图书馆的数据库和印刷型文献资源。但是，大学生通常缺乏发现信息、评价信息、利用信息的技能，所以必须给予必要的指导。信息技术的高速发展和广泛应用带来了信息的多源性、可选性、易得性，这在便利人们的同时，导致了人们对信息与技术的依赖，决定了人们只有具备一定的信息素养才能在复杂的信息环境中生存。在信息时代的大背景下，信息素养是大学生的基本素养，所以信息素养教育已经引起了世界各国的广泛关注，并逐渐成为发达国家各个大学重要的教学内容，被纳入相应的教育目标与教学评价体系之中。客观地讲，今天围绕高校中的信息素养教育的讨论已成为各国图书情报学界甚至整个教育界、学术界及社会各界广泛关注的研究热点和实践课题，具有很高的研究价值。然而，大学生的信息素养教育是如何发展的？包括哪些内容？大学生的信息素养教育的现状如何？还有哪些需要深入研究的问题？对此，本章拟进行初步探讨。

6.1　高校的信息素养教育概述

6.1.1　高校的信息素养教育的由来

人类的信息素养教育古而有之，自人类发明文字，继而产生大量文献记录，人类过渡到文明时代。这种记录人类经验、知识和信息的文献随着人类的发展逐渐达到较大的量，并且内容越来越复杂，为人们找寻和利用信息带来了困难。如何收藏和整理文献记录，最大限度地发挥其使用价值也是人们要思考的问题。人类的信息素养教育可追溯到中国古代传统的书籍提要。书籍提要是解释书名、介绍著者、揭示文献内容和评价其学术价值的主要方法，在其发展过程中，形成了叙录、传录、辑录三种不同体例。叙录始于刘向的《别录》，主要记录一书的校勘过程、主要内容、著者身世、学术价值等；传录即对书名、著者做简要介绍；辑录是将诗中的序、跋、题记、历代书目叙录、注释、列传中的叙述文字等有关资料汇集于书名之下，供研究参考。到了清代，三种体裁融为一体，及至《四库全书总目提要》达到顶峰，最终发展成为我国图书目录的传统特色。书籍提要的逐步完善与发展形成了包括注释、标点、校勘、目录、版本、辨伪、辑佚、编纂、典藏等诸多领域的古文献学。古文献学既是一门综合性的边缘学科，又是一门实践性很强的应用学科，它告诉人们怎样正确阅读、查找和利用古代文献。古文献学的教育就是人类早期的信息素养教育活动（龙凤姣，2009）。藏有大量文献的古代藏书楼、近代的图书馆便成为信息素养教育的基地。

不过，现代意义的信息素养教育是在美国信息产业协会（IIA）主席保罗·泽考斯基1974年提出"信息素养"以后，众多的专家学者、行业协会对信息素养及其教育问题进行的广泛而深入的探讨。从信息素养教育概念的发展过程看，其概念的内涵由最初的利用信息解决问题的技术、技能逐渐发展成为包括信息意识、信息技能、信息道德等涉及社会、政治、经济、法律等各个领域的综合性概念。20世纪70年代以后，信息用户教育在西方国家迅速普及，随着信息素养的概念内涵不断丰富，它的外延也随之不断扩大，由与计算机技术相关、与图书馆及教育界相关，最后发展到与终身学习相关。

20世纪80年代后期，信息素养课程或教育计划的推行已很明显，近期文献指出了这一趋势正在全球继续，美国图书馆协会（ALA）的报告认为信息素养课程已扩展到很大范围，文献还讨论了在大学中已推行的几种信息素养课程表计划，信息素养课程的模式及理论也已得到关注，大多数模式产生于图书情报学领域，而且有很多来源于大图书馆早期用户教育（金国庆，1996）。

20世纪90年代初，荷兰推行的信息与计算机素养（ICL）课程几乎已在所有中学使用。课程的发展已使信息与计算机素养中的信息学要素更加清晰。信息与计算机素养包括数据收集、组织、处理和检索所需的技能，这些特殊的技能可能在传统的论题范畴中已隐约提出。这一关注点与一系列技能相关，计算机能为这些技能的培养给予多方面的重要帮助。信息与计算机素养既包括手工数据收集处理，又包括计算机数据收集处理，而重点是对知识和信息进行区分。在荷兰，虽然信息与计算机素养仍倾向于计算机应用方面，但从现在所开的课程可以看出它正在向基本的信息处理知识和技能方面转变，而且重点是通过应用信息技术找出相关信息以解决问题（金国庆，1996）。

从20世纪90年代至今，在教育学领域、图书馆学领域和商业领域中，信息素养已经成为热点研究问题，越来越多的国家和组织机构重视信息素养，国际教育组织、各国政府、地区政府和教育机构大力推行和实施信息素养教育，出台相关的信息素养标准和行动纲要。

2003年9月，联合国教科文组织（UNESCO）与美国图书情报委员会（NCLIS）、美国国家信息素养论坛（NFIL）在捷克首都布拉格联合召开了国际信息素养专家会议，来自23个国家的40位专家参加了会议。会议发表了题为"走向信息素养社会"的"布拉格宣言"，该宣言具有全球性指导意义。布拉格宣言提出了如下基本原则（徐爽，2007）。

（1）在21世纪，信息社会的创建对国家、社会、文化和经济发展以及对团体、研究机构和个人是至关重要的。

（2）信息素养包括一个人的信息需求及寻找信息、评价信息、组织信息并能有效地创造、使用和交流信息来解决问题的能力，它是有效参与信息社会的先决条件，也是终身学习的基本人权。

（3）信息素养在通过在多文化和多语种环境中信息的使用，对促进国家和民族之间的交流起着引导作用。

（4）各国政府应当制订强有力的跨学科计划，促进全国范围信息素养的提高，以提高劳动者的竞争力，缩小数字鸿沟。

（5）信息素养涉及社会各个方面，应该根据每个特定的需求和环境应用。

（6）信息素养应该成为教育整体的一部分，它对实现联合国千年发展目标和尊重全球人权宣言至关重要。

布拉格宣言指出，如何使人们从互联网时代的信息和通信资源及技术中受益是当今社会面临的重要挑战。信息素养正在成为一个全社会的重要的因素，是促进人类发展的全球性政策。信息素养是人们投身信息社会的一个先决条件，如果没有信息素养，信息社会将永远不能发挥其全部潜能。会议宣布，信息素养是终身学习的一种基本人权（孙平等，2005）。

2005 年 11 月 11 日，国际图联（IFLA）、联合国教科文组织（UNESCO）和亚历山大图书馆在埃及亚历山大联合召开了信息社会世界锋会突尼斯阶段会议的预备会议，会议发布并通过了《图书馆：信息社会在行动》的"亚历山大宣言"。宣言指出：图书馆和信息服务机构应致力无处不在的信息社会的合理运作；通过提供对各类媒体信息、思想和作品的跨国界存取实现知识自由。图书情报服务与众不同的特质就是能对问题和个人信息需求做出反应，这是对媒体一般的知识传播的补充，使图书馆和信息服务成为民主开放的信息社会的关键部分。图书馆和信息服务机构通过促进信息素养的提高、提供对信息资源（包括信息和通信技术）及其有效使用方面的支持和培训建设社会能力，这对促进社会发展尤为关键，因为人力资源是经济发展的核心。图书馆在消除数字鸿沟和信息不公平方面做出了重要的贡献（常唯，2006）。

步入 21 世纪以来，美国、英国、澳大利亚、新西兰等国为推进信息素养教育都制定了相应的规划及标准。后来又有更多的国家参加进来，如德国、新加坡、南非、西班牙、瑞典、墨西哥等，各国分别制定了自己的信息素养能力体系标准，对信息素养教育尤其是大学生的信息素养教育起到了很大的推动作用。

6.1.2　高校的信息素养教育的内容

信息素养教育作为整个素质教育体系中的一个组成部分，在现代社会中起着重要作用。增强信息意识的最好途径便是在人民中进行广泛深入的信息素养教育，使人民深刻认识信息对生产、科研、贸易及生活的作用，熟悉各类信息的特征和传播规律，提高人民在不同情况下对不同信息的敏感能力，从而更好地搜集信息、鉴别信息、选择信息、利用信息，有效地开发各种信息资源。实践证明，信息素养教育开展得好的地方的群众对自己有关的信息的敏感性就比其他地区的人强，商业意识、竞争意识也比较强，从而促进了那里的经济发展（李晓新等，2003）。同时，信息素养教育是提高全民信息能力的重要手段，是促使工业经济向知识经济转变的桥梁。

（1）大学生信息素养教育的含义

以上分析表明，与信息时代、信息社会相关的信息素养教育是国外教育工作者于 20 世纪 70 年代提出来的，但有关信息素养教育的含义，目前教育理论界和图书情报学界尚未达成共识，学者们还存在不尽相同的观点。赵静等（2003）在《关于信息素养教育的若干问题》一文中对信息素养教育进行过解释，认为信息素养教育是指全面发展人的信息素养，培养新世纪人的信息素养。"发展"一词表明信息素养教育既要培养人的信息素养，又要提高和塑造人的其他素质，体现了教育培训人、塑造人这一社会功能。符礼平（2003）认为，信息素养教育是教育界在信息社会面临的新任务、新挑战。教育是开发人才资源的事业，只有通过信息素养教育才能促进社会群体和社会个体成员信息素养的提高，才能培养更多的具有信息素养的人。具有信息素养的人具备了合理知识结构和一定科学文化素质，有着敏锐的信息意识和信息能力，能够在信息环境中顺利获取、利用所需信息。

郑建明等（1999）从高校开展大学生信息素养教育活动的角度认为，教育部"大学生文化素质教育要确立基本规格"的战略指导思想正在日渐付诸实施。大学生信息素养教育是贯彻这一指导思想的一个方面，它打破了两个误区：第一，大学生信息素养教育就是普及文献（信息）检索的知识与能力，开设文献学、检索技巧等课程；第二，大学生信息素养教育就是开设信息学、微机应用技术等几门课程，无须针对文理工等各类非信息学专业学生的知识结构要求。

信息素养教育是高等素质教育的有机组成部分，它体现了高等教育"应当促进每个人的全面发展，即身心、智力、敏感性、审美意识、个人责任感、精神价值等方面的发展"的基本属性与时代意义。从这个意义上讲，一些高校将信息素养教育局限在开设文献检索、怎样利用图书馆这样狭窄的纯技术性范畴内，是对信息素养教育片面的理解。实际上，高校信息素养教育是一种旨在提高大学生信息素养的普及性教育，其内容与大学生专业学习紧密地联系，注重应用性信息学知识，包括以计算机网络技术为基础的信息技术教育和以获取、整序、利用信息为基础的信息学基本知识教育，其目的是提高大学生信息意识及其信息获取、整序与开发利用的能力，提高大学生信息素养，以良好的素质和能力服务于我国的现代化建设（郑建明等，1999）。

笔者认为，信息素养不是与生俱来的，而是在后天社会活动中逐步形成的，要想真正拥有这种素养，就必须进行信息素养的教育。大学生信息素养教育就是围绕信息领域的基本内容，通过行之有效的途径和方法培养大学生对待信息活动的科学的信息意识、必要的信息能力和良好的信息道德，对大学生实施全面、系统的一系列教育活动。21 世纪以来，大学生信息素养教育在国外高等教育中逐步得到提倡，并不断普及。信息素养教育的目标是保证人们为迎接信息社会的生活做好知识上的准备，并鼓励人们利用信息源进行学习。换言之，通过信息素养教育使人们逐步具备信息素养人的特征。因此，在设计高等教育课程时，应注意信息素养教育的内容，以保证信息素养成为学习的目标。

（2）信息素养教育的主要内容

从对大学生信息素养教育的理解出发，不难看出高校信息素养教育应包含以下几个方面的内容。

第一，信息意识教育。大学生信息素养教育最重要的一点是培养学生的信息意识，要求受教育者具有使用计算机和其他信息技术的能力及必要的信息知识解决工作、生活中的问题的意识。从这个意义上讲，大学生的信息意识就是大学生自觉地对信息的需求，是大学生自觉地掌握信息、利用信息的自我要求，从而认识到信息是其生存的前提，是其发展的基础。信息意识包括信息接收意识、信息转化意识、信息传播意识、信息保密意识及信息更新意识等多种形式。这些都是个体适应外界环境，实现自我发展的重要基础，是大学生信息素养教育的重要组成部分。大学生有了好的信息意识，就能敏锐地确定信息需求的特点和范围，这对他们的专业学习和学术研究将会大有帮助，能为他们以后的学习、工作及"终身学习"奠定基础（韩利英，2005）。因而大学生信息意识的教育应从两个方面进行：一是对信息的科学的、正确的、全面的认识，内容包括信息的内涵、特征、结构、功能及其在社会、经济发展中的作用；信息源的类型、特点；信息交流的形式、类型。二是自身对信息需求的自我意识。开发潜在的信息需求意识，通过教育使潜在的信息需求转化为显在的信息需求，进而能充分地、正确地表达出来，培养大学生对特定信息的敏感的心理反应。

大学生信息意识的培养是一个潜移默化的过程，营造一种有利于强化信息意识的环境是非常重要的，同时要转变教育观念，把重点放在"授人以渔"上。这种对有用信息的快速发掘和对潜在问题的超前预见能力是培养大学生信息意识的认识基础，只有有了这种意识才能在大量繁杂的信息中发现有价值的信息。另外，信息意识的提高还与自身的素质有关，如个人的知识结构、知识的积累程度、分析和观察问题的能力及事业心等都是影响信息意识的重要因素。因此，大学生信息意识的培养还应与知识教育、理想教育等相结合。

第二，信息能力教育。大学生信息能力且指大学生从事信息活动所应具备的能力，一般包括信息的获取、识别、接受、储存、利用、交流、创造和评价的能力。其中，基本的信息能力是信息系统的操作能力、信息工具的使用能力、简单的文字处理能力等；高级的信息能力包括信息获取、识别、接受、储存的能力以及利用、交流、创造和评价的能力，如获取与识别信息的能力、加工处理信息的能力、传递新信息的能力、信息组织与表达的能力、信息加工处理的能力、信息系统的分析检索能力、对信息系统和信息进行评价的能力、信息结果的分析与报告能力等。学生根据实际的需要提高对信息的上述诸方面的能力，从基本的信息能力开始，逐渐过渡到实现信息创新和评价的能力。让学生在大量无序的信息中辨别什么类型的信息是自己需要的，并能依据掌握的信息知识、信息技术和信息工具迅速有效地获取、利用这些信息。信息能力是大学生学习和研究的基础，也是未来社会生活必备的基本能力。

信息能力是大学生信息素养的重要组成部分，因此大学生信息能力教育是信息素养教育的主要方面。大学生信息能力的培养和提高有利于促进开放式信息思维的形成，培养纵向、横向、立体思维的能力，使创造力得到更大的发挥。具体来说，大学生信息能力的教育包括选择最合适的信息源的能力的教育；制订成功的检索策略的能力的教育；综合、组织、交流、利用信息的能力的教育；分析、鉴别、评价检索到的信息的能力的教育；采用批判性思维利用信息，创造性地解决问题的能力的教育。

第三，信息道德教育。信息道德教育是指以全社会共同遵循的价值取向及道德规范对人们的人格塑造、品德形成施加有组织、有计划的影响的活动。其独特的适用领域在于规范和约束人们在网络上的行为，使人们在无人监督的情况下依旧坚守道德底线，形成在虚拟世界和现实世界始终如一的高贵品质（王渊，2013）。大学生信息道德教育的目的是培养他们在获取和使用信息时要遵守一定的道德规范、法律法规，并具有一定的信息过滤的能力。大学生信息道德是指大学生在查寻、获取、处理、利用、创造等整个信息活动中应该遵循的道德规范的总和，具体内容包括大学生的信息活动目标应该与社会整体目标协调一致；承担相应的社会责任和义务；具有较高的民族信息意识，保守国家机密；在信息活动中应坚持公正、公平、平等、真实的原则，尊重个人隐私，抵制不良信息；正确处理信息创造、信息服务、信息使用三者之间的关系；等等。信息道德教育应通过多途径、多渠道进行，使大学生掌握信息社会中应遵循的法律法规，尊重他人的知识产权，自觉抵制违法信息行为，合理使用与发展信息技术，以避免信息活动中的信息泄密、信息犯罪等一系列社会问题（李晓新等，2003）。

（3）信息素养教育的特点

第一，信息素养教育是一种促进学生全面发展的教育。信息素养教育不仅着眼于大学生的信息意识、信息道德的培养，还注重大学生信息能力的开发，注重大学生信息智慧和信息潜能的挖掘。在大学生信息素养教育中，不仅有理论学习，还有实践能力和创新精神的培养，有助于提升大学生的知识创新能力。信息素养教育在创新教育中具有特殊的作用，较高的信息素养能够帮助大学生有效地评价、选择信息，运用多媒体和网络表达信息，创造性地使用信息并提炼出新的知识。高等学校不仅要向学生传授基本知识和基本技能，还应该培养学生运用现代信息技术获取和处理知识、灵活运用和创造知识的能力。同时，信息素养教育能够培养和提高信息文化新环境中大学生的公民道德、情感、法律意识与社会责任。可见，培养具有较高信息素养的人才是国家信息化发展战略的内在要求，也是世界教育改革的必然趋势。因此，它与传统的单一性专业教育，如传统的图书馆技能教育相比，不但是专业的技能训练，而且具有综合性和全面性的特点。

第二，信息素养教育是人才的基础教育。作为一个新的教育重点，信息素养教育决不仅限于信息专业教育的范畴。它实际是各专业教育的基础教育，是各专业人才的基础教育。因为在信息社会中，只有具有良好的信息意识、信息能力和信息道德，才能更好地应付与面对瞬息万变的信息环境。信息素养使学习者掌握学习经验，成为自我激励、自我控制的学习者，善于利用合适的信息、资源解决学习和生活中可能遇到的各种问题。因此，社会各行各业的专业人才都需要具备良好的信息素养。大学阶段进行的信息素养教育实际上是各专业人才的基础教育。从信息社会的发展趋势看，信息素养教育不能与专业课程相分离，应该融入每门课程的内容、结构和结论中，只有经历一系列主题的学习，才能真正培养出具有信息素养的人。

第三，信息素养教育是一种终身教育。在信息时代，信息素养教育是全面素养教育的一个重要组成部分，它应贯穿人才培养的全过程，信息素养教育必须从小开始。21世纪，知识老化的速度越来越快，换言之，任何想要紧跟时代步伐前进的人，不仅必须树立终身学习的理念，还必须付诸实际行动。个人学习和工作的各个人生阶段都离不开信息素养教育。随着社会信息化进程加快，信息资源不断增加，信息载体形式、使用方法也不断发生变化，个人要在社会长久立足就必须不断自我充电，主动获取新知识，信息素养教育正是通过对知识、信息重要性的讲解，使大学生树立正确的信息观念，掌握足够的信息知识和信息技能，以便随时随地学习新知识，为大学生终身学习提供条件。信息素养是终身学习的基础，有信息素养的人往往是那些懂得如何学习的人，能成为出色的终身学习的人。

高等学校除了向学生传授基本知识外，还应该培养学生运用现代信息技术获取、处理、灵活运用和创造知识的能力。信息素养教育的终极目标就是利用现有信息生产出新的知识，形成新的信息，推动科学技术的进步和社会的发展。因此，以培养信息意识、信息能力和信息道德为主要内容的信息素养教育成为学生整体素养教育的重要组成部分。信息素养教育对于大学生来说实际上是一种普遍性的的重要阶段，只有坚持终身学习才能取得通向 21 世纪的"通行证"。

6.2　国外高校信息素养教育的现状

随着社会日益信息化，提高国民的信息素养已成为增强综合国力的一个重要组成部分。近年来，无论发达国家还是发展中国家，都积极采取措施，加强信息素养教育，许多发达国家甚至将信息素养教育列入教学计划，并做了许多有益的探讨，值得引起重视。这里仅以美国、英国、日本为例，对国外高校信息素养教育的现状进行分析。

6.2.1　美国高校的信息素养教育

在信息素养教育方面，美国是起步较早的国家，尤其是大学的信息素养教育与研究都走在世界前列，取得了丰富的经验与成果，对其他国家也产生了一定的影响。美国从 20 世纪 70 年代起就提出了"信息素养"的观念。许多专家学者认为信息素养是人类各种基本素养的重要组成部分。1983 年，美国信息学家霍顿（Horton）认为，教育部门应开设信息素养课程提高学生对电子邮件、数据分析和图书馆网络的使用能力。1986 年，《卡内基基金教学改革计划》指出：学院是否优良，可由学生使用校园资源的情况以及学生是否因此成为独立的学习者作为评价指标。然而根据调查统计发现，美国大专院校课堂教学和图书馆利用存在很大差别。这个报告引起了美国高等教育对图书馆在教育中所扮演的角色的注意（符礼平，2003）。科罗拉多大学和哥伦比亚大学图书馆服务学院在 1987 年 3 月合作举办了一场以"图书馆与追求学术卓越"为题的研讨会。该会议最重要的成果是敦促美国图书馆协会尽早建立信息素养教育委员会，以探讨信息素养的相关问题。同年，美国图书馆协会（ALA）成立了信息素养教育委员会，目的是明确信息素养在学生学习、和成为一个良好公民的过程中的作用，设计在正式和非正式学习环境下的信息素养教育模型，决定继续教育和教育培养的发展方向。

1989 年 1 月，美国图书馆协会（ALA）提出了一份重要的历史文件——《美国图书馆协会信息素养总统委员会报告》。报告论述了信息素养教育对于个人、企业和国家的重要性，分析了如何提高信息素养是信息时代学校的主要任务，并对教育改革提出了许多具体的建议。该报告最重要的贡献在于给信息素养下了明确的定义，同时指出图书馆在信息素养教育中的作用，并得到图书馆界之外的普遍认同。

1990 年，国家信息素养论坛（NFIL）在美国成立，这是一个广泛的联盟，其宗旨是提高全球的信息素养意识，支持开展国内外信息素养教育计划，鼓励各种信息素养活动的开展，促进教育部、高等教育委员会等部门制定信息素养教育指南。现在国家信息素养论坛（NFIL）的全国性成员单位众多，包括教育、企业、劳动、社会组织和政府部门，这些成员单位联系的基层组织总数已超过 500 万个。1996 年，该论坛又确定了"信息素养教育在普通教育计划中的作用框架"。论坛自成立以来，每年在华盛顿召开三次会议，它没有制定一个整体性规划，而是针对每个成员组织制订个体行动计划，并且以论坛具有的资源协助其实现计划。论坛在四个基础领域开展活动：通过其成员组织考察信息素养在人们生活中的角色，并将信息素养融入其规划中；支持、组织、关注国外的信息素养项目的开展与发展；鼓励各组织对信息素养的创新与新方法的运用；与教师教育计划合作，以保证新教师能将信息素养融入其授课内容之中。目前，国家信息素养论坛的活动已由美国一国范围扩展到世界范围。

1998 年 3 月，为了审视《美国图书馆协会信息素养总统委员会报告》的执行情况和信息素养教育的推广效果，美国图书馆协会（ALA）发表了《信息素养教育进展报告》，对 1989 年提出建议的进展情况进行了总结，并分析了发展中面临的问题，提出了相应的对策。

2000 年美国大学与研究图书馆协会（ACRL）通过了《高等教育信息素养能力标准》，可以作为教师或图书馆员评估学生信息素养能力的一个指南，也可以作为培养学生信息素养的方向和标准。2000 年国家信息素养论坛对今后的工作提出了新的目标：进一步提高对信息素养教育重要性的认识，促使公共政策和其他方面支持信息素养活动的开展，减少信息贫富不均的现象。

除了理论研究以外，许多研究者还围绕如何培养学生的信息技能与信息素养展开了有关信息素养标准的制定和一系列实证研究。譬如，美国华盛顿大学信息学院领导开展的信息素养项目就是调研全美大学生信息素养现状的大型实证研究项目，该项目负责人海德（Alison Head）曾受邀在美国大学与研究图书馆协会（ACRL）全国大会上就该项目 2008 年至 2013 年的主要研究成果做报告，其研究报告之一《智慧生活：当今的大学毕业生离开大学后如何继续学习》（Head，2016）就是对一项为期两年（2013 年 9 月—2015 年 12 月）的持续学习研究的总结，关注毕业生从大学到真实生活中的过渡阶段，研究他们在个人生活中、工作场所中、居住的社区中的持续学习需求和信息查询实践。研究人员访谈了美国 10 所高校的126 名毕业生（毕业于 2007—2012 年期间），并且分析了 1 651 份由这些学校在此期间的毕业生作答的在线问卷。《智慧生活》研究发现，在过去的一年中，大多数毕业生的终身学习需求集中在生活技能方面，包括基本技能（如家庭日常维修）和复杂技能（如提升职场人际交往能力）。毕业生认为阻碍终身学习的障碍有缺乏时间、缺少金钱、不能与时俱进、无法保持学习热情。此外，报告还介绍了"分享有用性"模型，用它解释毕业生对当代社交媒体技术的使用及其与同事、朋友、家人等建立的人际关系（徐文静，2018）。

美国信息素养教育的一个重要特点是信息素养教育是由全国跨学科、跨行业合作推进的。全国组织、专业协会和部门的团队协同工作，研究、发展、提炼和确定了信息素养的理论、标准、政策措施和有效的活动，推动了信息素养教育在全国范围内的实践，涵盖了从幼儿园到中学、大学直至成人教育的人生旅程，现在已开始进入制度化运行的轨道。目前，学院和大学均将信息素养内容纳入学校教育的教学大纲之中，许多高校都配备了分管学校信息系统与信息技术的副校长或者学校首席信息官（张兵，2016）。信息素养教育各具特色。推动全国信息素养教育的政策措施有以下特点：

第一，有一个全国性的节点——国家信息素养论坛。国家信息素养论坛主要是由大量行业协会、学会组成的普及信息素养的联盟，由于政府有关部门都参与和支持，论坛是一个很有力的节点，既可以通过非政府组织系统，又可以通过政府系统，双管齐下贯彻意图，实施计划。

第二，政府相关部门重视和支持，依靠原有的实体组织体系采取行动，确保信息素养成为优先项目。各行业协会制定信息素养标准；对教师教育和业绩预期包含信息素养，对图书馆员和信息工作者的教育和业绩预期也包含信息素养；对教师、图书馆员等人的资质认证有信息素养的要求；对学生和接受职业培训的人要检测其信息素养能力，并作为结业和聘用的依据之一。

第三，大力开展对培训者的培训。在师范教育和图书馆学教育中增加信息素养的内容，使新的教师和图书馆员都成为有信息素养的人，同时加强现有教师和图书馆员的培训，使他们都成为自觉普及信息素养的人。

第四，组织相关的研究和示范。研究信息素养与社会经济发展的关系，信息素养与终生学习、与成人基本素养的关系，等等。示范主要是以具体的事例向社会特别是用人单位（如企业的领导）展示有信息素养的劳动力带来的利益。

第五，将信息素养整合进原有的课程体系之中，教师和媒体专家与学生之间建立学习的伙伴关系，开展以资源为基础的学习。学校领导为这种学习提供时间和资金方面的支持；专业教师和媒体专家积极参与学生学习需要的确定、开发和设计学习单元、指导学习过程；图书馆和信息中心的媒体专家为学生利用各种信息资源开展实践活动提供帮助。

第六，开设综合性或专门的信息素养课程（肖自力，2006）。

6.2.2 英国高校的信息素养教育

英国是世界上较早开展信息素养研究的国家之一，英国教育部门及学术界长期都以信息技能（Information Skills）冠名，以这一词汇表示信息素养。早在1978年，纽卡斯尔理工学院图书馆在一个针对文献检索课教学的调研中就探索了生物、机械工程、社会福利三个专业学生的信息技能，并指出学生在检索书目时客观评估活动不足（Werking，1980）。1981年在牛津召开了第二次国际会议，研讨了不同教育阶段学校图书馆的用户教育，将图书馆用户教育的发展推向新的高度。就信息素养教育这个体系内部来说，英国的信息素养教育在初等教育和中等教育中开展得较好。英国在初等教育阶段就开设了信息教育课，并于1998年列为必修课，到高中阶段信息通信技术仍为必修课（冯瑞华，2008）。而相比之下，高等教育中信息素养教育就属于体系中的薄弱环节。

然而，在英国高等教育领域，对信息素养概念的理解大致经历了掌握阶段、应用阶段、反思阶段三个阶段。阶段的划分是与每一时期的技术环境、教育环境、社会经济环境相适应的，是随着人们应用计算机的侧重点的逐渐转移而不断演变和发展的（刘琳等，2004）。换言之，信息素养教育概念的内涵随着技术、教育、经济环境的变化以及计算机应用的发展不断演变（杨国庆等，2009）。

第一，掌握阶段。计算机诞生之初，人们视它为神秘而强大的工具，强调如何获得知识和技能来掌握它。此时计算机仍只是专家们的工具或个人爱好者的玩物。但是，20世纪80年代，随着市场需求的增长，越来越多的简单易用的软件出现了，促使人们对计算机素养的含义重新进行思考。

第二，应用阶段。从20世纪80年代中期开始，Windows和其他图形用户界面的出现以及普及使电脑成为人们教育、工作、娱乐和居家的日常工具。随着应用程序功能日益强大且更加简单易用，"信息技术"或"IT"成为普遍术语。"信息技术素养"开始关注对计算机软件的运用能力而不再是专业知识。各种培训材料和体现信息技术能力的认证证书也不断涌现，中小学基础教育开始开设信息技术素养课程。专业知识的培养不再是人们关注的焦点，而怎样快速地掌握和使用各种应用软件成为此阶段信息素养教育所追求的目标。20世纪80年代，伴随着"信息技术素养"内涵的转变，首次出现了"信息素养"的概念。20世纪90年代后半期，因特网的发展，特别是E-mail和网络浏览器等简单工具的出现极大地刺激了这种改变。

第三，反思阶段。到了20世纪90年代末，人们认为使用信息技术工具是在孩童时期就能直接掌握的一般能力。人们的关注点转向对信息素养教育的反思和评价等方面，更加关注如何恰当选择和使用应用程序、如何有效评价信息技术工具产生的数据、如何解释自己创建和发布的信息、如何对所需的产品和文献资料进行决策。在这个阶段，"信息素养"的概念在用户教育领域得到了发展，然而使用何种术语仍然悬而未决。随着通信技术与计算机网络技术的发展，"信息技术"已逐渐被"信息与通信技术"取代，与以往相比，现代信息素养的含义包括了通信技术的应用，体现了对学生传播交流能力培养的重视。

1992年，MacFarlane报告——《扩展的高等教育系统中的教与学》的发表推动了英国高等教育领域中信息与通信技术的应用。该报告的主持人麦克法兰（MacFarlane）指出：高等教育要向前发展必须创建和维持一种以学生为中心的学习环境。信息与通信技术的介入，与教学、课程的融合必将促进以学生为中心的学习环境的形成。在这种学习环境中，学生的学习过程将被自动跟踪和记录，系统会根据每个学生的学习风格和经验安排合适的学习活动和任务，并提供有效的相互交流和自我评价工具。为了适应这些变化，高等教育需要对学生进行信息与通信技术方面的知识和技能的培训，使学生学会如何有效地管理自己的学习过程，怎样在技术支持的学习环境中自定步调、自拟结构进行学习，怎样在信息海洋中顺利航行，养成批判性思维和创造性思维习惯，成为具有信息素养的独立学习者（刘琳等，2004）。

在英国，推动信息素养教育的主要机构有国家与大学图书馆协会（SCONUL）、英国特许图书馆与信息专家协会和联合信息系统委员会。英国国家图书馆和大学图书馆协会（SCONUL）是英国历史最悠久的图书馆联盟，成立于1950年，涵盖了英国和爱尔兰，具有较大的影响力。SCONUL 的任务之一就是提高英国和爱尔兰地区的高校图书馆服务，其成员包括了大多数的高等教育学院，工作领域非常广泛。

为了更好地在高等教育中开展信息素质教育，1990 年，英国国家与大学图书馆协会（SCONUL）开始关注高等教育阶段的信息技能教育情况，发现高校学生的信息技能水平普遍较低。为改变这种现状，英国国家与大学图书馆协会决定成立一个单独机构专门研究高校学生信息技能教育的相关问题。SCONUL 大多数的工作由信息素养咨询委员会执行，每个咨询委员会有各自的主题。

从 1997 年起，英国国家与大学图书馆协会（SCONUL）、信息素养咨询委员会（ACIL）就致力于高等教育领域信息素养教育工作的研究。信息素养咨询委员会认为信息素养的内涵十分宽泛，包括图书馆用户教育、信息技能培训和教育以及高等教育领域中的学习、教育和研究环境中使用信息的相关核心技能等。在英国国内，信息素养咨询委员会与英国特许图书馆与信息专家协会（CILIP）以及英国联合信息系统委员会（JISC）联系密切。此外，委员会还与该领域的国际性组织通力合作。1999 年，该研究机构经过研究给出了一份名为《高等教育信息技能意见书》的文件，该文件对信息技能的构成要素进行了分析研究，对高等教育阶段学生应当具备的信息技能的内涵进行了阐述，并将信息技能划分为七项基本能力，建立了相关模型。此外，文件还对高等教育阶段学生信息技能的培养给出了指导性建议，并于 2011 年 4 月发布了新版本，对原指标模型进行了更新升级。该模型在信息素养理论与实践研究中均占有重要地位，对英国继续教育和高等教育过程中信息素养教育的发展有重大推动作用。模型从两方面诠释了高校中信息素养教育的内涵，即学生在高等教育阶段所需的学习技能和学生从高校毕业后参加工作和活动所应具备的技能。第一部分主要围绕高校学习中所需的信息检索、分析和研究技能展开；第二部分结合现实社会中的信息获取、管理和使用及不同社会环境，围绕更为宽泛的信息技能展开（李婷婷等，2014）。

CILIP 下属的社会服务信息素养小组主要负责信息素养相关宣传培训工作、与学校和公共图书馆联络合作、维护信息素养网站（www.information literacy.org.uk）和承办 LILAC 图书馆员信息素养年会，并于 2003 年提出信息素养 CILIP 定义与七项技能。JISC 的主旨是激励英国高校数字技术的创新应用，目前共资助和管理了多个研究项目和服务项目（李婷婷等，2012），研究成果和经验对高等教育和继续教育团体免费开放。

英国教育与就业部下属的教育通信技术署专职负责教育领域信息通信技术的应用，信息技术在高校各项工作中得到广泛的应用。许多高校将新生入学后的第一周作为信息能力提升培训周，培训的内容主要包括校园网及依托校园网建立的专题网的使用技巧。如果学生在一周内不能达标，则要继续培训，直至具备单独使用校园网的能力。英国各高校的学生管理系统在设计开发过程中彰显"以人为本"的理念，给予学生良好的体验，成为顺利推进学生教育教学和服务等各项事务不可或缺的平台（张兵，2016）。

英国的信息素养教育经过数十年的发展，目前其体系内容比较完善，课程设置合理，为学校教学与科研工作提供了有力支撑。从英国的信息素养教育的教学方式看，英国高校信息素养教育大多选择多元化的信息技能指导模式，即"实地+在线+学科馆员"和"授课+自学指导"的模式；多数课程未设置学分要求；培训对象为学生和员工，兼顾研究生和科研人员；参加方式包括在线预定、实际参加与在线学习/网页指导，以院系、专业为单位预约课程；信息素养培训重视新技术、新方法等对教学的促进作用，对应用虚拟学习平台、在线教学软件和多媒体技术进行了探索，并且英国高校多使用校内登陆的虚拟学习平台，以促进课程课件、参考书目和各种信息的校内知识交流，虚拟学习平台也提供了方便规范的在线培训（李婷婷等，2012）。

6.2.3 日本高校的信息素养教育

日本是一个高度重视信息素养的国家，提出了一系列计划，建立了适应高度信息化社会的各项实验项目。国家中心、各类图书情报部门、高等院校、研究部门和企业都有自己的信息用户培训计划，定期对用户进行信息服务教育和综合性信息技术训练。日本在多次教育改革中一再强调运用信息技术的能力对学生适应信息化社会生活的重要性，认为信息素养就是信息化社会的"生存能力"，并且日本会定期举行信息水平考试，检测用户对信息服务技术的掌握情况，这种考试已成为日本仅次于高考的全国第二大考试。日本高校的信息素养教育不但得到了社会各界的高度重视，而且高校的信息素养教育的普及程度很高，颇有特色。

在日本，一般认为最初的"信息利用能力（信息素养）"一词是在1986年临时教育审议会的《关于教育改革的第二次报告》中被公开提出的（梁正华等，2015）。此后日本文部省于1990年发行了《关于信息教育的指南》。日本于1991年7月实施新的"大学设置基准"后，许多大学将"信息能力教育"纳入"一般教育科目"中。日本大学的"一般教育科目"是基础课，包括人文、社会、自然三个领域。基础课是学生的必选课，教学目的是拓宽学生的知识面，培养学生独立观察、独立思考的能力。这说明日本高校"信息能力教育"受到了高度的重视，已成为基础能力培养不可缺少的部分（孟惠玲，2001）。

1992年，日本全国学校图书馆协会总结出了"利用资料和信息的学习方法"的体系表，1995年的全国图书馆大会以"如何支持用户独立"作为分科会的题目，展开了对图书馆用户教育的理念与基础理论的讨论。1998年，在中小学学习指导要领的修订中，生存能力的培养被认为是信息利用能力的一个重要环节。同年，京都大学开始在全校开设"信息探索入门"的基础课程，图书馆对该课程给予了大力支持。以此为契机，信息素养教育发展到了日本全国的各个大学（梁正华等，2015）。

日本的高等教育的信息化在20世纪90年代已经到达了非常高的层次。1999年，文部省向高校评审会提交了一份关于"全球一体化背景下高等教育发展的方向"的议题，提出深化高等教育改革，尤其是教育信息化改革，以应对国际信息化跨越式发展的挑战。两年后，日本中央政府出台"e-Japan策略"之后，日本高校悉数研制信息化发展计划。到2005年，拟定了信息化发展计划的高校达到61.6%，五年之后这一数量增加到66.6%。这之中有高达77.9%的国立大学制订了这一发展计划（张兵，2016）。

随着"e-Japan策略"的实行和各高校信息策略的研制成功，在21世纪初，日本的高等教育信息化水平出现了跨越式进步。在信息素养方面，日本高校里的"学生支援"（在日本指的就是学生工作，或者说学生服务管理）工作模式多样化，即在中央教育部门统一领导下单独开展。日本的教育领域对"信息素养"也进行了准确的定义。1986年4月，临时教育审议会第二次报告提出将与读书、写字、算账三项能力并列的、生活在未来信息高度发达的社会的孩子应该具备的新能力定义为"信息素养"，并提出应该在学校教育中培养这种能力。1987年的教育课程审议会报告建议，要培养学生的信息理解、选择、处理、创造等必要的能力及计算机等设备的操作能力。在接受了这些建议的基础上，1989年的《学习指导要点》提出，要将信息处理能力的教育纳入各个学科的教学中，由文部省负责指定试点学校、教师培训及计算机购买的财政扶持。可见，日本的学校信息素养教育是以广义的信息素养的定义为基本理念的（李易宁，2010）。

此外，在2007年东京所召开的日本全国图书馆大会中，分别由京都大学附属图书馆、东北大学附属图书馆、庆应义塾大学理工学媒体中心、圣路加看护大学图书馆等进行了关于图书馆信息用户教育的宣传会议，这说明日本高校图书馆对用户的"信息能力教育"高度重视（孔兰兰等，2010）。

在日本，大学阶段的信息素养教育可以分为两大类，包括大学教学计划内的

"信息相关课程教育"和图书馆承担的"读者教育"。这两种教育模式在日本大学中共存，分别承担不同的教学任务，并相互合作，力求发挥各自的优势，提高大学生的信息素养。日本的大学早在 20 世纪 70 年代就开始进行"信息处理教育"，20世纪 80 年代至 90 年代以"计算机应用能力"为核心的教育内容逐渐丰富。日本在1991 年 7 月实施新的"大学设置基准"后，许多大学将信息能力教育纳入一般教育科目中。2000 年以后，包括"信息素养"等科目名称在内的一些"信息相关课程"逐渐成为所有大学的必修课程。进入 21 世纪后，日本部分大学的信息素养教学内容包括文献信息学的基础知识；情报源；从信息收集到知识创新；信息检索和文献调查；数据库的历史和现状；电子社会与因特网；计算机通讯与因特网；各种工具书的使用；信息素养的开发；数据库的种类和利用方法；因特网信息和利用方法；论文的写作；语言的交际方法；文献的分析与评价（孟惠玲，2001）。

另一方面，日本大学的图书馆也具有开展"读者教育"的多年历史。这类教育有多种不同的分类方式，体现了对图书馆读者教育的不同理解。有的研究者认为，大学图书馆读者教育可以分为四种类型：① 新生入学教育。包括对图书馆的各项设施和服务的介绍。② 图书馆利用指导，对图书馆的某一方面的使用方法的具体指导。③ 文献利用指导，对某一特定主题的资料、信息的检索方法和检索途径的指导。④ 学术信息素养教育，这是近年来新出现的读者教育模式。可见，日本大学图书馆的读者教育类型非常丰富，而其中都渗透着"信息素养教育"的思想。不论分类方式和结果是否一样，都应该肯定在日本现有的大学图书馆读者教育中包含信息素养教育的成分（李易宁，2010）。

6.3 我国高校的信息素养教育与思考

6.3.1 我国高校早期的信息素养教育

1977 年恢复高考制度以后，我国的高等教育与发达国家的差距是比较大的，基于信息社会意义的信息素养教育的起步相对较晚，这与当时信息技术在我国的发展及普及也是密切相关的。我国高校信息素养教育经历了一个由文献检索课到信息素养教育的发展过程。

1981 年 9 月，教育部在北京召开了全国高等学校图书馆工作会议，讨论修订了《中华人民共和国高等学校图书馆工作条例》，会后于当年 10 月颁发了《中华人民共和国高等学校图书馆工作条例》(以下简称《条例》),《条例》反映了我国高校图书馆在中华人民共和国成立以后三十二年来的基本经验和当时的现状。当时,随着国民经济和教育、科学、文化事业的发展,高校图书馆不仅需要恢复、整顿,还面临着变革、发展的新形势,正处在从传统图书馆向社会主义现代化图书馆过渡的历史阶段。《条例》也反映了当时发展的要求,就办好我国高校图书馆的一些基本问题做了明确的原则规定,是高校应共同遵循的工作准则。这个《条例》首次以部级文件的形式在第二条中明确提出:根据教学、科学研究和课外阅读的需要"开展流通阅览和读者辅导工作,开展查阅文献方法的教育和辅导工作";在第九条中规定,"辅导读者查阅文献资料,并进行有关方法的基本训练",实际上将"文献检索课"规定为高校图书馆工作的任务之一,提出了要在高校中开展各种形式的文献检索课。

1981年11月,全国高等学校图书馆工作委员会(1987年7月改称全国高等学校图书情报工作委员会)成立。全国高校图工委经过1982年筹备后于1983年先后举办了理工、医药、农业三个文献检索课师资培训班,为150多所高校储备了开设文献检索课的基本师资力量,并组织编写了三种相应的教材。1983年10月召开全国高校文献检索课首次研讨会,为教育部制定有关政策做好了必要准备。至此,文献检索课作为一门独立课程在我国高校开设的准备工作已基本就绪,从此拉开了全国性高校情报用户教育活动的帷幕,并使全国开设文献检索课的高校比例达到25.8%(丘峰等,1999)。这是我国高校开设文献检索课的筹备与探索阶段,也可以看作我国开展信息素养教育的早期探索阶段。

1984年2月22日,教育部发出(84)教高一字004号文件,印发了《关于在高等学校开设文献检索与利用课的意见》的通知,其中谈到,如何提高大学生的自学能力和独立研究问题的能力,是造就四化建设需要的专门人才的重要课题,也是教学改革应当重视和研究的课题。近几年,一部分高校图书馆和一些专业课教师给学生开设了文献检索与利用的课程或讲座,所花时间不多,但对培养学生的能力有较大的意义。从国外的经验和教育发展的趋势看,这是一门很有意义的课,有条件的学校可作为必修课,不具备条件的学校可作为选修课或先开设专题讲座,然后逐步发展、完善。开设这门课,需要发挥图书馆、情报室、资料室人员和专业课教师的积极作用,需要大家通力合作。

1985年9月,原国家教委以(85)教高一司字065号文件的形式,印发了《关于改进和发展文献课教学的几点意见》的通知。通知认为,在当时情况下,要进一步贯彻(84)教高一字004号文件的精神,继续提高认识,创造条件,逐步推广普及。进一步明确开设文献检索与利用课的目的在于使大学生和研究生增强情报意识，初步掌握利用文献与情报的技能。它不仅有助于当前教育质量的提高，而且是教育面向未来的一个组成部分，对人们不断吸收新知识、改善知识结构、提高自学能力和研究能力、发挥创造才能都具有重要的意义。

根据国内外经验，通知要求，文献检索与利用课要逐步实现分层次的连续教育。在新生入学时进行图书馆利用方法的讲授；在三、四年级讲授文献检索与利用的知识；这两门课可作为必修课或选修课，一时不具备条件的高校可先开讲座；对研究生要增加文献资料整理利用的知识的传授，包括文献的鉴别、选择、整理以及情报研究方法等。针对当时的情况，大学生和研究生可以暂时使用同一教材，分别掌握教学深度，但要创造条件，将教材逐步分开，并注意及时更新和充实教学内容。

1986 年，全国高校图工委根据国家教委有关文件精神，成立了"文献检索与利用课程系列教材编辑委员会"，负责规划、组织文献检索与利用课程教材的编写与审定。自 1987 年起，相继出版了几乎涵盖文、史、哲、数、理、化、天、地、生、体、工、农、医、经济、管理等各学科的文献检索与利用课程教材（徐建华等，1998）。

1992 年，原国家教委高等教育司以教高司〔1992〕44 号文件的形式，印发了《文献检索课教学基本要求》。高教司的文件对 20 世纪 80 年代两个文件的效果进行了客观的评价，认为在原教育部印发《关于在高等学校开设文献检索与利用课的意见》的通知〔（84）教高一字 004 号〕和国家教委《关于改进和发展文献课教学的几点意见》的通知〔（85）教高一司字 065 号〕下发以后，许多高校开设了文献检索课程，收到了较好的效果。高教司的文件还对课程的性质与任务进行了界定，认为文献检索课是培养学生的情报意识，学习用手工方式和计算机方式从文献中获取知识和情报的"一门科学方法课"，课程的任务是使学生了解各自专业及相关专业文献的基本知识，学会常用检索工具书与参考工具书的使用方法，懂得如何获得与利用文献情报，增强学生自学能力和研究能力。

为了把这门课程开设好，高等教育司与条件装备司、全国高校图书情报工作委员会于 1992 年 4 月 22 日至 29 日在南京师范大学联合召开了文献检索课研讨会。与会代表就如何进一步搞好文献检索课充分发表了意见，并讨论制定了《文献检索课教学基本要求》。在其"教学内容与基本要求"方面，就"基础理论和基本知识"而言，涉及文献的基本知识；文献检索的基本原理；检索工具书的类别、特点及其辅助索引；参考工具书的类别、特点、功用；数据库（包括书目数据库、事实数据库、数值数据库、全文数据库）、计算机检索（包括联机检索、光盘检索等）的基本知识等五个方面。就基本技能而论，涉及掌握若干种基本的综合性和专业性中外文检索工具（书目、索引、文摘），了解其内容特点、结构和著录格式，能够通过多种途径使用它们检索和专业相关的不同类型的文献；掌握若干种主要的综合性和专业性参考工具书（辞书、百科全书、年鉴、手册、名录、表谱、图录、资料汇编、文献指南等），了解其内容特点、适用范围和查阅方法，能够使用它们进行事实检索和数据检索；初步掌握计算机检索的方法，包括选择数据库、制订检索策略、分析检索结果；能够独立地根据检索课题选用适当的检索工具，并综合使用多种检索工具和参考工具书完成检索课题；掌握获取原始文献的主要方法及初步整理文献资料的方法等五个方面。要求各校根据各专业的实际情况，参照该要求，制定相应的教学大纲。

应该说，教育部（或国家教委）先后于 1981 颁发的《条例》、1984 年和 1985 年印发的两份《意见》及 1992 年颁发的《要求》，这四份指导性文件将"文献检索与利用"或"文献检索课"以政府文件（通知）的形式予以扶持，极大地推动了我国高校信息素养教育的发展。对之后的 20 多年文献检索课课程建设、教学理论研究与实践探索奠定了重要的基础，也取得了令人瞩目的成绩。譬如，促进了全国更多高校开设文献检索课，形成了一支训练有素的师资队伍，出版了许多种不同的教材，接受信息素养教育的大学生人数也是大幅度地提高。与此同时，关于文献检索课或信息素养教育方面的研究也日益增多，成果不断丰富。像这样大规模的信息知识与技能的普及教育，是我国的一个创举，是 20 世纪 80 代以来我国高等院校图书馆取得的最值得自豪的硕果之一，它使中国信息用户教育步入了一个崭新的时代（符礼平，2003）。

6.3.2　由文献检索课到信息素养教育的发展

步入 20 世纪 90 年代中后期，国内图书馆学、情报学及其他相关学科领域的学者开始关注并译介国外关于信息素养及其教育方面的相关文献。同时，随着信息技术尤其是网络的迅速发展，电子文献数量激增，文献检索课的传统教学方法已不能适应时代的要求，在课程建设的许多地方也不尽如人意。在这种情况下，不少研究者以全新的视角审视文献检索课。有的研究者指出，对一门学科而言，它的存在、发展到最后成熟，应该至少具有两个标志：一是有一个学术研究阵地；二是有一个严密的理论体系，这个理论要能够解释本学科领域的一切现象并指导实践。在这两个方面，文献检索课如果作为一门学科，均不具备条件。但是，情报检索理论经过几十年的发展，已基本形成自己的学科理论体系，即情报学。可以说，情报科学已基本具有学科成熟的两个标志，即"情报"改"信息"，情报学改成信息科学。因此，如果将文献课的教学内容拓宽至"信息检索"或"信息利用"，将文献检索课程放到"信息科学"这一大背景中去，文献课将会得到空前的发展（胡其佩，1998）。

也有研究者指出，针对社会发展对大学生信息意识与信息能力提出的挑战，必须彻底改革当时的文献检索与利用课，开设现代信息检索与利用课，并对教学目标、教学方式、课程设置等加以阐释。面对着即将到来的信息时代，我们应当充分认识到：未来社会的竞争是信息的竞争，也就是全体社会成员所拥有和具备的信息获取能力的竞争，而社会成员信息获取能力的高低又受他们信息意识的支配。要想在未来的竞争中居于有利地位，提高全体社会成员的信息意识和信息能力就显得十分必要。作为新世纪社会建设骨干与中坚的当代大学生，他们信息意识与信息能力的高低直接关系到我国在下个世纪的发展潜力与综合竞争实力。"我们应当清楚地认识到，文献检索意识并不等同于信息意识，文献检索能力更不等同于信息能力。"这是因为，文献检索通常是以传统的手工检索为特征的，其检索对象多为各种文献检索工具书，而现代信息检索则是以计算机、数据库和网络检索为特征，其检索对象多为各类电子信息，两者之间，无论是检索手段、检索对象、信息提供类型、检索方式，还是检索思路，都存在着极大的差别。可以说，文献检索仅仅是现代信息检索的初级阶段，文献检索意识和文献检索能力也只是信息意识与信息能力的前期和初始阶段。在信息社会里，电子信息是非文献信息的主要内容，也是我们获取的主要对象。如果这种改革不能根本转变课程的立足点，那么，这种改革对增强学生信息意识与信息能力也没有多大意义（徐建华，1999）。

类似的研究无疑是一种非常理性的认识和清醒的自我意识，是颇有意义的。这种观点突破了文献检索课传统的教学框架和模式，提出了文献检索课今后发展的新的思路、新的方向，给大学生信息素养注入了新的思维、新的观点，从而形成了一门更系统、更完整、更符合时代要求的课程或学科——信息素养教育。

客观地讲，在20世纪末，我国文献检索课向信息素养教育课程转变既是时代发展的必然，也与学者们的前期探索有很大的关系。但一个标志性的事件，就是1999年6月13日《中共中央国务院关于深化教育改革全面推进素质教育的决定》（以下简称《决定》）的发布，其中提出：高等教育要重视培养大学生的创新能力、实践能力和创业精神，普遍提高大学生的人文素养和科学素质；重视培养学生收集处理信息的能力、获取新知识的能力、分析和解决问题的能力；国家支持建设以中国教育科研网和卫星视频系统为基础的现代远程教育网络，加强经济实用型终端平台系统和校园网络或局域网络的建设，充分利用现有资源和各种音像手段，继续搞好多样化的电化教育和计算机辅助教学；运用现代远程教育网络为社会成员提供终身学习的机会，大力提高教育技术手段的现代化水平和教育信息化程度。该《决定》强调知识、能力、素质并重，对素质教育做出了科学的全面定位；反映了一种与国际接轨的、以新的思维设计人才培养的思想；对新世纪的信息素养教育起到了重要的指导作用。

进入 21 世纪以来，各高校图书馆自动化、网络化系统相继建成，具备了一定的计算机、网络检索的条件，图书情报工作者开始重新组织教学内容和探讨多媒体教学模式，文献检索课逐步向信息检索课过渡。2002 年 1 月，全国高校图书情报工作指导委员会在哈尔滨召开了全国高校信息素质教育学术研讨会，这次会议首次将文献检索课学术研讨会改名为"信息素质教育学术研讨会"。这不仅仅是更名那么简单，还表明高校的信息素养教育在认识上向前迈进了一大步（龙凤姣，2009）。2002 年 2 月，教育部对原国家教委 1987 年颁发的《普通高等学校图书馆规程》进行了修订，以教高〔2002〕3 号文件的形式发布了《关于印发 < 普通高等学校图书馆规程（修订）> 的通知》，新颁布的《普通高等学校图书馆规程（修订）》总则第 3 条明确规定，当前高等学校图书馆五项主要任务之一就是"开展信息素质教育，培养读者的信息意识和获取、利用文献信息的能力"。这是我国首次在政府文件中对大学生信息素养教育问题做出明确规定。2002 年 8 月，教育部高校图书情报工作委员会第三次会议将信息素养教育列为一个重要的讨论议题。

步入 21 世纪后，倡导终身学习、构建体系与建立学习型社会的实践在我国逐渐形成热潮，而信息素养教育正是实现这一目标的重要推动力。

客观地讲，国内高校早期的信息素养教育多倾向于图书馆素养教育，高校信息素养教育的主要阵地是图书馆。自从信息素养课程开设以来，全国各高校图书馆开展信息素养教育的主要形式有"数据库专题讲座""新生入馆教育"和"信息检索课"等。现在这种教育应当明确提升到培养人的创新素质层面上，融入到高校整个教育体系建设中。当前的教育改革提出许多新的教育理念和教学方法，如基于探究的学习、基于问题的学习、基于研究的学习，它们都离不开基于资源的学习，离不开有效地获取信息资源和提高信息素养能力的学习。可以说，高校当前的信息素养是处在泛在知识环境下的当代大学生的一种基本的、重要的素养。

进入 21 世纪后，国内高校不仅开设了信息素养教育课程，相关研究也日益引起重视。譬如，为推动网络环境下信息素养教育的创新和发展，教育部高等学校图书情报工作指导委员会于 2006 年 4 月 11 日至 12 日在杭州召开了一次以"网络环境下信息素养教育的创新和发展"为主题的专题研讨会，共同探讨了五个相关议题，包括信息素养教育与创新型人才培养的关系；信息素养教育的课程体系、框架、内容、教学方法改革与创新；信息素养教育教材建设；图书馆及图书馆员在信息素养教育中的作用；新形势下图书情报专业学科建设及人才培养。与会成员取得了诸多共识（郑章飞，2006）。

近几年，信息素养教育方面的学术活动更为频繁，研究不断深入。

2015 年 6 月 29 日至 30 日，"全国信息素养教育研讨会暨化工院校信息站第十九届年会"在呼和浩特举行。本次会议由教育部高等学校图书情报工作指导委员会信息素养教育工作组、全国化工院校信息站主办。会议以"新技术、新环境下的信息素养教育"为主题，全面、系统地探讨了信息素养教育在新形势下的改革与创新。

2015 年 12 月，教育部以教高〔2015〕14 号文件的形式印发了《普通高等学校图书馆规程》，对 2002 年发布的《普通高等学校图书馆规程（修订）》进行了修订，新的《普通高等学校图书馆规程》明确指出："图书馆应重视开展信息素质教育，采用现代教育技术，加强信息素质课程体系建设。"

2016 年 9 月 12 日至 14 日，由教育部高等学校图书情报工作指导委员会信息素养教育工作组主办、江苏大学图书馆承办的"2016 年全国高校信息素养教育研讨会"在镇江市隆重举行，本次研讨会的主题是"新媒体、新技术背景下的高校信息素养教育"。

2017 年 10 月 6 日，由台湾世新大学资讯传播学系与台湾图书馆学会联合举办的"海峡两岸资讯暨媒体素养教育学术研讨会：素养教育再创新"在中国台北召开，旨在探讨世界各国信息与媒体素养教育发展的状况，研讨各国信息媒体素养教育的内容，同时回顾两岸信息与媒体素养教育的发展趋势。来自海峡两岸多所著名高校和研究机构的图书资讯、新闻传播等不同领域的专家学者参与了会议。

2018 年 6 月 27 日至 29 日，由教育部高等学校图书情报工作指导委员会信息素养教育工作组主办的"2018 年全国高校信息素养教育研讨会"在沈阳举行，会议主题是"从'信息素养教育'到'创新素养教育'"。

6.3.3 我国信息素养教育的不足与对策思考

近年来，随着信息素养教育研究的不断深入，国内在理论和实践两个层面都积累了不少成果。在理论层面，我们对信息素养概念的内涵和外延有了更深入的认识；在实践层面，一些高校开展的信息素养教育课程课堂气氛活跃。经过 30 多年的发展，我国高校信息素养教育取得了显著成效，甚至可以说在理论和实践层面都取得了长足的进步，对普及和提高大学生信息素养起到了重要作用，信息素养教育的重要性也被越来越多的人所了解。但同时我们也应看到，与国外高校信息素养教育相比，国内高校信息素养教育仍存在一些问题。

第一，信息素养教育课程结构单一。

信息素养教育课程是实现信息素养教育目的的重要途径，是组织信息素养教育教学活动最主要的依据，是集中体现和反映教育思想与教育观念的载体。目前，国内高校的信息素养教育课程在课程结构上仍存在一些不足，如以信息检索课程为主的课程类型单一化，文理不分，教学层次不分；不仅不同年级差异不大，不同学习段共用一套教材，甚至本科生和研究生信息素养培养课程的内容基本雷同，只是各部分内容所占比例不同，本科生课程着重培养检索文献和网络资源能力，研究生在培养信息检索能力的同时，还强调论文写作等内容（邬宁芬等，2018）；课程结构基本以公共选修课程为主，缺乏必修课程的设置，目前的课程结构未能体现信息素养课程体系整体性、综合性和导向性的特点，无法形成分段教学和因材施教，很难激发学生的学习积极性，影响学生学习效果和应用能力的提升。

第二，信息素养教育课程内容浅显且不够丰富。

信息素养不仅包括必要的信息知识素养，还包括信息意识素养、信息能力素养和信息道德素养，这几方面是一个相互依存、相互联系的统一体。其中，信息知识素养是基础，信息意识素养是核心，信息能力素养和信息道德素养分别是保证与准则。目前，许多高校的信息检索课程内容还比较简单，仅涵盖信息检索基础知识、网络资源与检索工具、数据库使用与工具书介绍等基本内容，缺少系统化的信息意识、信息需求、信息能力和信息道德等综合信息素质的课程内容。此外，由于国内缺乏统一规范的信息素养课程教材体系，部分高校的检索课程甚至沦为数据库厂商的产品讲座，更像是应付教学要求，这种简单、陈旧的课程内容，与培养大学生信息素养综合能力的课程目标存在较大差距。

第三，教学方法以传统的讲授为主。

2014年9月至2015年3月，高等学校图书情报工作指导委员会信息素养教育工作组委托教育部"信息素养培养现状"调研课题组，对国内高校（含高职高专）图书馆的"信息素养培养现状"展开调查。调查结果显示，我国现今高校学生的信息素养培养主要存在以下几个问题，如教学方法以传统的讲授为主；创新教学模式如微课、翻转课堂、小规模限制性在线课程（Small Private Online Course，SPOC）、网络授课等较少（邬宁芬等，2018）。以上海地区为例，绝大多数高校在信息素养课程的教学中仍然沿用传统的教学模式，即教师授课、教师上机操作和学生上机操作相结合，只有四所高校在本科生或研究生的信息素养教学中采用了翻转课堂、SPOC、微课等创新教学手段。

第四，信息素养教育与专业课程缺乏融合。

信息素养教育是高校各专业课程体系的前提和基础，其最终目标是服务于学生的专业学习，培养学生利用信息化工具进行自主学习的能力。但是，目前不少高校信息素质教育往往由于图书馆与院系相关部门的配合不到位，教学内容未能很好地与不同学科或专业渗透融合，未能很好地融合进不同学科或专业的课程中，导致高校信息素养教育与专业教育基本上处于分离的状态，高校图书馆信息素养教育教授的内容与学生的学科内容未实现直接对接，学生无法直观地感受到所学内容与其专业课程的联系，影响了学习效果。同时，专业学科教学过程中对信息素养教育重视程度不高，信息素养的理念和内容无法渗入专业课程中，无法达到学生专业课程学习能力提升的根本目的。

针对这些问题与不足，笔者认为，可以采取一些必要的措施和对策，在此提出以下几条高校信息素养教育发展的建议，以期对这类问题的解决提供一些基本思路。

第一，优化信息素养教育课程结构。

信息素养教育是一项系统化工程，而信息素养具有整体性、综合性和层次性的特点。因此，在构建信息素养教育课程体系时，要充分体现信息素养的特点。首先，应对信息素养教育进行统筹规划，针对学生特点，分层开展信息素养教育，实施专科、本科和研究生的分段教学，对不同的学生因材施教。其次，遵循循序渐进的原则，信息素养教育是伴随着知识和信息需求不断增长而逐步深化的渐进过程，只有前期奠定了深刻的感性认识基础，才能有中期的知识与技能提高，也才能有后期的自由运用。再次，制订分层次的教学目标，课程结构可分为信息技术基础、信息素养概念、专业信息素养和信息素养综合训练等不同层次，实现阶段式的教育目标，如新生的入门教育，大二、大三的提高教育，大四学生可结合毕业论文或毕业设计进行信息的创新与评价的教育。最后，按照针对性原则，信息素养教育的目的并不在于把学生培养成能够专门从事信息工作的专职图书情报人员，而是使他们具有获取与利用所需信息的能力，即能够正确表述自己的信息需求，熟练地运用文献、口头或实物传递信息。因此，信息素养教育必须针对学生的接受能力、针对学生需要进行相应的信息素养教育，精心设计信息素养教育课程结构。

第二，拓宽信息素养教育课程内容。

信息素养教育课程的内容设计应为大学生信息素养综合能力的培养提供支撑，这就需要优化和调整文献检索课程内容设计，改变过去以检索工具、数据库使用方法等为主要内容的文献检索课程，拓宽和丰富信息素养培育方面的内容，真正落实对学生信息素养综合能力的培养工作。目前，国内还缺乏规范化的信息素养课程体系和标准，信息素养教育课程内容在深度与广度方面均显不够，如我们的信息素养教育课程内容往往没有较好地考虑学生将来作为一个社会成员所需要具备的信息心理，如信息需要、情感的培养，信息的获取、信息的利用与分析、信息素养过程的实践、信息的创新与评价和信息道德的培养等新内容。国外信息素养教育研究与探索中比较重视的传统素养、计算机素养、媒体素养、网络素养、工具素养、资源素养、社会结构素养、研究素养、出版素养、科技素养、批判素养等，有不少是值得国内高校信息素养教育课程借鉴的，如何结合实际与发展需要，不断拓宽信息素养教育课程的内容，是值得我们认真思考的。

第三，改变传统的以讲授为主的教学方法。

随着现代信息技术的发展、网络数据库的普及和建构主义学习理论的发展，微课、翻转课堂、MOOC（慕课）和 SPOC 等现代创新的教学方法和手段正逐渐被大众认可，但目前国内高校在信息素养教育的相关课程中采用的情况并不尽如人意。其实，信息素养教育内容应呈现"宽泛化、定制化、碎片化"的特征，教学方式也应在"合作化、混合式、游戏化、趣味化"方面有所创新（黄如花等，2015）。有的学者为适应个性化、碎片化学习需要，提出了构建微课平台实现信息素养教育的创新思路（叶小娇等，2014）。当今新型教学模式"翻转课堂"（黄如花等，2015）已经被广泛运用到信息素养教学课程中，由学生先自主观看视频、记录学习中遇到的问题和难点，再与教师进行交流讨论。有的探索者应教学个性化和以读者为中心的时代要求，实现了翻转课堂在信息素养教育中的创新性应用（张洁等，2014）。传统的信息素养教学形式及内容已无法适应信息时代的要求，有的研究者通过对国内外信息素养慕课的调查研究，提出信息素养慕课是信息素养教育大趋势（潘燕桃等，2014）；SPOC 是一种结合了课堂教学与在线教学的混合学习模式，可以根据大学生信息素养教育的需要进行设置。信息素养教育的手段应该随着技术的进步逐渐发展，改变传统的课堂集中式面授——教师讲、学生听的教学形式，合作化、个性化、移动化、数字化等学习方式应成为教学常态（张杰夫，2015），鼓励高校开发相应的在线素养教育平台等多元化的教学手段，这些新的教学方法和手段交互性强，可以使课程内容生动有趣（焦海霞，2017），是值得认真探索的。

　　第四，推广嵌入式信息素养教育模式。

　　嵌入式信息素养教育是对传统信息素养教育模式的创新。根据美国大学与研究图书馆协会（ACRL）的界定，嵌入式信息素养教育是指将信息检索技能、信息知识、信息道德等信息素养教育内容嵌入到通识课程和专业课程的教学过程中，全方位培养分析、利用、评价信息等综合信息素养能力的一种新型方式（唐权，2015）。与传统方式相比，高校图书馆嵌入式信息素养教育不再由高校图书馆员独立承担，而是由学校的专职教师、图书馆员和学生等多种力量，以合作的方式将图书馆的资源利用与图书馆服务融合到专业教学中，集专业知识教学、科学研究与信息能力实践为一体的教育方式。针对国内高校信息素养教育与专业课程缺乏融合或融合不够深入的问题，将信息素养教育与学生专业学习环境结合起来，即由图书馆员和院系专业课教师合作，将信息素养课程内容嵌入院系专业课程教学中，提供有针对性的信息素养教育，是一种可行的思路和探索。例如，美国马里兰大学建筑图书馆学科馆员与该校建筑学院教师紧密合作，创设了建筑学的特色课程——"世博课程"，在学科教学的同时进行信息素养教育，获得良好声誉，也带来了明显的社会效益（王朴，2005）；香港三家高校医学图书馆在教学实践中，由图书馆专业馆员与专业课老师密切合作，实现了信息素养教学与医学专业的完美结合（宋丽等，2005）。当然，由于不同的学科在进行具体研究时其检索信息的过程和检索技能存在一些差异，因此有必要针对某一特定学科或课程为学生提供关于如何在这个领域进行检索和利用信息的具有一定深度的内容，如这个领域的主要信息源和进行这个领域研究的特殊方法等（易斌，2006）。因此，也需要有相应的专业信息素养标准对大学生应具备的专业信息素养加以明确。

参 考 文 献

[1] American Library Association. Presidential Committee on Information Literacy: Final Report[EB/OL].(1989−01−10)[2018−06−21]. http: //www.ala.org/acrl/publications/ whitepapers/presidential.

[2] Arp L, Woodard B S. Recent trends in information literacy and instruction[J]. Reference & user services quarterly, 2002, 42(2): 124−132.

[3] Barton D. An Introduction to the Ecology of Written Language[M]. Oxford: Blackwell Publishing, 1994.

[4] Behrens S J. A conceptual analysis and historical overview of information literacy[J]. College and Research Libraries, 1994, 55(4): 87−97.

[5] Behrens S J. A conceptual analysis and historical overview of information literacy[J]. College & Research Libraries, 1994, 55(4): 309−322.

[6] Breivik P S, Gee E C. Information Literacy[M]. New York: American Council on Education, Macmillan Publishing Company, 1989.

[7] Bruce C. The Seven Faces of Information Literacy[M].Adelaide: Auslib Press, 1997.

[8] Cizek G J. Handbook of Educational Policy[Z].San Diego: Academic Press, 1999.

[9] Crandall J A J. Adult literacy development[J]. Annual review of applied linguistics, 1991, 12: 86−104.

[10] Department for Education and Employment.The National Literacy Strategy: A Framework for Teaching[R/OL] (1998−10)[2018−04−28].https://files.eric.ed.gov/fulltext/ED472408. pdf.

[11] Drucker P F. The age of Discontinuity[M]. London: Heineman, 1969.

[12] Elegant S. China's me generation[J]. Time magazine, 2007, 170: 32−37.

[13] Foster, S. Information literacy: Some misgivings[J]. American Libraries, 1993, 24(4), 344−346.

[14] Graff H J. The labyrinths of literacy: Reflections on literacy past and present[M].

Pittsburgh: University of Pittsburgh Press, 1995.

[15] Guthrie J T, Schafer W D, Hutchinson S R. Relations of document literacy and prose literacy to occupational and societal characteristics of young black and white adults[J]. Reading Research Quarterly, 1991, 26(1):30–48.

[16] Head A J. Staying smart : How today's graduates continue to learn once they complete college [R/OL]. (2016–01–05)[2018–04–08]http://www.projectinfolit.org/uploads/2/7/5/4/27541717/2016_lifelonglearning_full_report.pdf.

[17] Hundley R, Anderson R H, Bikson T K, et al. Global course of the information revolution: recurring themes and regional variations [M].Santa Monica, CA: RAND Corporation. 2003.

[18] Kirsch I S. Adult literacy in America: A first look at the results of the National Adult Literacy Survey[M]. Princeton ,NJ: Educational Testing Service, 1993.

[19] Levine K. The social context on text of literacy[M]. London: Routledge & Kegan Paul, 1986.

[20] Lytle S L, Wolfe M. Adult literacy education: Program evaluation and learner assessment[R]. ERIC Clearinghouse on Adult, Career, and Vocational Education, Center on Education and Training for Employment, the Ohio State University, 1989.

[21] Marcum J W. Rethinking information literacy[J]. The Library Quarterly, 2002, 72(1): 1–26.

[22] Mazur E. Can ve teach computers to teach? [J].Computers in Physics, 1991, 5(1): 31–38.

[23] McClure C R. Network literacy: A role for libraries?[J]. Information Technology and libraries, 1994, 13(2): 115–125.

[24] McCrank L J. Academic programs for information literacy: theory and structure[J]. RQ, 1992, 31(4): 485–498.

[25] OECD. The PISA 2003 assessment framework: Mathematics, reading, science and problem solving knowledge and skills[M]. OECD Publishing, 2004.

[26] Owusu–Ansah E K. Information literacy and the academic library: a critical look at a concept and the controversies surrounding it[J]. The Journal of Academic Librarianship, 2003, 29(4): 219–230.

[27] Porat M U. The information economy: definition and measurement[R/OL].(1977–05) [2018–05–06] .https://files.eric.ed.gov/fulltext/ED142205.pdf.

[28] Rader H B. Information literacy 1973–2002: A selected literature review[J]. Library

Trends, 2002, 51(2): 242–261.

[29] Selinger M. Information and communication technology in schools[R/OL].[2018–05–04] http://lib.icimod.org/record/10486/files/1535.pdf.

[30] Shapiro J J, Hughes S K. Information literacy as a liberal art?[J]. Educom review, 1996, 31(2): 31–35.

[31] Silva I. W. Information overload may be killing you[J]. The Professional reading guide for educational administrators, 1997, 19(2): 1–8.

[32] Snavely L, Cooper N. Competing agendas in higher education: Finding a place for information literacy[J]. Reference & User Services Quarterly, 1997, 37(1): 53–62.

[33] Stubbs M. Language and literacy: The sociolinguistics of reading and writing[M]. London: Routledge, 1980.

[34] Touraine A. Return of the actor: Social theory in postindustrial society [M].Minneapolis, Minnesota: Universtiy of Minnesota Press, 1988.

[35] Tyner R K. Literacy in a digital world: teaching and learning in the age of information[M]. Mahwah. NJ: Erlbaum.1998.

[36]]Webber S, Johnston B. Conceptions of information literacy: new perspectives and implications[J]. Journal of information science, 2000, 26(6): 381–397.

[37] Webster F. What Information Society?[J].The Information Society, 1994, 10(1): 1–23.

[38] Werking R H. Evaluating bibliographic education: A review and critique[J]. Library Trends, 1980, 29(1): 153–172 .

[39] Zurkowski P G. The information service environment relationships and priorities[EB/OL]. [2018–02–02].National Commission on Libraries and Information Science, Washington, DC. National Program for Library and Information Services,1974. https: //files.eric. ed.gov/fulltext/ED100391.pdf.

[40] 阿尔温·托夫勒, 海蒂·托夫勒. 创造一个新的文明 [M]. 陈峰, 译. 上海：上海三联书店, 1996.

[41] 阿尔温·托夫勒. 第三次浪潮 [M]. 朱志焱, 等, 译. 北京：生活·读书·新知三联书店, 1984.

[42] 阿兰·柯林斯, 理查德·哈尔弗森. 技术时代重新思考教育 [M]. 陈家刚, 等, 译. 上海：华东师范大学出版社, 2013.

[43] 埃瑟·戴森. 2.0 版：数字化时代的生活设计 [M]. 胡泳, 等, 译. 海口：海南出版社, 1998.

[44] 课题组 . 北京地区高校信息素质能力指标体系 [EB/OL]. (2012-04-05) [2018-02-09].https://wenku.baidu.com/view/993e21df50e2524de5187e23. html.

[45] 图工委信息素质教育工作组 . 高校大学生信息素质指标体系及信息素质教育知识点 (讨论稿)[EB/OL].(2016-03-18)[2018-02-08]. https: //wenku.baidu.com/view/e3f09e219ec3d5bbfc0a74d9.html.

[46] 北京电子 . 关于信息社会的经典论断 [J]. 北京电子 , 2007(3): 43.

[47] 彼德·德鲁克 . 从资本主义到知识社会 [A]. // 达尔·尼夫主编 . 知识经济 [M]. 樊春良 , 等 , 译 . 珠海 : 珠海出版社 , 1998: 57.

[48] 蔡曙光 . 数字化 : 图书馆事业发展的机遇和挑战 [J]. 中国社会科学院研究生院学报 , 2000(5): 60-66.

[49] 曾德良 , 张玉辉 . 论现代信息意识 [J]. 高校图书馆工作 , 2008, 28(6): 30-32.

[50] 曾王智 . 信息社会视域下人的发展研究 [D]. 南宁 : 广西大学 , 2016.

[51] 曾维伦 , 周志强 , 唐杰 . 信息化的本质和特征——基于社会文化视角的考察 [J]. 山东社会科学 , 2008(1): 84-86.

[52] 曾晓牧 , 孙平 , 王梦丽 , 等 . 北京地区高校信息素质能力指标体系研究 [J]. 大学图书馆学报 , 2006, 24(3): 64-67.

[53] 查汝强 . 试论信息社会 [J]. 哲学研究 , 1986(3): 32-37, 46.

[54] 常唯 . "图书馆 : 信息社会在行动" 亚历山大声明 [J]. 图书情报工作动态 . 2006(2): 22-22.

[55] 超声波 . 信息革命夭折了吗？ [J]. 中国电子商务 , 2002(6): 8-9.

[56] 陈爱璞 . 信息素质概念研究综论 [J]. 郑州大学学报 (哲学社会科学版), 2003, 36(6): 151-153.

[57] 陈春梅 . 正确认识网络信息技术对大学教与学的影响 [J]. 重庆高教研究 , 2017(1): 23-27.

[58] 陈维维 , 李艺 . 信息素养的内涵、层次及培养 [J]. 电化教育研究 . 2002(11) : 7-9.

[59] 陈文勇 , 杨晓光 . 信息社会中信息素养的几个问题探讨 [J]. 情报杂志 , 2001, 20(4): 91-92.

[60] 陈文勇 , 杨晓光 . 高等院校学生信息素养能力标准研究 [J]. 情报科学 , 2000, 18(7): 611-613.

[61] 陈云英 , 刘洪沛 , 叶青沅 . 互联网与特殊需要教育的结合前景 [EB/OL].(2002-06-25)[2018-03-05].http: //www.edu.cn/edu/te_shu/zong_he/200603/t20060323_54598. shtml.

[62] 陈至立. 21 世纪：信息化时代呼唤信息化教育 [J]. 山东教育，2001(10): 1–4.

[63] 成颖，孙建军，徐美凤. 国外信息素质研究 [J]. 图书情报工作，2004, 48(3): 57–63.

[64] 仇诚诚. 大学生信息素养及评估标准研究 [J]. 图书情报论坛. 2011(Z1): 38–41.

[65] 出尘. 世界信息社会高峰会议认可"电子科学"的关键性角色 [J]. 国外社会科学，2004(2): 117–118.

[66] 储常连，莫灿灿. "互联网 +"时代高等教育的创新发展与未来走向 [J]. 重庆高教研究，2017, 5(4): 121–127.

[67] 辞海编辑委员会. 辞海 [M]. 上海：上海辞书出版社，1999.

[68] 辞海编辑委员会. 辞海 [M]. 上海：上海辞书出版社，2009.

[69] 丛敬军. 关于信息伦理学研究的思考 [J]. 情报学报，2002(3): 334–338.

[70] 丹尼尔·贝尔. 后工业社会的来临——对社会预测的一项探索 [M]. 高铦，等，译. 北京：商务印书馆，1984.

[71] 党跃武，等. 信息管理导论 [M]. 北京：高等教育出版社，2006.

[72] 德鲁克. 后资本主义社会 [M]. 傅振煜，译. 北京：东方出版社，2009.

[73] 杜公民，胡发泉. 试论信息意识 [J]. 情报杂志，1997, 16(1): 17–18.

[74] 恩格斯. 自然辩证法 [M]. 北京：人民出版社，1971.

[75] 冯瑞华. 发达国家信息素质教育的成功经验 [J]. 继续教育研究，2008(10): 153–154.

[76] 符礼平. 信息素质教育——高校图书馆的新使命 [D]. 上海：华东师范大学，2003.

[77] 符绍宏，赵天娇. 高校信息伦理教育初探 [J]. 图书情报工作，2013, 57(S1): 294–297, 307.

[78] 傅荣校，杨福康. 空中校园：网络传播与教育 [M]. 上海：复旦大学出版社，2001.

[79] 葛兰西. 狱中札记 [M]. 葆煦，译. 北京：人民出版社，1983.

[80] 辜同清，杜平. 美国信息素养标准化评价项目及启示 [J]. 现代远距离教育，2010(4): 73–75.

[81] 顾浩. 高校信息素质评价标准研究——以安徽农业大学为例 [J]. 科技情报开发与经济，2011, 21(36): 87–90.

[82] 郭琴. 现代教育的机遇与挑战：国际互联网 [J]. 电化教育研究，2000(3): 23–26.

[83] 郭文革. 教育的"技术"发展史 [J]. 北京大学教育评论，2011, 9(3): 137–157.

[84] 郭玉锦，王欢. 网络社会学 [M]. 北京：人民出版社，2005.

[85] 国家中长期教育改革和发展规划纲要工作小组办公室. 国家中长期教育改革和发展规划纲要（ 2010–2020)[EB/OL].(2010–07–29)[2018–08–18].http://old.moe.gov.

cn/publicfiles/business/htmlfiles/moe/info_list/201407/xxgk_171904.html.

[86] 韩利英 . 高校信息素养教育问题探析 [J]. 情报教育 , 2005, 24(9): 118–119.

[87] 韩颖 . 信息意识及信息素质教育 [J]. 继续教育研究 , 2006(2): 171–173.

[88] 何高大 . "美国高等教育信息素养能力标准"及其启示 [J]. 现代教育技术 , 2002(3): 24–29.

[89] 何明升 . 现代信息技术的技术特性与社会效应 [J]. 信息世界 , 1998(2): 14–15.

[90] 何明升 . 信息化的社会学含义 [J]. 自然辩证法研究 , 1998, 14(1): 30–33.

[91] 胡其佩 . 关于文献检索课的教学实践与思考 [J]. 大学图书馆学报 , 1998, 16(2): 68–69.

[92] 胡为萍 . 论大学生信息意识的培养 [J]. 农业图书情报学刊 , 2004, 16(12): 148–151.

[93] 胡心智 . 信息生产力初探 [J]. 哲学动态 , 1998(12): 30–32.

[94] 黄如花 , 李白杨 . MOOC 背景下信息素养教育的变革 [J]. 图书情报知识 , 2015(4): 14–25.

[95] 黄晓斌 . 大学生的"网瘾综合症"与信息素质教育 [J]. 图书馆学研究 , 2003(1): 14–18.

[96] 霍恩比 . 牛津高阶英汉双解词典 (第四版)[M]. 李北达 , 译 . 北京 : 商务印书馆 , 1997.

[97] 贾芳华 . 培养良好信息意识 , 防治网络信息污染 [J]. 现代情报 , 2002, 22(7): 62–63.

[98] 姜锡山 . 以科学发展观为指导 走有中国特色的信息化道路——中国信息协会"信息化发展战略高层论坛"综述 [J]. 数码世界 , 2005(5): 1–3.

[99] 焦海霞 . 基于"互联网 +"思维的信息素养教育体系构建研究 [J]. 现代情报 , 2017(2): 93–97.

[100] 焦玉英 , 余彩霞 . 企业信息能力及其评价方法研究 [J]. 现代图书情报技术 , 2005 (3): 70–76.

[101] 中华人民共和国教育部 . 教育部关于印发《教育信息化"十三五"规划》的通知 [EB/OL].(2016–06–17)[2018–02–18]. http://www.ict.edu.cn/ laws/new/n20160617_34574. shtml.

[102] 堺屋太一 . 知识价值革命 [M]. 黄晓勇 , 等 , 译 . 北京 : 东方出版社 , 1986.

[103] 金国庆 . 信息社会中信息素养教育概述 [J]. 图书情报工作 , 1995, 39(6): 52–55.

[104] 金国庆 . 信息素养一词的概念分析及历史概述 [J]. 国外情报科学 , 1996 (1): 26–33.

[105] 卡斯特 M. 认同的力量 [M]. 第二版. 曹荣湘, 译. 北京: 社会科学文献出版社, 2006.

[106] 卡斯特 M. 千年终结 [M]. 第二版. 夏铸九, 等, 译. 北京: 社会科学文献出版社, 2006.

[107] 卡斯特 M. 网络社会的崛起 [M]. 夏铸九, 等, 译. 北京: 社会科学文献出版社, 2001.

[108] 康宁. 网络化与大学教育 [J]. 高等教育研究, 2000, 21(1): 22–31.

[109] 孔兰兰, 金潞. 中日高校图书馆信息用户教育的比较 [J]. 图书馆学研究, 2010(7): 30–32, 36.

[110] 拉兹洛. 决定命运的选择: 21世纪的生存抉择[M]. 李吟波, 等, 译. 北京: 生活·读书·新知三联书店, 1997.

[111] 赖茂生, 孙鹏飞. 高校信息素养评价标准发展研究 [J]. 情报科学, 2009, 27(8): 1133–1138.

[112] 李凡卓. 论媒介素养教育 [J]. 江西教育科研, 2007(12): 19–22.

[113] 李国平. 论大学生信息素养的构成与培养 [J]. 农业图书情报学刊, 2003(3): 77–78.

[114] 李克东. 数字化学习 (上)——信息技术与课程整合的核心 [J]. 电化教育研究. 2001(8): 46–49.

[115] 李伦. 鼠标下的德性 [M]. 南昌: 江西人民出版社, 2002.

[116] 李婷婷, 谷秀洁. 英国高校信息素养教育进展 [J]. 图书与情报, 2012, 143(01): 48–55.

[117] 李婷婷, 徐纲红, 黄涛. SCONUL 信息素养模型更新的启示 [J]. 大学图书情报学刊, 2014, 32(3): 86–90.

[118] 李微, 田威. 浅论高校教师信息素的培养 [J]. 辽宁教育行政学院学报, 2007, 24(5): 146–147.

[119] 李晓娟. 美国高等教育中的信息素质标准 [J]. 图书馆建设, 2001(6): 87–89.

[120] 李晓新, 吴娱. 中外信息素质教育比较研究 [J]. 大学图书馆学报, 2003(3): 85–86.

[121] 李璇. 浅论信息时代影响下的现代管理 [J]. 中国管理信息化, 2014(6): 64–65.

[122] 李耀俊. 中美大学生信息素养能力标准管窥 [J]. 高校图书馆工作, 2011, 31(1): 69–71.

[123] 李易宁. 日本学校信息素养教育综述 [J]. 新世纪图书馆, 2010(4): 77–79, 30.

[124] 联合国教科文组织. 反思教育：向"全球共同利益"的理念转变？[M]. 联合国教科文组织总部中文科，译. 北京：教育科学出版社，2017.

[125] 联合国教科文组织国际教育发展委员会. 学会生存——教育世界的今天和明天 [M]. 华东师范大学比较教育研究所，译. 北京：教育科学出版社，1996.

[126] 梁钢. 高校学生信息能力现状及培养新思路 [J]. 高校图书馆工作，2002, 22(5)：6-8.

[127] 梁正华，张国臣. 日本高等教育信息素养标准及启示 [J]. 情报理论与实践，2015, 38(8)：141-144.

[128] 廖仁光，臧凤梅. 论大学生信息素质评估体系的建立 [J]. 图书馆论坛，2006, 26(1)：60-63.

[129] 刘春年，高家望. 论冲突中的信息道德与信息法 [J]. 图书馆杂志，2001, 20(11)：7-8, 22.

[130] 刘丽. 大学生信息素养评价问题研究 [J]. 学理论，2009(25)：240-241.

[131] 刘琳，王以宁. 反思阶段信息素养对英国高等教育实践的影响 [J]. 现代教育技术，2004, 14(3)：17-20.

[132] 刘荣. 关于知识经济概念发展的理论文献脉络 [J]. 图书馆理论与实践，2001(3)：44-45.

[133] 刘述进，刘兴平. 试论大学生信息意识的培养 [J]. 教育与职业，2006 (26)：182-183.

[134] 龙凤姣. 信息素养教育概念及其形态的历史演变 [J]. 情报探索，2009(4)：23-25.

[135] 隆茜."翻转课堂"应用于信息素养教育课程的实证研究 [J]. 大学图书馆学报，2014(6)：97-102.

[136] 卢晓勤，徐海燕. 浅论信息意识与创新能力 [J]. 现代情报，2002, 22(3)：15-16.

[137] 陆谷孙. 英汉大词典 [M]. 上海：上海译文出版社，2004.

[138] 陆敏，刘霞. 基于学科的信息素质评价标准研究 [J]. 图书情报知识，2008(6)：110-113.

[139] 罗欢欢."云端上的大学"来了？[N]. 人民日报，2014-07-01(05).

[140] 吕庆阳，刘孝文. 国内外信息素质概念的界定 [J]. 河北科技图苑，2008, 21(2)：40-42.

[141] 吕耀怀. 信息伦理学 [M]. 长沙：中南大学出版社，2002.

[142] 马和民，吴瑞君. 网络社会与学校教育 [M]. 上海：上海教育出版社，2002.

[143] 马俊锋. 信息素质的评价标准综述 [J]. 科教文汇，2007(9)：219-220.

[144] 马宁 . 论网络道德危机及网络道德的建构 [J]. 玉林师范学院学报 , 2002, 23(2): 11–13.

[145] 马艳霞 . 国内外信息素养评价标准比较研究 [J]. 图书馆学研究 , 2010(1): 85–92.

[146] 毛奕 , 周九常 . 信息素质新论 [J]. 情报科学 , 2005, 23(9): 1326–1330.

[147] 孟惠玲 . 中日两国信息用户教育比较 [J]. 大学图书馆学报 , 2001, 19(6): 75–78.

[148] 莫力科 . 欧洲信息能力发展行动综述 [J]. 情报科学 , 2005, 23(1): 157–160.

[149] 尼葛洛庞帝 . 数字化生存 [M]. 胡泳 , 译 . 海口 : 海南出版社 , 1996.

[150] 潘娟 , 瞿堃 . 网络环境下的师生交往探析 [J]. 软件导刊 (教育技术), 2008(2): 56–58.

[151] 潘懋元 , 陈斌 . 论行业特色型院校的回归与发展 [J]. 重庆高教研究 , 2016, 5(1): 3–6.

[152] 潘燕桃 , 廖昀赟 . 大学生信息素养教育的 "慕课" 化趋势 [J]. 教育科学文摘 , 2014, 33(6): 91–91.

[153] 彭立伟 . 美国信息素养标准的全新修订及启示 [J]. 图书馆论坛 , 2015, 35(6): 109–116.

[154] 彭敏 . 教师教学评价素养的结构与发展路径研究 [D]. 重庆 : 西南大学 , 2011.

[155] 钱佳平 . 知识经济时代的图书馆教育职能——信息素养教育 [J]. 图书馆杂志 , 1999, 18(1): 15–17.

[156] 秦寿康等 . 综合评价原理与应用 [M]. 北京 : 电子工业出版社 , 2003.

[157] 秦伟 , 孙贺 , 吴丹 . 慕课形式下医学院校课程建设 [J]. 临床医药文献杂志 (电子版), 2016, 3(21): 4331–4332.

[158] 清华大学图书馆信息用户教育研究课题组 . 网络条件下的大学图书馆信息用户教育 [J]. 图书馆论坛 , 2003, 23(6): 228–231, 209.

[159] 丘峰 , 陆晓明 . 我国高校文献检索课教学与研究 (1981–1997) 回顾 [J]. 大学图书馆学报 , 1999, 17(5): 71–75.

[160] 任燕丽 . 信息与信息素质 [J]. 北京成人教育 , 1999(6): 43–44.

[161] Sandy Campbell(桑迪·坎贝尔). 21 世纪信息素质概念的界定 [J]. 肖永英 , 袁玉英 , 译 . 大学图书馆学报 , 2005, 23(6): 82–86.

[162] 桑新民 . 网络时代教学模式新探 [J]. 教育仪器设备 , 2001(4): 8–10.

[163] 沙勇忠 , 王怀诗 . 信息伦理论纲 [J]. 情报科学 , 1998, 16(6): 492–497.

[164] 沙勇忠 . 信息伦理学 [M]. 北京 : 北京图书馆出版社 , 2004.

[165] 邵献平 . 思想政治教育中介论 [M]. 北京 : 中国社会科学出版社 , 2007.

[166] 施丽红. 网络背景下大学师生交往研究 [D] 重庆 : 西南师范大学 , 2002.

[167] 时淑华 , 徐军英 . 大学生信息素质评价模式研究 [J]. 情报探索 , 2011(12): 14–16.

[168] 束漫 . 论影响信息意识的个人因素 [J]. 情报杂志 , 1997, 16(4): 13–14.

[169] 斯塔夫里阿诺斯 L. S. 全球通史——1500 年以后的世界 [M]. 吴象婴 , 梁赤民 , 译 . 上海 : 上海社会科学院出版社 , 1999.

[170] 宋丽 , 韩夏 . 香港高校医学图书馆的信息素养教育 [J]. 四川图书馆学报 , 2005 (2): 69–71.

[171] 宋喆 . 网络化时代的教育 [D]. 天津 : 南开大学 , 2009.

[172] 孙建军 , 郑建明 , 成颖 . 信息素质评价标准研究 [J]. 图书情报知识 , 2001 (2): 24–26.

[173] 孙建军 , 郑建明 . 面向 21 世纪的大学生信息素质教育 [J]. 中国图书馆学报 , 2000, 26(6): 16–19.

[174] 孙骏强 . 信息教育的基本内容及其作用 [J]. 图书馆建设 , 1996(2): 46–47.

[175] 孙凌云 . 国内外关于信息能力的研究概况 [J]. 情报杂志 , 2003, 22(6): 11–12.

[176] 孙平 , 曾晓牧 . 面向信息素养论纲 [J]. 图书馆论坛 , 2005, 25(4): 8–10, 106.

[177] 孙素华 . 大学生信息素养评价方法及应用研究 [D]. 天津 : 河北工业大学 , 2007.

[178] 孙伟平 . 信息社会及其基本特征 [J]. 哲学动态 , 2010(9): 16–17.

[179] 孙小礼 , 冯国瑞 . 信息科学技术与当代社会 [M]. 北京 : 高等教育出版社 , 2000.

[180] 孙晓赟 , 陶慎亮 . 信息社会中的信息特征及其演进 [J]. 江苏警官学院学报 , 2015, 30(6): 71–74.

[181] 谭维智 . 不教的教育学——"互联网 +"时代教育学的颠覆性创新 [J]. 教育研究 , 2016(2): 37–49.

[182] 谭霞 . 信息意识在高校信息素养教育中的重要性研究 [J]. 中国校外教育 , 2013 (9): 41–42.

[183] 唐·泰普斯科特 . 数字化成长——网络世代的崛起 [M]. 陈晓开 , 等 , 译 . 大连 : 东北财经大学出版社 , 1999.

[184] 唐权 . 基于学习过程的嵌入式信息素养教育实践 [J]. 图书情报工作 , 2015(S1): 222–225.

[185] 唐晓杰 . 课程改革与教学革新 [M]. 南宁 : 广西人民出版社 , 2002.

[186] 宛福成 . 信息能力论 [J]. 长白学刊 , 1998(2): 32–34.

[187] 汪琳 . 网络环境下信息伦理与道德教育 [J]. 图书馆界 . 2005(2): 17–19.

[188] 汪向东 . 信息化中国 21 世纪的选择 [M]. 北京 : 社会科学文献出版社 , 2002.

[189] 王波．全国高校信息素质教育学术研讨会综述 [J]. 大学图书馆学报，2002, 2(8): 89–90, 88.

[190] 王成然，劲辛．世界信息社会高峰会议即将召开 [J]. 信息技术与标准化，2002 (12): 38–39.

[191] 王大林．高校计算机教育应重视大学生的信息素质和能力培养 [J]. 中国市场，2018(6): 264–265.

[192] 王帆，张舒予．从教育视角解析媒介素养与信息素养 [J]. 电化教育研究，2007(3): 35–39.

[193] 王会良，王丽艳．商业工作者的信息素养 [J]. 北京商学院学报，1992(6): 61–64.

[194] 王景珍．素质教育中应强化信息素质教育 [J]. 图书馆学研究，1998(4): 41–43.

[195] 王良成．创新人才培养与信息素质教育 [J]. 中国信息导报，2002(1): 55–57.

[196] 王朴．一个独具创意的信息素质教学案例——美国马里兰大学世博会荣誉课程探析 [J]. 图书情报知识，2005(5): 65–67.

[197] 王文彦，安宝生．国内中小学教师信息素养研究述评 [J]. 中国教育信息化（ 高教职教 ），2007(8): 71–74.

[198] 王馨．网络环境下大学生信息素养现状及培养研究 [D]. 上海：同济大学，2007.

[199] 王渊．基于科技伦理视角的大学生网络道德教育模式研究 [D]. 武汉：中国地质大学，2013.

[200] 威·约·马丁．信息社会 [M]. 胡昌平，译．南昌：江西科学技术出版社，1990.

[201] 维克托·迈尔 – 舍恩伯格，肯尼思·库克耶．与大数据同行：学习和教育的未来 [M]. 赵中建，张燕南，译．上海：华东师范大学出版社，2015.

[202] 魏华，陈献兰．论如何培养大学生的信息意识和信息能力 [J]. 高教论坛，2008(5): 123–126.

[203] Wurman R S. 信息饥渴——信息选取、表达与透析 [M]. 李银胜，等，译．北京：电子工业出版社，2001.

[204] 乌家培．信息经济与知识经济 [M]. 北京：经济科学出版社，1999.

[205] 邬宁芬，何青芳．上海地区高校"信息素养教育"课程的现状、问题和对策 [J]. 图书馆杂志，2018, 37(2): 39–46.

[206] 吴伯凡．"后信息时代"的来临：从信息到智能——重读《数字化生存》[J]. 汕头大学学报（ 人文社会科学版 ），2016(4): 106–110.

[207] 吴明．谈信息素养和信息技术教育 [J]. 齐齐哈尔医学院学报，2004, 25(3): 317.

[208] 吴咏诗. 终身学习——教育面向 21 世纪的重大发展 [J]. 教育研究, 1995(12): 10–13, 9.

[209] 吴正荆, 孙成江. 国外信息素养研究的发展轨迹及主要成果 [J]. 图书情报工作, 2006, 50(4): 60–63.

[210] 肖青书, 刘孝文. 我国信息素养评价及其标准研究现状 [J]. 四川图书馆学报, 2008(2): 79–81.

[211] 肖自力. 美国的信息素养教育 [J]. 情报资料工作, 2005 (2): 105–108.

[212] 肖自力. 信息素养教育和高校图书馆的使命 [J]. 大学图书馆学报, 2005, 23(3): 2–5.

[213] 萧琛. 全球网络经济 [M]. 北京: 华夏出版社, 1998.

[214] 谢俊贵. 信息社会之变: 大数据催生创意社会? [J]. 广东社会科学, 2016(5): 185–195.

[215] 谢立虹. 信息素质教育与文献检索课 [J]. 高校图书馆工作, 2000, 20(2): 78–80.

[216] 谢明. 大学生信息能力的构成与培养刍议 [J]. 桂林航天工业高等专科学校学报, 2003, 8(4): 39–41.

[217] 谢徐萍, 张苹. Literacy: 一个生态学的隐喻 [J]. 学术论坛, 2007(6): 186–190.

[218] 新媒体联盟. 新媒体联盟地平线报告: 2017 高等教育版 [J]. 殷丙山, 等, 译. 开放学习研究, 2017(2): 1–20.

[219] 信息社会世界峰会执行秘书处. 原则宣言——建设信息社会: 新千年的全球性挑战 [EB/OL].(2013–12–12)[2018–01–09].http://www.un.org/chinese/events/wsis/decl. pdf.

[220] 熊扬华. 浅议企业经营者市场信息素养 [J]. 江西社会科学, 1989(1): 53–54.

[221] 徐建华, 张素芳. 彻底改革 "文献检索与利用" 课程结构之我见 [J]. 津图学刊, 1999(2): 18–27.

[222] 徐仕敏. 社会信息能力的内涵及结构 [J]. 图书情报工作, 2003(4): 30–37.

[223] 徐爽. 论大学图书馆信息素养教育 [D]. 上海: 华东师范大学, 2007.

[224] 徐文静. 美国的信息素养项目剖析与启示 [J]. 大学图书馆学报, 2018(2): 100–106.

[225] 徐晓蕾, 康晓伶. 信息素质知多少——信息素质理论研究的历史和发展 [J]. 数字图书馆论坛, 2005(2): 1–5.

[226] 颜瑜. 信息素质教育应从培养信息意识开始 [J]. 新闻爱好者, 2007(5): 54–55.

[227] 杨国庆, 韩益鹏. 剖析和借鉴英国高校信息素养教育 [J]. 图书馆建设, 2009(5): 78-83.

[228] 杨鹤林. 英国高校信息素养标准的改进与启示——信息素养七要素新标准解读 [J]. 图书情报工作, 2013, 57(2): 143-148.

[229] 杨林, 李秉严. 分层次制定高等教育信息素质评价标准的研究 [J]. 四川图书馆学报, 2004(3): 51-53.

[230] 杨文美. 论网络环境下大学生信息道德教育 [J]. 科教导刊, 2008(4): 91-92.

[231] 杨晓光, 陈文勇. 图书馆员与信息素养教育 [J]. 情报科学, 2001, 19(4): 362-364.

[232] 叶小娇, 李检舟, 郑辅伦. 高校信息素养教育微课平台的构建研究 [J]. 国家图书馆学刊, 2014, 23(4): 70-74.

[233] 易斌. 美国高校信息素质教育的成功经验及其启示 [J]. 图书馆, 2006(6): 64-66.

[234] 约翰·奈斯比特. 大趋势——改变我们生活的十个新趋向 [M]. 孙道章, 等, 译. 北京: 新华出版社, 1984.

[235] 约翰·诺顿. 互联网——从神话到现实 [M]. 朱萍, 等译. 南京: 江苏人民出版社, 2001.

[236] 张必兰, 吴诗贤, 刘军. 农转城新市民信息素养评价标准综述 [J]. 新世纪图书馆, 2015(10): 92-96.

[237] 张兵. 世界发达国家和地区大学生信息素养培养及启示 [J]. 中国成人教育, 2016(20): 115-118.

[238] 张东, 吴贺新, 张德. 我国高校学生信息素质综合水平评价指标体系研究 [J]. 情报理论与实践, 2007, 30(1): 56-60.

[239] 张广兵. 论大学生信息道德批判能力的缺失与培养 [J]. 西南科技大学学报(哲学社会科学版), 2011, 28(1): 99-102.

[240] 张贵荣. 信息管理人才的信息素质教育 [J]. 情报科学, 2001, 19(1): 59-61.

[241] 张宏树. 从"素养"到"媒介素养": 历史的考察 [J]. 前沿, 2010(19): 194-197.

[242] 张杰夫. 互联网 + 给教育带来五大革命性影响 [J]. 人民教育, 2015(13): 72-75.

[243] 张洁, 王英, 杨新涯. 翻转课堂在信息素养教育中的实践研究 [J]. 图书情报工作, 2014, 58(11): 68-72.

[244] 张洁. 论信息伦理建设 [D]. 上海: 华东师范大学, 2005.

[245] 张进良, 张克敏, 何高大. 从美国的信息素养教育谈我国大学生信息素养的培养 [J]. 电化教育研究, 2003(8): 72-74.

[246] 张静波. 美国信息素养能力标准比较研究 [J]. 情报杂志, 2007, 26(10): 126-128.

[247] 张筠，栗道中，谢达波，等．教育信息化：一场思维的变革 [J]. 中国西部，2014（20）：19.

[248] 张琳．大学生思想政治教育信息化建设研究 [D]. 兰州：兰州大学，2011.

[249] 张美雀，钟学文，冯玉香．台湾综合高中学生信息素养与应用信息能力分析之研究 [EB/OL]. [2018-02-08]. http://www.doc88.com/p-160101052158.html.

[250] 张其学．关于"文化霸权"概念的再思考 [J]. 广东社会科学，2005(5)：64-68.

[251] 张倩苇．信息素养与信息素养教育 [J]. 电化教育研究，2001, 2(9)：9-14.

[252] 张琼．浅论网络道德 [J]. 内江科技，2006(2)：108, 122.

[253] 张少刚．MOOCs：网络教育观念与学校管理制度的碰撞 [J]. 中国高教研究，2013（12）：16-19.

[254] 张素芳．信息能力定义刍议 [J]. 图书情报工作，1998(12)：16-17.

[255] 张文秀，朱庆华，黄奇．数字图书馆的未来——后数字图书馆时代 [J]. 现代图书情报技术，2006(5)：1-5+39.

[256] 张晓娟．信息素养：标准、模式及其实现 [J]. 图书情报知识，2009(1)：17-23.

[257] 张新红，等．中国信息社会发展报告：从工业社会加速向信息社会转型 [N]. 光明日报，2015-07-08(16).

[258] 张新红，等．走近信息社会：理论与方法 [J]. 电子政务，2010(8)：24-28.

[259] 张秀峰．研究生信息素养评价标准与评价方法 [J]. 华北水利水电学院学报（社科版），2011, 27(1)：137-138.

[260] 张义兵，李艺．"信息素养"新界说 [J]. 教育研究，2003(3)：78-81.

[261] 赵静，杨晓光，王丽娟．关于信息素养教育的若干问题 [J]. 大学图书情报学刊，2003, 21(3)：11-13.

[262] 赵静．论图书馆素养（LL）及其标准 [J]. 内蒙古科技与经济，2009(5)：139-141.

[263] 赵民，孟丽．培养大学生信息意识的途径 [J]. 中国科技信息，2007(12)：276-277.

[264] 郑建明，孙建军，邹志仁．开展大学生信息素质教育活动的几点思考 [J]. 江苏图书馆学报，1999(4)：36-39.

[265] 郑章飞．相聚杭州，寻求跨越——网络环境下信息素养教育的创新和发展研讨会侧记 [J]. 高校图书馆工作，2006, 26(3)：16-18.

[266] 中共中央办公厅，国务院办公厅．2006-2020 年国家信息化发展战略 [N]. 人民日报，2006-05-09(01).

[267] 钟启泉，李雁冰．课程设计基础 [M]. 济南：山东教育出版社，2000.

[268] 钟义信 . 信息社会：概念、原理、途径 [J]. 北京邮电大学学报（社会科学版），2004, 6(2): 1–7.

[269] 周宏仁 . 信息化理论体系基本框架的研究 [J]. 电子政务，2009(Z1): 7–18.

[270] 周宏仁 .《信息化论》之四：工业化还没有完成，搞什么信息化 ?[J]. 信息系统工程，2009(4): 14–15.

[271] 周宏仁 . 信息化：从计算机科学到计算科学 [J]. 中国科学院院刊，2016, 31(6): 591–598.

[272] 周宏仁 . 信息化论 [M]. 北京：人民出版社，2008.

[273] 周洪宇，鲍成中 . 扑面而来的第三次教育革命 [J]. 中国教育报，2014–05–02(07).

[274] 周俊，庞志雄 . 谈信息时代用户信息能力及其培养 [N]. 图书馆论坛，1997(2): 10–13.

[275] 周美芳，杨静，王晓博 . 国内外信息素养评价标准对比研究 [J]. 图书馆学研究，2013(12): 15–18.

[276] 祝洪章 . 对高校"大类培养"模式下"个性化"人才培养问题的思考 [J]. 教育探索，2015(3): 54–56.

[277] 祝智庭 . 教育信息化 2.0: 智能教育启程，智慧教育领航 [J]. 电化教育研究，2018(9): 5–16.

[278] 祝智庭 . 信息技术与创新教育：技术哲学观的透视 [A]. 丁钢主编 . 创新：新世纪教育使命 [C]. 北京：教育科学出版社，1999.

[279] 祝智庭 . 信息教育展望 [M]. 上海：华东师范大学出版社，2002.

[280] 邹志仁 . 试论大学生的信息素质教育 [J]. 大学图书馆学报，2000, 18(3): 61–63.

[281] 佐藤学 . 课程与教师 [M]. 钟启泉，译 . 北京：教育科学出版社，1999.

[282] Zurkowski P G, Kelly J V. 信息素养的历史与实践之旅[J]. 图书情报知识，2016(3): 33–38.

[283] Zurkowski P G. 行动素养：信息时代民众迈向成功的关键 [J]. 图书情报知识，2015(5): 4–10.

索引